宋代文化研究

四川大學古籍整理研究所
四川大學宋代文化研究中心 編

○ 第三十輯

上海古籍出版社

圖書在版編目(CIP)數據

宋代文化研究. 第三十輯 / 四川大學古籍整理研究所,四川大學宋代文化研究中心編. —上海:上海古籍出版社,2023.7
ISBN 978-7-5732-0931-3

Ⅰ. ①宋… Ⅱ. ①四… ②四… Ⅲ. ①文化史-研究-中國-宋代 Ⅳ.①K244.03

中國國家版本館 CIP 數據核字(2023)第 200971 號

宋代文化研究

(第三十輯)

四川大學古籍整理研究所

四川大學宋代文化研究中心

上海古籍出版社出版發行

(上海市閔行區號景路 159 弄 1-5 號 A 座 5F 郵政編碼 201101)

(1) 網址: www.guji.com.cn

(2) E-mail: guji1@guji.com.cn

(3) 易文網網址: www.ewen.co

上海惠敦印務科技有限公司印刷

開本 700×1000 1/16 印張 14.25 插頁 4 字數 241,000

2023 年 7 月第 1 版 2023 年 7 月第 1 次印刷

ISBN 978-7-5732-0931-3

G·746 定價:80.00 元

如有質量問題,請與承印公司聯繫

著作權使用聲明

目　録

一專　論一

宋初秦州長道縣酒商李益與其子三司使李仕衡家族事迹考 …… 何冠環　1

士大夫政治下的君權因應

    ——宋神宗"異論相攪"考議 …………………… 陳安迪　55

戀土難移：兩宋之際一位陝西醫官的家庭與人生

    ——以《雷時泰墓誌》爲中心 ………………… 胡　坤　73

張浚與宋齊"淮西之役" ……………………………… 陳希豐　91

蓄謀已久抑或倉促起事

    ——李全之亂新解 ……………………………… 李　超　102

士氣在蜀：宋元之際東川士人及其時局應對 ………… 馬　琛　123

南宋江陵府守臣考 …………………………………… 李東昊　135

一札　記一

柯逢時舊藏《中興兩朝編年綱目》影宋抄本校讀記 …… 羅　恰　王　麗　163

《宋史·藝文志》集部宋人佚著四種考述 ……………… 林日波　181

讀《宋史》札記七則 ………………………………… 顧宏義　189

《宋史》列傳辨誤九則：以出土墓誌爲綫索 ……… 全相卿　洪彤彤　200

《陸九淵全集》點校獻疑 …………………………… 郭　畑　207

《續資治通鑑長編》標點正誤一則 ………………… 張明成　219

《宋代文化研究》稿約 ……………………………………………… 222

Contents

Research Articles

On the Lives and Deeds of Li Yi, an Early-Northern-Song Liquor
　　Merchant from Qinzhou Prefecture, and His Son Li Shiheng,
　　an Eminent Commissioner of Fiscal and Finance
　　·· He Guanhuan　1

Monarchy's Response to Scholar-official Politics: A Discussion on
　　"Mixing up Various Opinions" of Emperor Shenzong in Song
　　Dynasty ·································· Chen Andi　55

So Hard to Move: The Life and Family of a Shanxi Medical Official
　　during the Transition between Northern and Southern Song-
　　Centered on the Epitaph of Lei Shitai ·················· Hu Kun　73

Zhang Jun and the Campaign of Huaixi ·················· Chen Xifeng　91

Premeditation or Precipitation: A New Interpretation of Li Quan's
　　Rebellion ·································· Li Chao　102

Morale Lies in Sichuan: East Sichuan Literati and Their Response
　　to the Current Situation during the Song-Yuan Transition
　　·· Ma Chen　123

The Textual Research on the Governor of Jiangling Fu in the
　　Southern Song Dynasty ·················· Li Donghao　135

Research Notes

Collated Reading Notes on the Transcript of Song Edition of *the*

　Zhong Xing Liang Chao Bian Nian Gang Mu（中興兩朝編年

　綱目）Collected by Ke Fengshi ·············· Luo Qia and Wang Li　163

A Textual Study of Four Lost Song Works in *Song Shi Yi*

　Wen Zhi（宋史・藝文志）··························· Lin Ribo　181

Seven Reading Notes of *Song Shi*（宋史）·················· Gu Hongyi　189

A Correction on the Biographies of *Song Shi*（宋史）Based on Newly

　Unearthed Epitaphs ········· Tong Xiangqing and Hong Tongtong　200

Questions on the Punctuation and Proofreading of *the Complete*

　Works of Lu Jiuyuan（陸九淵全集）··············· Guo Tian　207

A Correction on the Punctuation of *Xu Zi Zhi Tong Jian Chang*

　Bian（續資治通鑑長編）················· Zhang Mingcheng　219

香港樹仁大學歷史系

何冠環

宋初秦州長道縣酒商李益與其子三司使李仕衡家族事迹考

摘　要：宋代商業發達，商人地位也漸次提高。許多宋代商人都走著從商入儒之路，以進一步提陞其社會地位。本文所考論的宋初秦州長道縣酒商李氏，便是一個頗有代表性的個案。李益在秦州經營酒業，富甲一方，他與本州官吏勾結往來，同時也着意栽培其仲子李仕衡從科舉入任。本來李益成功在望，卻不知收斂，欺凌官民，被秦州觀察推官馮伉向宋太宗告發，結果李益被誅，家產籍没，李仕衡除籍。幸而太宗寵臣寇準爲李仕衡求情，李得以從頭做起，憑著他治郡理財的成績，到真宗朝成爲著名的計臣三司使。他理財有方，顯然獲益於其商人家族背景。他爲官左右逢源，與主流的文臣交好並聯姻，他的兒子李丕旦和李丕緒均從文臣之途仕進，李氏終於成功從商入儒。名臣范仲淹且爲他撰寫神道碑，而不再提及他的酒商背景。

關鍵詞：李益；李仕衡；寇準；三司使；從商入儒

前　　言

筆者曾撰《宋初開封酒商孫守彬事迹考》一文，詳考宋初以經營酒業而成開封鉅富，後成爲外戚的顯人孫守彬(923—995)的事迹。拙文中提到比孫守彬稍後的另一富甲秦州長道縣(今甘肅省隴南市禮縣)的酒商李益(？—987)的事例，可作孫守彬一文的反證：孫因富而貴，李卻以富亡身。孫以商入貴戚,李以商入儒士。①

在太宗太平興國八年(983)以進士登第,後在太宗朝至真宗朝頗有事功,官至三司使的李仕衡(亦作李士衡,字天均,959—1032),便是李益之仲子。他受乃父栽培,得以高中進士,進入仕途,原本李家有望由商人轉爲士族,但李益在雍熙四年(987)五月丁丑(十六)卻被太宗(939—997,976—997在位)以其在秦州(今甘肅省天水市)多爲不法事,械送京師,審問明白後誅之,並籍没其家財。李仕衡也受累被除籍,終身不録用。秦州長道李氏從商人轉爲士族的美夢幾乎幻滅。② 幸而李仕衡後來遇赦復官,並得到在太宗晚年深受信任的寇準(962—1023)的推薦,得以再起,此後多建功績,在真宗(968—1022,997—1022在位)朝步步高陞,在天禧二年(1018)七月獲擢爲被稱爲計相的三司使。他政績斐然,既得到真宗的嘉許,宋人亦譽他爲繼太宗及真宗朝的理財名臣陳恕(946—1004)後最稱職的三司使。③ 他爲官做人隱隱有其父營商爭利投機的影子,《宋史》編者批評他貪財而好利。雖成爲士族,仍似脱不了商人本色。④ 他和幼子李丕旦(1004—1052)均有神道碑或墓誌銘傳世。⑤ 本文即據宋代官私史料,細考李益、李仕衡祖孫三代由商入儒的李氏家族興衰史。

一、爲富不仁: 李益被誅事始末

由錢若水(960—1003)主修,楊億(974—1020)等協修,歷時九月,修成並

① 參見何冠環:《宋初開封酒商孫守彬事迹考》,《東方文化》第51卷第2期(2022年),《結論》及注50。李益被誅一事,研究宋代酒業著名的李華瑞教授曾有提及。可參見李華瑞:《宋代酒的生產和征榷》第八章"買撲制度",保定:河北大學出版社,1995年,第209頁。

② [宋]錢若水修,范學輝校注:《宋太宗皇帝實録校注》卷四一,雍熙四年五月丁丑條,北京:中華書局,2012年,第451—452頁。

③ [宋]江少虞:《宋朝事實類苑》卷二三《官政治績·田況》,上海:上海古籍出版社,1981年,第274頁。按是條引自《本朝名臣傳》,稱議者謂三司使自陳恕、李仕衡之後,惟田況(1005—1063)爲稱職。

④ [宋]范仲淹撰,李勇先、王蓉貴點校:《范仲淹全集》卷一三《宋故同州觀察使李公神道碑》,成都:四川大學出版社,2002年,第304—308頁;[元]脱脱等:《宋史》卷二九九《李仕衡傳》,北京:中華書局,1977年,第9936—9938頁。考范仲淹撰寫的這一篇李公神道碑,後收入杜大珪編的《名臣碑傳琬琰集》上集卷一八。顧宏義教授在該書的新校證本,據《范仲淹全集》卷一三、《宋史·李仕衡傳》及《續資治通鑑長編》等書考證一番,值得參考。參見[宋]范仲淹:《李觀察士衡神道碑》,見[宋]杜大珪編,顧宏義校證:《名臣碑傳琬琰集校證》上集卷一八,上海:上海古籍出版社,2021年,第390—398頁。

⑤ 李仕衡的神道碑由范仲淹所寫,李丕旦的墓誌銘則由王珪(1019—1085)撰寫,參見[宋]王珪:《華陽集》卷三八《朝奉郎尚書虞部員外郎監鳳翔府上清太平宮兼兵馬都監護軍李君丕旦墓誌銘》(以下簡稱《李丕旦墓誌銘》),北京:中華書局,1985年據《叢書集成初編》本重印,第524—525頁。

上奏於咸平元年(998)八月乙巳(十九)的《宋太宗皇帝實錄》，在今天流傳的殘本①的卷四一，雍熙四年五月丁丑條，詳細記載了秦州長道縣②酒務官李益之所以被太宗下令斬殺於京師的緣故和經過：

> 是日，斬秦州長道縣酒務官李益。益，秦州富人，家僮數百人，橫恣郡中，所爲多不法，持吏長短，郡守以下皆畏之。民負益息錢者數百家，郡爲徵督，急於租調。觀察推官馮伉不爲益徵息錢，益怒之，伉方按行市中，益遣私奴數輩，拽伉下馬，毀辱之，伉不能甘。先是，益多通貨於朝中權貴，率爲庇護，故累年不敗。至是，伉上章論其事，章兩上，皆爲邸吏所匿，不得達。後因市馬譯者，附表訴益不法事，譯因隨歲市馬入，得見，即上其表。上覽之，大怒，詔本郡捕益，詔書未至，京師權貴已先報益知。益懼，因亡命。州以聞。上愈怒，詔州郡以物色捕之甚急。數月，獲於河中府富人郝氏家，械送御史府鞫之，具得其狀，籍没其家財。其子士衡，自舉進士，任光禄寺丞，詔除其籍，終身不齒。益之伏法，郡民皆快之，以爲除去災害，釀錢飲酒以相慶。③

按南宋李燾(1115—1184)所撰的《續資治通鑑長編》(以下簡稱《長編》)卷二八雍熙四年五月乙丑條，與後出的佚名所編的《宋史全文》卷三基本上照録《宋太宗皇帝實錄》(以下簡稱《太宗實錄》)之文，而元脱脱(1314—1355)所修的《宋史·吳元載傳》也因襲之。④

上述這一則駭人聽聞的記載，展示當時秦州官吏與土豪酒商李益緊密勾結的情況。按宋代酒務官的身份，據李華瑞的研究，多是地方召募有物力的人掌榷，在買撲制度下由擔任衙前之人充當，而非監臨官這類正式官員。考秦州長道縣設有酒務，李益大概就以衙前而獲地方官吏募任爲酒務官，李氏指出，像李益這種豪民大户和坊郭大姓並擁有雄厚財力，而與官府有著千絲萬縷的聯繫者，就成爲買撲者而任酒務官，實際掌握酒榷。他即因此而大獲厚利，富

---

① 關於《宋太宗皇帝實錄》的修纂經過和流傳狀況，可參見范學輝撰：《宋太宗皇帝實錄校注》，《前言》，第1—12、43—65頁。

② 按長道縣原隸秦州，熙寧七年(1074)改隸岷州(今甘肅省定西市岷縣)，參見[宋]王存撰，王文楚、魏嵩山點校：《元豐九域志》卷三《陝西路·秦州、岷州》，北京：中華書局，1984年，第123、130頁。

③ 《宋太宗皇帝實錄校注》卷四一，雍熙四年五月丁丑條，第451—452頁。

④ [宋]李燾：《續資治通鑑長編》(以下簡稱《長編》)，卷二八，雍熙四年五月乙丑條，北京：中華書局點校本，1995年，第637—638頁；佚名撰，汪聖鐸點校：《宋史全文》卷三，雍熙四年五月乙丑條，北京：中華書局，2016年，第134頁；《宋史》卷二五七《吳廷祚傳附吳元載傳》，第8949—8950頁。

甲秦州。他可能也經營田產及其他生意，惟他的財富當主要來自酒業，故本文稱他爲酒商。①

李益何時成爲秦州鉅富？據范仲淹（989—1052）爲其子李仕衡寫的神道碑，李益祖父名李渙，父名李徹，都是平民。二人後來因李仕衡之故，分別獲贈屯田郎中和左諫議大夫。② 他們事迹不載，可能未任酒務官而致富，李益當是李氏的起家人。

李益一方鉅富，深諳需要有子弟爲官才可長保富貴之道，即着意栽培兒子李仕衡成材。考李益有子五人，李仕衡爲其仲子（按：李仕衡生母惠氏，後以仕衡故贈扶風郡太君，生卒年不詳），自幼便從秦州的鄉先生學習，在乃父的經營及自身努力下，於秦州贏得美好聲名。他在太平興國八年，時年廿五，便成功登進士第，獲授京兆府鄠縣（今陝西省西安市鄠邑區）主簿，③李仕衡進入仕途，李氏也從商人進入士族階層。

李仕衡的仕途初時頗爲順利，知京兆府、宿將田重進（929—997）賞識李仕衡之才，讓他權領獄掾。咸陽縣（今陝西省咸陽市）有民殺人，招認後送府。他父子五人均坐協助之罪。李仕衡對田説，他曾試查驗此案，殺人者只是一人，其他四人只是協助掩埋尸骨，怎可盡誅之？田覆按此案，終於聽從李仕衡的建議。田還對他説，若非他之明察，這四人必冤死。又説他積有陰德，後日當會富貴。田重進是否真的説過這話，還是范仲淹聽李氏子弟吹噓之言而美化了李仕衡，暫無考。不過，大概在田的推薦下，李仕衡得以陞官移知眉州彭山縣（今四川省眉山市彭山區），並即除階爲大理評事，稍後再遷秩爲光禄寺丞。④

正當李仕衡仕途看好時，其父李益已成爲秦州一霸，如上文所述，他有家僮數百人，橫恣秦州，無視法紀，據載他掌握地方官不法的罪證，以致秦州知州、通判以下皆畏之。顯然秦州地方官都受過他的賄賂，於是相互勾結，沆瀣

---

① 李華瑞：《宋代酒的生產和征榷》第七章第一節"酒務的設置及其分佈"，第 156 頁；第二節"酒務監官和吏人"，第 176—178 頁；第八章第三節"買撲者階層的構成"，第 206—209 頁。

② 《范仲淹全集》卷一三《宋故同州觀察使李公神道碑》，第 305 頁。考范仲淹爲李仕衡撰寫神道碑的年月不載，惟碑文提到李仕衡妻雷氏（？—1048 後）在李卒後十六年而終，按李卒於天聖十年（即明道元年，1032）五月廿六日，則雷氏當卒於慶曆八年（1048），而范仲淹撰此碑應不早於是年。

③ 《范仲淹全集》卷一三《宋故同州觀察使李公神道碑》，第 305 頁。

④ 《范仲淹全集》卷一三《宋故同州觀察使李公神道碑》，第 305 頁；《宋史》卷二九九《李仕衡傳》，第 9936 頁；李之亮：《宋川陝大郡守臣易替考》"京兆府"，成都：巴蜀書社，2001 年，第 240 頁。然據李之亮所考，從太平興國七年至雍熙二年，知京兆府的都是考功員外郎李准。疑李之亮漏看《宋史·李仕衡傳》及《李仕衡神道碑》，不知李准知京兆府迄太平興國七年，八年已易爲田重進。

一氣。秦州民欠他利息錢者數百家，秦州地方官爲他追債，竟然比徵收租調還來得急迫。他的兒子李仕衡雖然只任州縣官，但顯然得力於其父大洒金錢的優越條件，已在官場建立廣大人脈，而能讓他橫行的，直接的原因就是貪腐無能的郡守知秦州及其治下的秦州官場。

據范學輝的考證，在雍熙四年知秦州的，是宋初樞密使吳廷祚（911—964）次子，身份爲武臣的吳元載（948—1000）。吳元載顯然一直勾結和包庇李益。據李之亮所考，太宗即位至雍熙四年李益被誅，出任知秦州的先後有張柄（太平興國元年至二年）、段思恭（920—992）（太平興國二年至三年）、宋瑉（933—993）（太平興國三年至八年）、田仁朗（930—989）（太平興國八年至雍熙元年）、安德裕（940—1002）（雍熙元年至三年）、吳元載（雍熙三年至淳化三年）。① 吳元載墓誌在 1928 年於河南洛陽出土。據吳元載墓誌，他在雍熙三年以西上閣門副使知陝州（今河南省三門峽市陝州區），徙知秦州兼管界沿邊都巡檢使。② 吳元載之前的幾任知秦州，除了田仁朗也是武臣外，其他幾任都是文官。他們之中有哪幾人曾和李益勾結，暫無可考。我懷疑這些人多半也得過李益的好處，或是膽小怕事，對李益的不法行爲視而不見。《太宗實錄》記"（李）益多通貨於朝中權貴，率爲庇護，故累年不敗"。我懷疑這幾任秦州知州，除了收受李益之賄外，還甚有可能是李益通貨於朝中權貴的渠道。

正如上文所述，李益自取滅亡之由，是他公然派僮僕當衆凌辱不肯爲他徵收息錢的秦州觀察判官馮伉（954—1000）。最不可解的是，馮伉是其子李仕衡同年進士，李益卻不念此誼，當衆羞辱他，惹得馮伉忍無可忍，上章向宋廷申訴。雖然李益得吳元載等秦州官吏的包庇，並因歷年來賄賂朝中權貴，对其加以庇護，得以扣壓馮伉的奏章，但馮伉終能巧妙地通過往秦州買馬的譯者，將他的訴狀達於太宗。李益的倒霉之處在於，太宗這時正雷厲風行地收藩鎮之權，怎能容忍一介商賈，交結地方官吏，橫行秦州。

據《太宗實錄》及《宋史·吳元載傳》所記，當太宗收到馮伉申訴後，就詔吳

① 《宋太宗皇帝實錄校注》卷四一，雍熙四年五月丁丑條，第 453 頁；《宋史》卷二五七《吳廷祚傳附吳元載傳》，第 8949—8950 頁；李之亮：《宋川陝大郡守臣易替考》"秦州"，第 52—454 頁。

② 考吳元載墓誌，初爲張鈁（1866—1966）所藏，現藏於洛陽市新安縣鐵門鎮千唐誌齋博物館。《全宋文》有其誌文，並略考其撰寫者張舜賓的生平。郭茂育和劉繼保編著的《宋代墓誌輯録》收録該墓誌的拓片及附有録文。另崔文靜曾有專文考析墓誌。參見［宋］張舜賓：《宋金紫光祿大夫檢校司空左衛將軍兼御史大夫上柱國南陽郡開國侯食邑一千户吳公（元載）墓誌銘并序》，見郭茂育、劉繼保編著：《宋代墓誌輯録》，第四一，鄭州：中州古籍出版社，2016 年，第 100—103 頁；崔文靜：《北宋吳元載墓誌探微》，《洛陽理工學院學報（社會科學版）》2018 年第 6 期，第 5—10 頁。

元載逮捕李益。李益預先得到朝中權貴通風報信，相信也得到吳元載暗中協助，便棄家亡命，離開秦州。當李益逃走後，吳元載怕牽連自己，就馬上奏知太宗李已逸逃之事。太宗怒甚，詔州郡急捕之。吳首鼠兩端，爲了自保，掩飾他一直包庇勾結李益的罪行，就加力緝捕李益，終於在秦州以東千里外的河中府（今山西省運城市永濟市西）富人郝氏家捕獲李益。李益被械送開封，審訊後被處斬。李家被籍没財産，李仕衡也被除籍，終身不齒。據載李仕衡一直銜恨收過其父好處的吳元載在此事上置其父於死地，後來當他復官，在華州（今陝西省渭南市華州區）①通判任上，便伺機報復，趁著吳在淳化五年（994）正月以東上閣門使知成都府（今四川省成都市）罷任入朝時，派人搜查他的行裝，要收其關市之税。吳不肯，李就抗章疏其罪。吳於是坐責爲郢州（今湖北省鍾祥市）團練副使。他被責後，一直不得復職。至道二年（996）才落責授，授單州團練副使。至道三年（997）授左衛將軍致仕，到咸平三年（1000）十一月丙子（初三）卒於開封景寧坊私第，年五十三。到咸平五年（1002）十二月甲申（廿三）歸祔於洛陽縣平樂鄉張陽村吳氏祖塋。崔文靜的專文，除了考論吳元載的家世和生平仕歷外，特別有一節論及他和李益、李仕衡父子的恩怨。崔氏指出在處理李益橫行不法的事上，吳元載先有失察之誤，又無檢舉揭發之功。她認爲吳拘拿李益，是奉命行事，並無勤政之處，而若説他對李益劣迹一無所知，恐非人之常情。崔氏也考證誌文所云"誰料薏苡興謗，囊衣有猜，自蜀抵京，路貴猶寡。後因微恙，脚膝痠疼，未許尋醫，卒成讒構"，即是指李仕衡上告吳元載不法事。崔氏以李仕衡劾告吳元載之事，誰是誰非難確定。不過，吳元載顯然不是良吏，爲他撰寫墓誌的門客張舜賓自然爲尊者諱，既不提他與李益的瓜葛，也諱言他在成都的負面作爲。②

　　如上文所述，李益在秦州的惡行是官商勾結的結果。他仗著偌大財富，

<hr />

① 《李仕衡神道碑》及《宋史·李仕衡傳》均作邠州（今陝西省咸陽市彬縣）。

② 《宋太宗皇帝實錄校注》卷四一，雍熙四年五月丁丑條，第453頁；《范仲淹全集》卷一三《宋故同州觀察使李公神道碑》，第305頁；《宋史》卷二五七《吳廷祚傳附吳元載傳》，第8949—8950頁；《宋史》卷二九九《李仕衡傳》，第9936頁；《長編》卷三五，淳化五年正月甲寅條，第766頁；[宋]張舜賓：《宋金紫光禄大夫檢校司空左衛將軍兼御史大夫上柱國南陽郡開國侯食邑一千户吳公（元載）墓誌銘并序》，見郭茂育、劉繼保編著：《宋代墓誌輯録》，第四一，第101頁；崔文靜：《北宋吳元載墓誌探微》，《洛陽理工學院學報（社會科學版）》2018年第6期，第5—10頁。據吳元載墓誌所載，吳元載在端拱元年晉西上閣門使、檢校司空，仍知秦州，到淳化二年徙知富州（即沅州，在今湖南省芷江侗族自治縣）。同年徙知成都府，淳化五年責授郢州團練副使。按吳元載在成都官聲比壞，史載他爲政頗尚苛察，民有犯法者，雖細罪不能容，他又禁民遊宴行樂，人們咸怨。當王小波起事時，他不能捕滅。宋廷於是以另一武臣東上閣門使郭載代知成都府。

厚賄秦州地方官吏和朝中權貴,並倚仗在秦州多年經營的深厚的人脈,以酒務官的職務,包攬秦州的酒權,掠取巨大的財富。他後來逃至千里之外的河中府,①托庇於當地的富人郝氏,可知他在外地也有勢力和人脈。偏偏他爲富不仁,剥削百姓,榨取息錢,並欺壓不順從他爲非的官吏,他以爲自己的勢力可以一手遮天。他的確財可通神,在京師居然構建了很寬的關係網,一直得到有力權貴的包庇,甚至太宗下令要緝捕他,竟然得到京師要人預先通風報信,讓他得以從秦州從容亡命至河中府藏匿。本來,若非太宗執意要捕他歸案,他可能得以逃出生天。但在皇權之前,誰敢再包庇他? 識時務的吴元載於是將他出賣,捕他歸案。據説李益被誅時,秦州民聞知此消息,均集錢買酒慶祝。

天網恢恢,將李益惡行告發,爲民除害的馮伉,據范學輝的考證,是南唐大臣馮謐(延魯)之子,字仲咸,廣陵(今江蘇省揚州市)人,《宋史·南唐世家馮謐傳》有其附傳。他在南唐歸降後,與其兄馮儀和馮價皆登進士第仕宋。據載他文辭清麗,嘗著《平晋頌》,時論稱之。馮伉是太宗至真宗朝有名的廉吏,歷典藩郡,皆有治績。他與宋初名臣王禹偁(954—1001)是太平興國八年(983)的同年進士,並甚有交情,而與其父之南唐舊僚徐鉉(917—992)也有交往。他在咸平三年(1000)五月卒於殿中侍御史知福州(今福建省福州市)任上。真宗特詔賜他家錢十萬,賜其子馮玄應同學究出身。② 馮伉以清廉自守,没有和長官吴元載等人同流合污,接受李益的賄賂,没有爲他追討百姓所欠的息錢。李益卻没有顧念馮伉是其子的同年進士,竟不留情面而違紀犯法,公開凌辱堂堂的朝廷命官,導致馮忍無可忍,憤而將他告發,並鍥而不捨地上告太宗,終將他扳倒。李益之愚昧無識實在可恨可笑。他以爲只要能把李仕衡送入仕途,便可得到更可靠堅實的官場奥援,而能高枕無憂,卻想不到他的惡行東窗事發,幾乎把兒子得來不易的仕途斷送。李仕衡後來向吴元載修怨,恨他置其父於死地,卻未反省其父是自取滅亡,怪不得别人。

范仲淹後來應李仕衡諸子之請,爲其父撰寫神道碑,范大概礙於情分,也

----

① 考今天從秦州(天水市),中經寶雞市、咸陽市、西安市至河中府(運城市),計586.8公里,約等於1 018里。

② 《宋太宗皇帝實錄校注》卷四一,雍熙四年五月丁丑條,第451—452頁;《長編》卷四七,咸平三年五月己亥條,第1017頁;《宋史》卷四七八《馮謐傳附馮伉傳》,第13867—13868頁。馮伉的事迹,除了范學輝的考證外,《徐鉉集》的校注者李振中也有所考證。參見[南唐] 徐鉉撰,李振中校注:《徐鉉集校注》卷二二《送馮中允使蜀》,北京:中華書局,2018年,第1043—1044頁。

爲存厚道,雖然李益並非賢者,但仍對李益被誅之事諱而不言,只說李仕衡以父憂去職,並説李益後來贈吏部尚書。①

雖然范仲淹手下留情,諱言李益被誅之醜事,但其事卻爲宋人熟知。蘇軾(1037—1101)所撰的《仇池筆記》便記:"李士衡之父豪恣不法,誅死。士衡進用,王欽若欲言之而未有路。會真宗論時文之弊,因言:'路振,文人也,然不識體。'上曰:'何也?'曰:'李士衡父誅死,而振爲贈誥,曰:"世有顯人"。'上頷之。士衡以故不大用。"②李仕衡不但在父被誅時受累除籍丢官,多年後也因其父之大過,被政敵王欽若(962—1025)攻擊而無法晉位執政。李仕衡的宦海浮沉經歷,將在下節詳述。

二、絕處逢生:李仕衡在太宗晚年的仕歷

李仕衡因受其父之累,在雍熙四年被削職除籍,且勒令終身不齒。本來他的仕途於他三十歲之年就此化爲泡影。他們李氏在秦州的家財被籍没,他就成爲一無所有的白丁。他的命運就如從天上掉到地下,田重進當日説他積了陰德,日後必有大富貴,此時聽來不啻是極大諷刺和笑話。他罷官後是否回原籍居住,史所不載。他有宅於長安杜城東,疑他罷官後居於長安。③

也許真是他所積的陰德有好報,他命中的大貴人、大救星是比他早一榜(太平興國五年)登第而少年得志的寇準。史稱李仕衡遇赦而寇準薦他復官。考太宗在雍熙四年翌年(988)正月乙亥(十七),改元端拱,並以親耕籍田,大赦天下,詔除十惡、官吏犯贓至殺人者不赦外,民年七十以上賜爵一級。太宗又在端拱二年(989)八月丙辰(初八),以星變而大赦天下。到淳化四年(993)正月辛卯(初二),以合祭天地於圜丘,並以宣祖(902—956)和太祖(927—976,

① 《范仲淹全集》卷一三《宋故同州觀察使李公神道碑》,第304—305、309頁;《附錄二·范文正公年譜》,第924—925頁。考李仕衡第三子李丕諒是范仲淹知慶州(今甘肅省慶陽市)時的幕僚,據南宋樓鑰(1137—1213)撰的《范仲淹年譜》所載,在慶曆二年(1042)四月,時知慶州的范仲淹即命李丕諒與宋良移風川寨於烽火臺山上,接著又牒本州通判太常博士范祥(?—1060)與李丕諒等同相度新修寨城。惟李丕諒卒於慶曆三年(1043),范仲淹最早要到慶曆八年(1048)李妻雷氏卒後才爲李仕衡寫神道碑,范大概是應李仕衡四子李丕緒及第六子李丕旦之請而寫的。

② [宋]蘇軾撰,孔凡禮整理:《仇池筆記》卷上"世有顯人"條,載朱易安、傅璇琮主編:《全宋筆記》第一編第九册,鄭州:大象出版社,2003年,第207—208頁。

③ 《范仲淹全集》卷一三《宋故同州觀察使李公神道碑》,第309頁;[元]駱天驤撰,黃永年點校:《類編長安志》卷九《勝遊·杜城》,北京:中華書局,1990年,第274頁。據駱天驤所記,在長安杜城東,有李仕衡之莊,俗稱小南山,本是唐憲宗朝工部尚書歸登(754—820)之物業。

960—976 在位）升配，大赦天下。① 在上述三次赦典日子中，李仕衡不可能在端拱元年正月，剛被除籍七月便獲赦復官。而他也不似受益於端拱二年八月的赦典。按推薦他復官的寇準在端拱二年七月己卯（初一），以承詔上書極言北邊利害，得到太宗的賞識，自左正言超擢爲虞部郎中、樞密直學士。② 論理他當不會在獲擢陞才一月，就在是年八月馬上舉薦兩年前教太宗雷霆大怒的李益之子李仕衡復官。雖然寇準在淳化元年（990）十月己巳（廿七）曾以樞密直學士薦同州觀察推官錢若水文學高第，錢得以召試學士院而獲擢秘書丞；但寇準是推薦錢若水陞官，而非像李仕衡犯過復官。當寇準在淳化二年（991）四月辛巳（十二）獲擢爲樞密副使，九月甲辰（初八），改同知樞密院事，晉身執政後，他推薦李仕衡復官的分量就大得多。③ 當然，李益死，李仕衡按制要守喪三年，普通官員最快也要淳化元年五月後才可以起復，故李仕衡得以復官的赦典，不可能在端拱元年和二年那兩次，而當在淳化四年正月的那一次。另寇準在淳化四年六月壬申（十五）罷樞職，故他推薦李仕衡復官，當在這年正月大赦之時。④

李仕衡得寇準推薦其材可用，獲復舊官光祿寺丞，並得到領京兆府渭橋輦運之差遣，並改官司農丞。值得注意的是，他的上司永興軍節度使正是當年賞識他的田重進。在田的照應下，他再遷著作佐郎，陞任邠州通判。如上文所述，他就在邠州通判任上，於淳化五年正月，趁著吳元載自成都歸闕，路經邠州時，就報復吳元載，讓吳得罪，被宋廷貶官爲郢州團練副使。⑤

這裏值得一考的是，據沈括（1031—1095）所撰《夢溪筆談》卷九的記載，說李仕衡爲館職使高麗，一武人爲副使。使還，高麗禮幣贈遺之物，李仕衡皆不在意，一切委於副使。回程時副使以船底疏漏，就將李所得的縑帛疊於船底，然後在上面放置己物，以避漏濕。船至大海，遇上大風，差點傾覆，舟人大恐，

① 《宋史》卷五《太宗紀二》，第 81、84、90—91 頁；《長編》卷二九，端拱元年正月乙亥條，第 646 頁；《長編》卷三〇，端拱二年七月戊子、八月丙辰至丁巳條，第 682、686 頁；《長編》卷三四，淳化四年正月辛卯條，第 745 頁。

② 《長編》卷三〇，端拱二年七月己卯條，第 680 頁。

③ 《宋史》卷五《太宗紀二》，第 87—88 頁；《長編》卷三一，淳化元年十月乙巳條，第 705—706 頁；《長編》卷三二，淳化二年四月辛巳條、九月甲辰條，第 714、723 頁。

④ 《宋史》卷五《太宗紀二》，第 91 頁；《長編》卷三四，淳化四年六月壬申條，第 750 頁。

⑤ 《長編》卷三四，淳化四年三月壬子條，第 748 頁；《長編》卷三五，淳化五年正月甲寅條，第 766 頁；《范仲淹全集》卷一三《宋故同州觀察使李公神道碑》，第 305 頁；《宋史》卷二五七《吳廷祚傳附吳元載傳》，第 8949—8950 頁；《宋史》卷二九九《李仕衡傳》，第 9936 頁。考田重進在淳化四年三月自成德軍節度使（即鎮州，真定府，今河北省石家莊市正定縣）徙爲永興軍節度使（即京兆府）。

請盡棄所載，不然船過重必難免傾覆。副使倉惶，只好盡取船中之物投於大海，更不暇揀擇。當投物近半，風息船定。既而點檢所投於海的物品，都是副使之物，李仕衡所得的都在船底，一無所失。①

沈括這一則記載，似是稱道李仕衡對財物毫不在心，而他的副使枉作小人，卻人算不及天算，失去了高麗回贈的縑帛。考《李仕衡神道碑》《宋史·李仕衡傳》《長編》及《宋會要》等書，都未載李仕衡曾授館職，更未載他曾出使高麗。檢諸《高麗史》，也沒有李仕衡來聘的記載。據《高麗史》的記載，在太宗朝出使高麗的，先有在高麗成宗二年（癸未，太平興國八年，即李仕衡登第之年）三月戊寅（廿二）的光禄少卿李巨源（？—992）和將作少監孔維（？—990後）。然後有成宗四年（乙酉，雍熙二年）五月的太常卿王著（？—991後）和秘書監呂文仲（？—1007）及稍後促高麗出兵助伐遼的監察御史韓國華（957—1011）。再有在成宗七年（戊子，端拱元年）十月的禮部侍郎呂端（935—1000）和左諫議大夫呂祐之（947—1007）。然後是在成宗九年（庚寅，淳化元年）六月的光禄卿柴成務（934—1004）和太常少卿趙化成（？—992後）。最後一次使高麗的，是在成宗十一年（壬辰，淳化三年）六月甲子（初二）的光禄卿劉式（949—997）和秘書少監陳靖（？—1022後）。② 而據高麗成宗十二年（癸巳）（即太宗淳化四年）六月條所記，高麗在是月遣元郁往宋乞師，以報前年遼來攻之役。但宋以北邊甫寧，不宜輕動，就只優禮元郁而遣還。自此高麗與宋斷絕往來。③ 這說明在淳化四年以後，宋和高麗不再通問，李仕衡不可能出使高麗。另太宗朝五次出使高麗的副使全是文臣，並沒有沈括所記的武臣。疑沈括所記是張冠李戴。

推薦李仕衡復官的寇準在淳化五年九月獲太宗召還於青州（今山東省濰坊市青州市），太宗聽從他的建議，在是月壬申（廿三），以三子襄王元侃（即真宗）爲開封尹，改封壽王。乙亥（廿六），寇準以左諫議大夫爲參知政事，深受太宗倚重，太宗還聽他的推薦，在至道元年（995）四月癸未（初七）擢用翰林學士張洎（934—997）爲參政，又特詔寇準和同日新拜相的呂端分日知印押班，權力

---

① ［宋］沈括撰，金良年點校：《夢溪筆談》卷九《人事一》，第163條，北京：中華書局，2015年，第93—94頁。

② 鄭麟趾等撰，孫曉主編：《高麗史》卷三《成宗》，（癸未）二年三月戊寅條，重慶：西南師範大學出版社，2014年據韓國奎章閣藏光海君重刻乙亥字本及明景泰二年（1451）朝鮮乙亥銅活字本等標點校勘本，第60頁；（乙酉）四年五月條，第63—65頁；（戊子）七年十月條，第68—69頁；（庚寅）九年六月條，第70頁；（壬辰）十一年六月甲子條，第75頁。

③ 《高麗史》卷三《成宗》，（癸巳）十二年六月條，第77頁。

不讓呂端。太宗在至道元年八月壬辰（十八），正式冊立真宗爲太子，對寇準更寵信有加，譽之爲真宰相，比他爲唐太宗（598—649，626—649 在位）的名相魏徵（580—643）。倘寇準一直在位，李仕衡的仕途當會一片光明。無奈寇準恃才使氣，給政敵尋到過失，更惹怒了太宗，太宗於至道二年（996）七月丙寅（廿八）將他罷政，閏七月己巳朔（初一），寇準再出知鄧州（今河南省南陽市鄧州市），太宗隨即恢復只由宰相呂端押班知印之舊制。①

　　李仕衡另一有力奧援永興軍節度使田重進也於至道三年（997）三月乙丑朔（初一）卒於任上。就在二十七天後（壬辰，廿八），太宗病重。翌日（癸巳，廿九），太宗崩，真宗在呂端的扶持下繼位。②

三、長袖善舞：李仕衡在真宗朝初年的仕歷

　　李仕衡在真宗即位後，遷秘書丞知劍州（今四川省廣元市劍閣縣），首次擔任知州差遣。咸平三年（1000）正月己卯朔（初一），駐成都的神衛右第三軍校趙延順等八人殺成都鈐轄符昭壽（？—999）作亂，擁本軍第二都虞侯王均爲主，僭號大蜀，改元化順。不從叛軍的都巡檢使劉紹榮、指揮使孫進被殺。知府牛冕（945—1008）和轉運使張適（？—1000 後）縋城出奔漢州（今四川省德陽市廣漢市）。辛巳（初三），王均率衆攻陷漢州，牛冕等只好奔東川。王均攻陷漢州後，引衆轉攻綿州（今四川省綿陽市東），不能克，就移師攻劍門關，以斷宋軍出入四川之路。李仕衡聞知成都和漢州先後失陷，他以劍州城難守，就對衆官民説賊軍來勢方鋭，誰可與鬥？他説劍州城無守具，卻積有芻糧，若給賊軍取得，就不只害了劍州，賊軍必據劍門之險以阻朝廷大軍，而教兩川諸城無援以守，必盡爲賊軍所奪。他提出馬上焚毀倉庫，帶同州民，運走城中的金帛，東保劍門關（今四川省廣元市劍閣縣東北）。衆人從之，李仕衡又出榜募得軍卒流逸者數千人，率衆退守劍門，與劍門駐軍合力防守。王均軍至劍州，只得空城，而無資無糧。辛卯（十三），王均軍至劍

---

①《長編》卷三六，淳化五年九月壬申至乙亥條、十一月丙辰條，第797、800 頁；《長編》卷三七，至道元年四月癸未至戊子條，第811—812 頁；《長編》卷三八，至道元年八月壬辰條，第818—819 頁；《長編》卷四〇，至道二年七月丙寅條，第846—848 頁；《宋太宗皇帝實錄校注》卷七八，至道二年七月丙寅條、閏七月己巳朔至辛未條，第726—731、732—733 頁。

②《宋太宗皇帝實錄校注》卷八〇，至道三年三月乙丑朔、壬辰至癸巳，第796、800—801 頁；《長編》卷四一，至道三年三月壬辰至癸巳條，第862—863 頁。

門,李仕衡與劍門都監、左藏庫副使裴臻迎戰,這時風雪連日,王均之衆無所掠,只食敗糟,就被宋軍擊退,斬首數千級。被王均脅從的平民率多奔潰,李仕衡揭牓招降,得千餘人,盡置麾下,示以不疑。王均之衆疲極宵遁,不敢從金牛道逃走,惟有取道陰平還保成都。李仕衡即馳驛上奏,自劾棄城守關之罪,並言平賊的利害。李擊退王軍,保全劍門,真宗在是月乙巳(廿七)收到西川進奏院狀報後,自然不會怪罪於他,丁未(廿九),擢拜李爲度支員外郎並賜五品緋服,裴臻爲崇儀使領峰州刺史。據宋僧文瑩(? —1078 後)所記,李仕衡少時,有一俠者贈他一劍,囑咐他説:"君他日發迹,在於劍,記之。"李仕衡在劍門立下大功爲真宗所知而發迹,似乎應了該俠者之預言。據載這把劍在李死後便失去了。①

李仕衡保住劍門,宋廷援軍於是能出劍門,兩川諸城聞宋軍來,就固守不致搖動,王均之亂遂平,一如李開始時所料。不過,李仕衡不知什麼地方開罪了宋平叛軍主帥川峽招安使雷有終(947—1005),李稍後卻被劾棄城之罪。宋廷這時方倚靠雷,就將李黜降監虔州(今江西省贛州市)税。真宗知李有功無罪,不久便將他召還朝。②

值得一提的是,李仕衡的同年,當年間接令其父李益被誅的馮伉,正如上文所述,在是年五月己亥(廿三),以殿中侍御史知福州在任上卒。和馮伉交好,李的另一同年王禹偁也在咸平四年(1001)五月戊子(十七)卒於黃州(今湖北省黃岡市黃州區)任上。③ 李益被誅後,李仕衡自然不會和馮伉有任何交往,而王禹偁的文集《小畜集》也見不到有二人交往的記録。李仕衡没有文集傳世,暫時無法推知他的同年和他的關係如何。

---

① 《長編》卷四五,咸平二年十二月丙子條,第 980 頁;《長編》卷四六,咸平三年正月己卯至辛巳、丁未條,第 983—984、990 頁;《范仲淹全集》卷一三《宋故同州觀察使李公神道碑》,第 305—306 頁;[宋] 楊億:《武夷新集》卷一三《賀劍門破賊表》,《景印文淵閣四庫全書》第 1086 册,第 504—505 頁;《宋史》卷二七八《雷德驤傳附雷有終傳》,第 9457 頁;《宋史》卷二九九《李仕衡傳》,第 9936 頁;[宋] 文瑩著,鄭世剛點校:《玉壺清話》(與《湘山野録》合本)卷五,北京:中華書局,1984 年,第 48—49 頁;[清] 徐松輯,劉琳、刁忠民、舒大剛、尹波等點校:《宋會要輯稿》兵一〇之一〇至一一,上海:上海古籍出版社,2014 年,第 8798—8799 頁;[宋] 彭百川:《太平治迹統類》卷五《真宗平王均》,揚州:江蘇廣陵古籍刻印社影印《適園叢書》本,1990 年,第 121 頁。

② 《長編》卷四六,咸平三年正月甲午、丁未條,第 989、990—991 頁;《范仲淹全集》卷一三《宋故同州觀察使李公神道碑》,第 305—306 頁;《宋史》卷二九九《李仕衡傳》,第 9936 頁。考咸平三年正月甲午(十六),真宗以户部使、工部侍郎雷有終爲瀘州觀察使知益州,兼提舉川峽兩路軍馬招安巡檢捉賊轉運公事。《長編》所記奏黜李仕衡的川峽招安使就是宋平叛軍主帥雷有終。

③ 《長編》卷四七,咸平三年五月己亥條,第 1017 頁;卷四九,咸平四年六月戊午條,第 1064—1065 頁。

　　咸平五年（1002）十一月癸巳（初二），因李仕衡向宋廷上言："陝西榷酤尚多遺利，今西鄙屯戍至廣，經費實繁，望遣使經度其事，可濟邊用而不擾民。"於是宋廷命他以度支員外郎之官，與理財有名、出身三司小吏的内殿崇班、閣門祗候李溥（？—1024後）前往陝西諸州增加酒榷之課利。没有人比李仕衡更熟悉陝西的酒榷。果然在二李的經營下，陝西每年增酒榷利錢二十五萬緡。因這次出使陝西有功，是年十二月戊寅（十七），李仕衡即獲判三司鹽鐵勾院。這是李仕衡擔任三司職位，出任計臣之始。他出於酒商之家，對他來説，財筭工作正可發揮所長。①

　　不過，李仕衡在鹽法轉粟等問題上，稍後又與度支使、右諫議大夫梁鼎（955—1006）意見不合。梁鼎在咸平五年底或咸平六年初上言宋廷，以陝西沿邊所折中糧草，都是高抬價格，倍給公錢。如鎮戎軍（今寧夏回族自治區固原市）米一斗，計虛實錢要七百十四，而茶一大斤只能易米一斗五升五合五勺，顆鹽十八斤十一兩只能易米一斗。至於粟一升，計虛實錢四百九十七，而茶一大斤只能易粟一斗五升一合七勺，顆鹽十三斤二兩只易粟一斗。而草一圍，計虛實錢四百八十五，而茶一大斤只易草一圍。梁鼎指出鎮戎軍在蕃界，渭州（今甘肅省平涼市）在漢界，渭州斗米值卻高於鎮戎軍二十錢。同樣，環州（今甘肅省慶陽市環縣）在蕃界，慶州（今甘肅省慶陽市慶城縣）在漢界，而慶州斗米值也高於環州六十錢，粟亦高三十錢。他認爲以日繫時，就慢慢耗費國用。若不更革，怕三二年後，茶鹽愈賤，邊食愈虧。他奏稱檢查陝西的嚴信、咸陽、任村、定武、渭橋等倉，現儲有各色糧斛七十九萬石。他請以每年春初農隙時併力輦送沿邊。按沿邊州軍，計所屯兵有一年以上儲備，則只以將來的兩税轉換支填。如不及一年儲備之地，則以上一件糧斛增備。他説年儲才足，則可住折博。然後鹽則可仍照舊官賣，草則只令沿邊於夏秋緣科錢内折納，取年支足用。他又建議官賣解鹽，一年必得錢二三十萬貫，已可充給諸軍費，何況今年支用，比舊年已增一倍。若不速爲改變，他日匱乏時，則不但須截留西川上供之物，而帛縑也必須由京師輦運以供儲備。②

―――――――――――

　　① 《長編》卷五三，咸平五年十一月癸巳條，第1161—1162頁；《長編》卷五四，咸平六年正月壬寅條，第1177頁；《范仲淹全集》卷一三《宋故同州觀察使李公神道碑》，第306頁；《宋史》卷二九九《李仕衡傳》，第9936頁；同書同卷《李溥傳》，第9939頁；《宋會要輯稿》食貨二〇之四，第6420頁。

　　② 《長編》卷五四，咸平六年正月壬寅條，第1175—1176頁；《宋會要輯稿》食貨二三之二七至二八，第6502—6503頁；《宋史》卷一八五《食貨志下七·酒》，第4514頁。按《宋史》記李仕衡出使後，陝西歲增十一萬餘貫酒榷之利。

梁鼎稍後再上一奏，報告他應中書之命，計度如何輦運科撥陝西各州軍夏秋兩税。他説以陝西沿邊，除鎮戎軍、保安軍（今陝西省延安市志丹縣）各近蕃界之地不可大量儲糧，所需糧草，只逐時輦運常及半年以上外，其餘渭州、原州（今甘肅省慶陽市鎮原縣）和涇州（今甘肅省平涼市涇川縣）三州，即三路屯兵之所，請令永興軍、鳳翔府（今陝西省寶雞市）、華州、儀州（太平興國二年自義州改，轄華亭、安化、崇信三縣，熙寧五年十月廢州，併入渭州）、隴州（今陝西省寶雞市隴縣）五州人户輦運糧草，仍支此五州兩税，由涇、原、渭三州輸送，其三州的兩税，即令輦運鎮戎軍作糧草。環、慶二州，即中途屯兵之處，請令同州（今陝西省渭南市大荔縣）、耀州（今陝西省銅川市耀縣）、乾州（今陝西省咸陽市乾縣）、邠州和寧州（今甘肅省慶陽市寧縣）等五州人户輦運糧草，仍支此五州兩税，由環、慶二州輸送，其二州兩税，並於沿路鎮寨輸送。至於延州（今陝西省延安市），是東路屯兵之處，請令解州（今山西省運城市西南）、河中府、丹州（今陝西省延安市宜川縣東北）、坊州（今陝西省延安市宜川縣東北）和鄜州（今陝西省延安市富縣）五州人户輦送，仍支此五州兩税，由延州輸送，其延州兩税，即令輦運保安軍糧草。至於陝州、虢州（今河南省三門峽市靈寶市）、商州（今陝西省商洛市商州區）三州，請令於永興軍輸送。其逐處本州軍所備年支的糧草，則只令五等以下人户供輸。而秦州、鳳州（今陝西省寶雞市鳳縣）、階州（今甘肅省隴南市武都區）和成州（今甘肅省隴南市成縣）四州，地理稍遥，其兩税請令輸於本州。他又説如上面三路屯軍處，輦運科撥，不及一年以上儲備的，即且留緣江茶引，許商人入中添填缺額。[1]

梁鼎又上言，解鹽自從準詔書放行，任商旅興賣，原價得以減落，務在利民。近日卻聞知沿邊甚少商人貨賣，頗令遥郡難得食鹽，於是漸致邊民私販青鹽，而干犯條禁，兼且有人於永興軍等八州原禁地分，取便貨賣。這樣不但亂法，還更陷人，爲患既深，必須禁止。他以解鹽之貨，請勿更通商，而由官府專賣。至於他的禁榷條件，他會另行經畫。[2]

真宗詔將梁鼎以上的奏狀下輔臣計議，同知樞密院事陳堯叟（961—1017）認爲鹽禁之利甚大，宰相吕蒙正（944—1011）稱許梁鼎憂職狗公，所言可助邊費，請從梁之建議。於是真宗在咸平六年（1003）正月壬寅（十二），命梁鼎爲陝

①《長編》卷五四，咸平六年正月壬寅條，第 1176—1177 頁；《宋會要輯稿》食貨二三之二八，第 6503 頁。

②《長編》卷五四，咸平六年正月壬寅條，第 1177 頁。

西制置使，以梁鼎所薦的屯田郎中楊覃（954—1011）爲陝西轉運使，左司諫張賀爲轉運副使，楊、張二人並賜金紫。又以所論解鹽事與梁鼎意見相同的内殿崇班、閤門祗候杜承睿同制置陝西青白鹽事。①

當梁鼎上奏建議更改轉粟輓鹽之法時，惟有李仕衡以爲不便。他上奏説："安邊莫大於息民，今不得已而調斂之，又增以轉粟輓鹽之役，欲其不困，何可得哉！且鹽不通商，則邊城鹽貴，必資鹽於外夷，奪農時，沮商利而佐外夷，調用非策也。"他又與輔臣力爭於真宗前，力言"邊路阻險，舟車不能通。每歲轉粟與鹽，民力可支乎？徒能奪農時，沮商利。異日農商失業，財力俱屈，後復變法，人將安信？又官自鬻鹽則價重，價重則邊入市虜中青鹽食之，虜爲利矣。臣請通鹽商如前，使人入粟塞下，則農不奪時，商不易業，外不爲虜利。苟能寬民力，沮虜計，雖緡錢不足，陛下以諸路之羨助之，有何不可。"真宗没有怪他出言切直，還説爲臣當如此。但他的意見仍不被接受，吕蒙正等相信梁鼎的方案每年可得利三十萬緡錢。②

李仕衡的意見是否正確勿論，但他敢提出和上司不同的意見，並與宰輔力爭於真宗前，實在難得。他家在秦州，熟知西邊情況，且出身商人家，深知商賈貨賣取利之習性，比起靠文章得富貴諸臣如吕蒙正等，他理財就在行得多。

事實證明李的意見正確，梁鼎至陝西，便改變鹽法，禁止販鹽。既運鹽，公私大有煩費。於是弄得關中大擾，上封言事者多言梁的做法不妥。梁見其謀行不通，又請復舊通商。宋廷於是命太常博士林特（？—1026）乘傳與寇準的同年好友、知永興軍張詠（946—1015）商議，二人均主張解鹽恢復准許商販賣。真宗從之。爲此之故，於五月甲寅（廿五），梁鼎受到真宗詔書切責，罷去度支使之差遣。值得一提的是，當年賞識李的寇準在六月丁亥（廿九），自權知開封府轉任三司使，倘寇準早數月出任計相之職，可能會聽從李仕衡的意見。寇上任不久，李仕衡在七月獲派出任荆湖北路轉運使，大概是寇準的舉薦。③

---

① 《長編》卷五四，咸平六年正月壬寅條，第1175、1177頁；《宋會要輯稿》食貨二三之二九，第6503頁。

② 《長編》卷五四，咸平六年正月壬寅條，第1177頁；《范仲淹全集》卷一三《宋故同州觀察使李公神道碑》，第306頁；《宋史》卷二九九《李仕衡傳》，第9936頁。

③ 《長編》卷五四，咸平六年正月壬寅、五月甲寅條，第1177、1194頁；《長編》卷五五，咸平六年六月丁亥條，第1205頁；《范仲淹全集》卷一三《宋故同州觀察使李公神道碑》，第306—307頁；《宋史》卷二九九《李仕衡傳》，第9936頁；《宋會要輯稿》食貨二三之二九，第6503頁。

真宗於翌年改元景德,因宰相李沆(947—1004)於七月丙戌(初四)卒,中書無相,真宗先在庚寅(初八),擢他的藩邸舊僚畢士安(938—1005)爲參政,再因畢的極力推薦,在八月己未(初七),真宗以畢士安爲首相,寇準爲次相。真宗擢用寇準,正用其文武材應付遼國的入侵。① 寇準拜相,對李仕衡的仕途自然有利。九月辛丑(二十),李仕衡自荊湖北路轉運使徙爲他最人地熟悉的陝西之轉運使,並遷階爲司封員外郎,獲賜金紫服。以往宋廷每年出內帑緡錢三十萬,以助陝西軍費。李仕衡上言歲計可以自行籌辦,於是宋廷罷給。他在陝西轉運使任上,范仲淹稱許他即能保任能吏數十,分掌他家族最熟悉的榷酤事務,因此能獲利以億計。②

因遼軍於十一月入侵,真宗在寇準的力請下御駕親征,幾經辛苦,宋遼兩國在十二月達成澶淵之盟。李仕衡因在陝西,在這次大征戰和最後的大和解中並沒有什麼角色。不過,他的女婿曹利用(971—1029),就以出使遼國,達成盟約,立下大功而從此成爲真宗的寵信,並且自殿直的小官,超擢爲東上閤門使領忠州刺史,名位已不下於李仕衡。③

景德三年(1006)二月戊戌(廿五),寇準被政敵王欽若中傷,失寵罷相。由他的同年王旦自參政繼相,王欽若和陳堯叟則並知樞密院事。④ 李仕衡要在仕途更上一層樓,除了靠他的本事外,還要適應宋廷中樞的人事改變。寇準雖倒臺,但李仕衡很會討真宗歡心,當他知道真宗準備幸西京(洛陽),就自陝西路之羨餘獻粟五十萬斛,又以三十萬斛資助京西。真宗覺得他會辦事,就在三月丙寅(廿四),將他自陝西轉運使召入爲三司度支副使,遷祠部郎中。他在五月丙午(初五),即上奏言關右自不禁解鹽以來,計司以賣鹽年額分配永興、同、華、耀四州軍,而永興軍最多,於民不便,請減十分之四。真宗詔悉除之。在這

① 《長編》卷五六,景德元年七月丙戌至庚寅條,第1243—1245頁;卷五七,景德元年八月己未條,第1251頁。

② 《長編》卷五七,景德元年九月辛丑條,第1258頁;《長編》卷六三,景德三年五月丙午條,第1399頁;《范仲淹全集》卷一三《宋故同州觀察使李公神道碑》,第307頁;《宋史》卷二九九《李仕衡傳》,第9936頁。

③ 《長編》卷五八,景德元年十月丙午、十一月庚午至十二月戊子條,第1278—1279、1283—1294頁;《宋史》卷七《真宗紀二》,第125—126頁;《宋史》卷二九九《李仕衡傳》,第9938頁;《范仲淹全集》卷一三《宋故同州觀察使李公神道碑》,第309頁。考李仕衡有三女,長適益州郫縣(今四川省成都市郫都區)主簿宋肩遠,次適曹利用,最幼的適曹彬(931—999)幼子曹琮(988—1045)。曹利用何時成爲李仕衡的女婿,群書未載。按李仕衡比曹利用年長十二歲,曹利用在景德元年使遼時已年三十四,當已成家。不過,未載他娶李仕衡次女是元配抑是續娶。

④ 《長編》卷六二,景德三年二月戊戌至己亥條,第1389—1390頁。

一點,他又爲他的陝西鄉人爭取了利益。① 李仕衡爲官之道,就是知道主子最喜歡他能既開源又節流,不但不向朝廷要錢,還向朝廷貢納多出的羨餘。他生財有道,一派商人作風,不能不説得益於家學,他經歷其父慘痛的教訓後,就知道以儒爲表,而以商爲裏。

四、兩漕河北:李仕衡在真宗中期的仕歷

宋廷以河北、河東屯兵防範遼夏爲要務,須要選擇一得力的人出任河北轉運使。真宗又看上了李仕衡,就將他遷官爲司封郎中,自度支副使出爲河北轉運使。景德四年(1007)十一月丁丑(十四),高陽關(今河北省保定市高陽縣東舊城)走馬承受劉樫上奏,稱河北諸州軍用兵之際,優給公使錢,以犒賞軍校,現時邊鄙已安靖,戍兵大減,他請令本路轉運司和提點刑獄司計量州軍閒劇情況而均定這些公使錢。因劉之奏,李仕衡就和河北提點刑獄司陳綱覆奏,請除了沿邊及要害之地仍舊外,其他州軍皆增省其數以聞。宋廷依其請。②

真宗在翌年(1008)正月乙丑(初三),召見宰相王旦和知樞密院事王欽若,宣示他在去年十一月庚寅(廿七)夢見神人,賜他天書的"神話"。王旦等隨即配合真宗,往承天門演出一幕接受神降天書的把戲。這原是真宗聽從王欽若以神道設教,挽回澶淵之盟的屈辱的自欺欺人舉動,身爲首相的王旦,被迫妥協,無奈同意王欽若的安排。戊辰(初六),改元大中祥符,大赦天下。從此開展了一系列的天書封禪鬧劇。③

真宗在大中祥符元年四月甲午(初四)詔以十月往泰山舉行封禪大典。乙未(初五),真宗以封禪的推動人王欽若及參知政事趙安仁(958—1018)並爲封禪經度制置使。又命支持封禪,稱經費足夠的權三司使丁謂(966—1037)計度

① 《長編》卷六三,景德三年五月丙午條,第 1399 頁;《范仲淹全集》卷一三《宋故同州觀察使李公神道碑》,第 307 頁;《宋史》卷二九九《李仕衡傳》,第 9936 頁;《宋會要輯稿》食貨二三之二九,第 6503—6504 頁;《宋會要輯稿》食貨七〇之一六〇,第 8196 頁。按《長編》所記,李仕衡召爲三司度支副使在景德三年三月"丙申",惟三月没有丙申,只有丙辰(十四)和丙寅(廿四),四月則在丙申(廿五)。疑李仕衡在三月丙寅陞三司度支副使。

② 《范仲淹全集》卷一三《宋故同州觀察使李公神道碑》,第 307 頁;《長編》卷六七,景德四年十一月丁丑、十二月辛酉條,第 1505、1515 頁。

③ 《長編》卷六七,景德四年十一月庚寅條,第 1506—1507 頁;卷六八,大中祥符元年正月乙丑至戊辰條,第 1518—1520 頁。

泰山路糧草。丙申(初六),以王旦等宰執爲大禮五使。①

　　李仕衡女婿曹利用這時已陞爲引進使,他也積極參與這場封禪活動。除了在三月甲戌(十三),奉命慰勞請封禪的兗州(今山東省濟寧市兗州區)父老呂良等八十七人外,四月乙未(初五),他又與内臣李神福(947—1010)奉命相度真宗往泰山的行營道路。稍後又與王欽若由曹州(今山東省菏澤市曹縣)取南路往兗州達泰山,以計算工用之繁簡。不用曹利用的提點,甚識時務的李仕衡,在真宗君臣熱火朝天大搞泰山封禪時,於五月壬戌(初三),上奏請罷内帑所助河北軍費錢八萬緡,並請輦運本路金帛芻粟四十九萬赴京東,以助祀事。真宗龍顏大悦,稱許李仕衡臨事有力可獎,即賜褒詔。丁謂於是請留李於澶州(今河南省濮陽市)管勾東封泰山事。真宗詔從之。②

　　當年推薦李仕衡,時知陝州、刑部尚書的寇準也識時務,八月庚戌(廿二),他上表請求從祀泰山,真宗詔可。真宗君臣於十月庚戌(廿三)奉天書登泰山,行封禪禮。是月乙卯(廿八),真宗一行回程至回鑾驛,包括河北轉運使李仕衡在内,與京東西、陝西、淮南及江南等轉運司齊齊上言賣好,稱自有詔封禪以來,諸州進奉使、蠻夷入貢及公私往來,晝夜相繼,鄉邑肅靜,物價至賤。李仕衡並獲召見於行宮。丙辰(廿九),真宗抵兗州,十一月戊午朔(初一)前往孔廟獻祭。丁丑(二十),真宗返抵京師。這次東巡往還四十七日。十二月癸卯(十七),自知樞密院事王欽若以下執政並進官一等,群臣並以次覃恩。李仕衡也在這次封禪恩典進右諫議大夫,繼續任河北轉運使。而寇準也因這次封禪活動博得真宗歡心,於辛亥(廿五),遷户部尚書,徙知河北重鎮天雄軍(即大名府,今河北省邯鄲市大名縣),兼駐泊都部署。李仕衡又得以和他在河北共事。據説遼使曾過大名府,對寇準説:"相公望重,何故不在中書?"寇準答得很得體,説:"主上以朝廷無事,北門鎖鑰,非準不可爾。"相信李仕衡近在河北,對他的老上司的弦外之音當心領神會。③

---

① 《長編》卷六八,大中祥符元年四月辛卯至丙申條,第1530—1531頁。

② 《長編》卷六八,大中祥符三月甲戌條,第1528頁;《長編》卷六八四月乙未、戊午條,第1531、1536—1537頁;《長編》卷六九,大中祥符元年五月壬戌條,第1542頁;《范仲淹全集》卷一三《宋故同州觀察使李公神道碑》,第307頁;《宋史》卷二九九《李仕衡傳》,第9937頁;《宋會要輯稿》禮二二之一〇,第1119頁。

③ 《長編》卷六九,大中祥符元年八月庚戌條,第1557頁;《宋史》卷七〇,大中祥符元年十月庚戌至十二月辛亥條,第1571—1582頁;《范仲淹全集》卷一三《宋故同州觀察使李公神道碑》,第307頁;《宋史》卷二九九《李仕衡傳》,第9937頁。考曹利用也當在這次東封恩典中獲晉陞爲客省使。參見何冠環:《曹利用之死》,載氏著《北宋武將研究》,香港:中華書局,2003年,第228頁,注45。

真宗在大中祥符二年(1009)正月己巳(十三),又恩詔諸路轉運使、知州軍有在東封時遣親屬和牙校奉貢至泰山的,並與轉官,未有官者,令學士院試藝,授試秩出身。李仕衡的兒子李丕緒,大概就以蔭補將作監主簿。①

李仕衡在河北轉運使任上,倒不全是只會討好真宗,他還爲河北路做了不少利民又對官府有益的事。大中祥符三年(1010)閏二月己未(初九),他上言宋廷,稱本路每年給諸軍帛七十萬匹,每當春天時,民間多缺錢,只好預先向豪右借貸,出倍稱之利息。到交稅之期時,除了輸租賦外,又先得償還所欠,這樣他們織絹之利愈薄。他請令官府預先支付他們帛錢,俾及時輸送,則民既獲利,而官府亦足用,公私兩濟。宋廷從其議,並且詔優給民值。② 另外,他也應滄州(今河北省滄州市)吏民的請求,請宋廷將原本調職的知滄州靳懷德(945—1017)留任。③

東封泰山京東之人受益,於是又有人議請祀位於河中府的汾陰后土(今山西省運城市萬榮縣榮河鎮西南廟前村北古城)。是年七月辛丑(廿四),文武官、將校、老少、道釋三萬人詣闕請祀汾陰。真宗作態不允。當表奏三上時,於八月丁未朔(初一),真宗就答允,並詔以來年春天祀汾陰。其實真宗一早命翰林學士陳彭年(961—1017)等檢尋歷代修廢后土故事。他問王旦等剛封禪泰

---

① 《長編》卷七一,大中祥符二年正月己巳條,第 1589 頁;《宋史》卷二九九《李仕衡傳》,第 9938 頁。

② 據范仲淹所記,李仕衡此法後來推廣至各路。不過,王闢之(1031—1098 後)則記,大中祥符初年,知潁州(今安徽省阜陽市潁州區)王旭(959—1026),因歲飢,出庫錢貸民,約好鹽熟一千輸一縑。其後,李仕衡行之於陝西,民以爲便。現行於天下,於歲首給之,稱爲和買絹,或稱預買。王闢之認爲這做法,始於王旭,而非始於李仕衡。而吳曾(? —1162 後)的《能改齋漫録》則據范鎮(1007—1088)《東齋記事》的説法,認爲和買絹的做法,應始於太宗時三司判官馬元方(? —1021 後)的建言。以馬建議在方春乏絕時,預給庫錢貸民。至夏秋,令民輸絹於官。吳曾認爲預買紬絹的做法,實肇于此。據李燾的考證,馬元方確是在咸平二年(不是太宗時)任三司户部判官時已創此議;不過,馬雖布其法於諸路,但有即奉行的,也有未即奉行的。到李仕衡在河北,就再向宋廷請在河北行此法,但諸路亦未普遍實行。其後左藏及內藏庫發生火災,宋廷在大中祥符九年(1016)春,特行此法於京東和京西。范仲淹所謂今行於諸路者,其實指仁宗景祐年間。按此事《隆平集》繫於景德中,當誤。王瑞來已辨明其誤。參見《范仲淹全集》卷一三《宋故同州觀察使李公神道碑》,第 307 頁;《宋會要輯稿》食貨三七之四至五,第 6807 頁;《長編》卷四四,咸平二年五月丁酉條,第 944—945 頁;《長編》卷七三,大中祥符三年閏二月己未條,第 1567—1568 頁;《宋史》卷一七五《食貨志上・布帛》,第 4232 頁;《宋史》卷二九九《李仕衡傳》,第 9936—9937 頁;[宋]王闢之著、呂友仁點校:《澠水燕談録》卷九《雜録》,北京:中華書局,1981 年,第 114 頁;[宋]吳曾:《能改齋漫録》卷一二《記事・和買絹》,上海:上海古籍出版社,1979 年,第 346—347 頁;[宋]曾鞏撰,王瑞來校證:《隆平集》卷三《愛民》,北京:中華書局,2012 年,第 114、118 頁。

③ 《宋史》卷三〇九《靳懷德傳》,第 10168 頁。按靳懷德原名靳湘,素遊寇準之門,因此避寇父寇湘之名而改名。李仕衡可能也因這種關係替靳懷德説話。

山和祭孔廟，馬上行祀汾陰之禮，會否地遠而勞費。王旦等自然一力贊成。是月戊申（初二），真宗命知樞密院事陳堯叟爲祀汾陰經度制置使權判河中府，翰林學士李宗諤（965—1013）副之，仍權同知府事。客省使曹利用與兩員内臣西京左藏庫使張景宗（? —1022 後）及供備庫使藍繼宗（960—1036）修行宫道路。又命曹的岳父、時任河北轉運使的李仕衡和鹽鐵副使林特計度糧草，並提舉京西陝西轉運司事。李仕衡和上次東封泰山時一樣識時務，即上奏獻錢帛三十萬以佐用，真宗詔褒獎他。丙辰（初十），三司使丁謂以輦送汾陰物品，請真宗令李仕衡和林特舉薦京朝官二人，分水陸路催督。不過，真宗詔只令三門白波發運使、河陰都監領其事。① 他的女婿曹利用也很賣力，很快便交給真宗第一份工作報告，八月庚午（廿四），他通過陳堯叟上奏，以陝州和鄭州（今河南省鄭州市）衙署正門低小，街衢窄隘，真宗若在這裏停留，怕不舒服，真宗以不宜勞民傷財擴建，一切照舊。辛未（廿五），命曹先去拜祭汾河之神。② 李仕衡在這一任的河北轉運使最後一年，據蘇舜欽（1008—1048）的記載，向宋廷奏上知安利軍（原通利軍，天聖元年改，今河南省鶴壁市浚縣東北）、太常博士鄭希甫（956—1027）的良好治狀，宋廷因擢鄭爲屯田員外郎，並令他再任。③

　　真宗於大中祥符四年（1011）正月甲午（二十），因客省使、鄜延路部署李允正（961—1011）被病，就命曹利用權鄜延路部署，以策西疆安全，並提防西夏在真宗西巡時生事。另以長安爲關輔重地，即命李仕衡權知永興軍。永興軍是他初出仕的地方，如今就任此要地的長官。丁酉（廿三），真宗君臣奉天書由京師出發，壬寅（廿八），抵西京洛陽。二月癸丑（初九），抵河中府。辛酉（十七），抵汾陰。壬戌（十八），御朝覲壇，受群臣朝賀，大赦天下，恩賜如東封泰山例。回程時，於是月庚午（廿六），謁位於華陰縣（今陝西省渭南市華陰市）的西岳順聖金天大王廟。又幸巨靈真君廟，並除兩地之田租。然後經西京，並往鞏縣（今河南省鞏義市）之宣祖、太祖、太宗及真宗母元德太后陵。到四月甲辰朔（初一），返抵京師。丙寅（廿三），群臣用二月壬戌赦書，以次遷官。李仕衡因遷給事中並召還，而曹利用也遷橫班使臣之首的内

---

　　① 《宋會要輯稿》禮一之二至三，第 494 頁；《宋會要輯稿》禮二八之四三，第 1288—1289 頁；《長編》卷七四，大中祥符三年七月辛丑至八月戊申條，第 1681—1682 頁；《范仲淹全集》卷一三《宋故同州觀察使李公神道碑》，第 307 頁；《宋史》卷二九九《李仕衡傳》，第 9937 頁。

　　② 《長編》卷七四，大中祥符三年八月庚午至辛未條，第 1687 頁；《宋史》卷一〇四《禮志七·吉禮七·汾陰后土》，第 2534—2535 頁。

　　③ ［宋］蘇舜欽著，傅平驤、胡問陶校注：《蘇舜欽集編年校注》卷六《屯田郎滎陽鄭公墓誌》，成都：巴蜀書社，1991 年，第 374 頁。

客省使，並領嘉州防禦使，日就食於樞密院。五月壬寅（廿九），真宗詔郎中及帶職員外郎以上，用汾陰赦典，請保任其子者，可並依例施行。李仕衡兒子又是這次赦典的受益人。①

李仕衡召還後，他所領的河北轉運使，於是年七月戊子（十七）就由真宗認爲淳厚的寇準女婿王曙（963—1034）代領，另真宗也委他評爲幹敏的李應機（？—1024後）出任同轉運使。②

李仕衡大概在大中祥符四年底獲拜樞密直學士知益州，代替任中正（961—1026）。范仲淹稱"朝廷謂坤維之奧，宜得巨人"，又說"期月詔還，有圖任意"。意指真宗會委李仕衡大任。李在益州，留心政務，當年他經歷王均之亂，故對地方上的風吹草動，均着意留心。祥符五年七月丙子（初十），他上奏宋廷，稱查得永康軍（今四川省成都市都江堰市）村民舉行社賽，用棹刀爲戲。他請令禁止，以防止有意外發生。宋廷詔從之。③ 不過，石介（1005—1045）卻和他支持的范仲淹，對李仕衡在蜀的政績有不同的評價。石介從一個永康軍老人的口中，記後來任三司副使、工部郎中劉隨（971—1035），在祥符中任永康軍判官。當時在永康軍二十里外的導江縣（今四川省成都市都江堰市），其縣令執法不公，受賕斷獄，出一人死罪，入一人死罪。劉隨將他收入獄，劾得其情。時任西川轉運使的李仕衡包庇此導江令，極力救之。劉隨不許，終正其罪。因他忤李仕衡意旨，故李誣以他事，說劉爲政苛刻，不堪從政，致邊人不安，將他罷走，不許調任。新任的轉運使和提點刑獄相繼巡視永康軍，有蕃人數千，跳出市中，阻住官路，爲劉隨申訴。於是本路轉運使具報宋廷，劉隨的冤情得以洗雪，而得調職。④

---

① 《長編》卷七五，大中祥符四年正月甲午至四月丙寅條，第1708—1720頁；《長編》卷七五五月壬寅條，第1723頁；《范仲淹全集》卷一三《宋故同州觀察使李公神道碑》，第307頁；《宋史》卷二九九《李仕衡傳》，第9937頁。

② 《長編》卷七六，大中祥符四年六月戊子條，第1729頁。

③ 據《宋史·李仕衡傳》所記，稱他在祥符四年四月以祀汾陰恩典進給事中後，"踰月以樞密直學士知益州"，而據《長編》和《宋會要》的記載，李仕衡在大中祥符五年七月初十前已自樞密直學士知益州。疑他早在祥符四年底已知益州，最晚也當在祥符五年初。據李之亮所考，李仕衡知益州的前任任中正，在祥符四年二月曾以知益州獻芝草二十二本予宋廷。參見《范仲淹全集》卷一三《宋故同州觀察使李公神道碑》，第307頁；《長編》卷七八，大中祥符五年八月甲辰條，第1779頁；《宋會要輯稿》刑法二之一一，第8287—8288頁；《宋史》卷二九九《李仕衡傳》，第9937頁。李之亮：《宋川陝大郡守臣易替考》"益州成都府"，第7頁。

④ ［宋］石介著，陳植鍔點校：《徂徠石先生文集》卷九《記永康軍老人說》，北京：中華書局，1984年，第104—108頁；陳植鍔著，周秀蓉整理：《石介事迹著作編年》，北京：中華書局，2003年，第52—53、64—65頁；［宋］宋庠：《元憲集》卷三四《宋故朝請大夫尚書工部郎中充天章閣待制上輕車（轉下頁）》

　　當李仕衡入蜀時，宋廷中樞人事有所變化。首先是寇準和王旦的同年向敏中（949—1020）在大中祥符五年四月戊申（十一），重獲真宗信任，得以自資政殿大學士、刑部尚書守本官同平章事，出任次相。五個月後，於九月戊子（廿三），兩名文官知樞密院事王欽若和陳堯叟改充樞密使，武臣簽署樞密院事馬知節（955—1019）改任樞密副使。與王旦友好的參政趙安仁因反對真宗寵愛的劉德妃（即章獻劉太后，969—1033，1022—1033攝政）册爲皇后（按：劉德妃於祥符五年十二月丁亥廿四册立爲皇后），被王欽若中傷而罷政。王旦本來推薦和他友善的翰林學士李宗諤繼任，卻又被王欽若巧言破壞。王欽若就推薦他的同年，在東封西祀活動中博得真宗歡心的三司使丁謂擢户部侍郎繼任參政。至於丁謂的三司使遺缺，就由他的心腹、同樣善於理財的鹽鐵副使右諫議大夫林特權任。宋廷的新中樞班子，王旦、向敏中和馬知節是一派，王欽若、陳堯叟、丁謂和林特是另一派。其中後一派的王、丁、林三人和真宗寵信的高級內臣宣政使劉承珪（950—1013）以及翰林學士陳彭年暗中交通，蹤迹詭異，時論論之"五鬼"。①

　　就人脈關係而言，李仕衡得寇準一再推薦和提拔，他當屬寇準和王旦一派。不過，他在東封西祀活動中，又與王欽若、陳堯叟、丁謂和林特共事，也一樣靠做事賣力博得真宗歡心。他和女婿曹利用這時一在四川，一在陝西，都遠離朝廷。他們就不用捲入王旦和王欽若黨爭的漩渦，而來個左右逢源。

　　當李仕衡離開河北後，河北官場出了風波，寇準的同年、知鎮州邊肅（？—1012後），被與他素不相能而接他任的同州觀察使王嗣宗（942—1019）劾奏，王並指使鎮州通判東方慶等列狀宋廷，揭發邊肅在任的種種過失。四月乙丑（廿八），邊肅奪三任，責授岳州團練副使。因坐不察邊肅之過失，河北轉運使王曙徙知壽州（今安徽省六安市壽縣），同轉運使李應機徙知濮州（今山東省菏澤市

（接上頁）都尉賜金魚裴彭城劉府君墓誌銘》，北京：中華書局，1985年據《叢書集成初編》本重印，第357—360頁；《長編》卷九一，天禧二年閏四月戊申條，第2111頁；《宋史》卷二九七《劉隨傳》，第9888頁。按李仕衡以樞密直學士知益州，石介記他是西川路轉運使，據李燾所考，李仕衡未嘗任西川轉運使，劉隨《國史正傳》蓋因宋祁（當是宋庠）墓誌而誤以李仕衡爲西川轉運使，他已改正。不過，李燾認爲也許李仕衡曾權領本路轉運使，故群書有此說。又據陳植鍔的考證，這篇《記永康軍老人說》撰於景祐二年（1035），劉隨在是年八月以工部郎中知應天府召爲户部副使（即三司副使），惟不久劉隨便卒於任，得年六十五。考劉隨與李仕衡不協的事，始見於石介的記載，然後宋庠爲劉撰寫墓誌銘，也記此事，而《宋史》因之。三書皆書李仕衡爲轉運使或漕臣。

　　①　《長編》卷七七，大中祥符五年四月戊申條，第1761頁；卷七八，大中祥符五年九月戊子至己丑條，第1786—1788頁；卷七九，大中祥符五年十二月丁亥條，第1810頁。

鄆城縣),調離河北,河北路走馬承受也悉數替換。因兩員河北轉運使被調職,
宋廷一時找不到人替代,而這時河北頗有盜賊出没,本路卻奏報不實,又不即
時擒捕。大概在王旦和向敏中的建議下,他們的老同年知天雄軍寇準受命都
大提舉河北巡檢,臨時處置河北的治安。① 宋廷知道要委任一得力的人擔任河
北轉運使,處理各項要緊問題。這回李仕衡又被君相看上了。

大中祥符六年(1013)三月丁酉(初六),接替王曙的右諫議大夫、河北轉運
使盧琰(? —1013)卒於任上。這時河北闕需,真宗馬上想起李仕衡。曾有言
官批評李仕衡用河北錢五十萬貫助東封,致令河北闕乏。丁謂就爲李辯護,説
李仕衡所貢東封錢只十萬餘,即薪芻總計五十萬而已。真宗就慨言官吏艱於
經畫,動輒以此爲辭,他當復任李仕衡,責成他任事,以塞衆多之口。於是自益
州召還李仕衡,並當面稱許説"河朔未可無卿"。四月庚辰(十九),以李仕衡自
樞密直學士、給事中爲河北都轉運使,通管河北河東,恩數廩禄加常制一等。
李仕衡回到河北後,針對河北闕糧的問題,就日夜加班,鞭策屬下積穀於郡邑,
於是積粟塞下至鉅萬斛。有議者批評所積太廣,穀物必定會因此腐敗不可食。
宋廷遣使視察,查明粟穀並没有腐敗。李仕衡上奏説他此舉是爲了積存九年
之粟,以防不測。真宗明白,立即罷前遣的使者。②

是年七月庚子(初十),三司言河北積布甚多,請令京東西、河東北夏秋税
並納本色糧斛,罷折納布,若需要衣布,則於河北輦取之。次相向敏中爲李仕
衡説話,稱河北只産布,倘若官方不納,怕民間難以貿易,希望照舊,其他各路
就依三司所建議辦理。③

是月己酉(十九),亳州(今安徽省亳州市)官吏父老三千三百六十人詣闕,
請真宗朝謁該處祀奉老子的太清宮。真宗召對崇政殿,慰勞賜之。丁巳(廿
七),文武群臣上表請駕幸亳州謁太清宮,真宗詔許明春前往。八月庚申朔(初
一),以參政丁謂爲奉祀經度制置使,翰林學士陳彭年副之。丁謂仍判亳州。
真宗君臣又開展另一輪祭祀活動。李仕衡一如以往,十月乙丑(初七)又貢奉
祀絲、綿、縑、帛各二十萬疋,真宗詔獎之。十二月丙寅(初九),真宗出發往亳
州前,委寇準以兵部尚書權東京留守,入内都知閤承翰(947—1014)都大管勾

① 《長編》卷七七,大中祥符五年四月壬戌條,第1763—1764頁;卷七八,大中祥符五年八月己
酉、九月癸酉條,第1780、1784頁。

② 《長編》卷八〇,大中祥符六年四月庚辰條,第1823頁;《范仲淹全集》卷一三《宋故同州觀察使
李公神道碑》,第307頁;《宋史》卷二九九《李仕衡傳》,第9937頁。

③ 《長編》卷八一,大中祥符六年七月庚子條,第1841頁。

大内公事,權三司使林特為行在三司使。寇準識得討好真宗,於辛未(十四),請將丁謂所貢的芝草刊文德殿宣示百官。寇和李二人都識時務。①

大中祥符七年(1014)正月壬寅(十五),真宗奉天書前往亳州,己酉(廿二)抵亳州太清宮。祭祀道教諸神仙多天後,乙卯(廿八),經陞為南京的應天府(今河南省商丘市),於二月辛酉(初五)返抵京師。壬申(十六),和東封西祀後一樣,真宗大赦天下,內外文武官悉數加恩。② 李仕衡這回遷什麼官,暫未可考。③

二月戊寅(廿二),宋廷以河北的濱州(今山東省濱州市)和棣州(今山東省濱州市惠民縣東南)的官吏修治河隄,科配民重役,而多有逃亡的,詔轉運使李仕衡更勿修疊,令別作規畫,無致闕誤。可能是李向宋廷奏報,宋廷才作出這樣的指示。④

六月乙亥(廿一),真宗將樞密院三員正使和副使盡數罷免。事緣副使馬知節在真宗前痛斥正使王欽若在王懷信平蠻賞功事上處置不公,真宗怒將連同陳堯叟三人一齊罷樞。因王旦的極力推薦,真宗任寇準為樞密使同平章事,並驛召同州觀察使、知鎮州王嗣宗和內客省使、鄜延都部署曹利用赴闕,七月甲辰(二十),二人接任樞密副使。戊申(廿四),在六月癸亥(初九)奉命往兗州朝拜景靈宮的王旦回朝覆命,他向真宗奏舉沿途所視察稱職的臣僚,他稱譽的其中一人就是時任河北都轉運使的李仕衡,說李和河北轉運使張士遜(964—1049)、知兗州王臻、知長垣縣(今河南省新鄉市長垣縣)范識、京東轉運使俞獻卿(970—1045)、知澶州張禹珪、同監修景靈宮盧守明、京東同都提舉巡檢使李懷信均蒞事幹集。他請真宗賜詔褒獎。⑤ 李仕衡既蒙首相王旦的嘉許,又樂見寇準重返中樞,以及佳婿擢拜執政。他此刻的心情應是愉快的。

六月丙子(廿二),宋廷以棣州水患,詔棣州經水災的流民歸業者給復三

① 《長編》卷八一,大中祥符六年七月己酉至八月庚申朔、十月乙丑、十二月丙寅至辛未條,第1842—1844、1850、1854頁。

② 《長編》卷八二,大中祥符七年正月壬寅至二月壬申條,第1862—1865頁。

③ 據范仲淹及《宋史·李仕衡傳》所載,李仕衡在大中祥符元年十二月東封後擢拜右諫議大夫,到大中祥符四年二月以西祀恩典召還進給事中。到修建棣州新城後進工部侍郎。然按制度,李仕衡應先自右諫議大夫遷左諫議大夫,才給事中,然後再晉工部侍郎。然群書均未載李仕衡何時遷左諫議大夫。疑李仕衡在四年二月先遷左諫議大夫,在七年二月才遷給事中。實情如何待考。

④ 《長編》卷八二,大中祥符七年二月戊寅條,第1866頁;《宋會要輯稿》方域一四之六,第9554頁。

⑤ 《長編》卷八二,大中祥符七年六月壬戌至癸亥、乙亥條,第1880、1883頁;卷八三,大中祥符七年七月甲辰至戊申條,第1889—1890頁;卷八四,大中祥符八年四月壬戌條,第1923頁。

年。到八月甲戌(廿一)，黄河決於澶州的大吳埽。真宗詔徙州民於高阜，由官府供給舟渡。宋廷再遣使修塞，共役民夫數千，築新隄亙二百四十步，河水於是得以順流。丁丑(廿四)，宋廷再遣使視察棣州河隄的水勢，使者向真宗報告，説棣州築埭累年，現時僅免於決壞，但河水湍流暴溢，墒地益削。棣州城南河勢高及三二丈，知州、殿中侍御史孫沖(？—1025後)守護過嚴，民輸租若踐及河隄的亦笞之。真宗於是詔擇官代孫沖。十一月甲申(初二)，濱州上報黄河又溢於安定鎮。①

對於黄河決隄於河北諸州之險情，李仕衡身爲河北都轉運使，自然責無旁貸。是時黄河決於無棣，將淹没棣州城。河北以數州丁力，晝夜營護，但從役的死者相枕藉，而水不降。他和轉運使張士遜經過實地勘察，在大中祥符八年(1015)正月上奏，以黄河流高於棣州城丈餘，朝廷累年役兵夫修固，因考慮若徙城將重勞民力。他們説去冬以來大寒，蹙凌冰下，尚有水流衝激，若解凍之後，河流迅奔，必有河水決溢，爲患滋深。他們請於州北七十里陽信縣界，地方八方寺的高阜處改築州治，以今年捍隄的軍士助役，則可爲永久之利。真宗同意，於正月戊戌(十七)詔依李仕衡之議徙棣州城。並令權度支判官張績、内侍押班周文質(？—1026後)乘傳，與李仕衡和張士遜同任其事。並降詔諭棣州官吏、僧道和百姓等，仍月給本州公用錢十萬，許造酒，每月三犒軍校，兩月一賜役夫錢。所在人民的民田，優給其值，常租及浮客食鹽錢盡免除，城中居民免税一年。在這樣優渥的條件下，於三月辛丑(廿一)，歷經三月，棣州新城建成，李仕衡等就將新城之圖呈上宋廷。舊城廣袤九里，新城擴爲十二里。州民所居悉如舊而給之，外則建營宇廨舍。宋廷又賜役夫緡錢，並宴犒本州官吏和將士。真宗以執役時有死亡者，又遣使命僧爲水陸法事以祭。因舊城積糧甚多，有人批評難於遷徙。張士遜見瀕河數州方欠食糧，即計算其餘糧以借民，等到來年輸送新糧時償還，這樣就公私皆便。被徙知襄州(今湖北省襄陽市)的孫沖，仍上奏論徙州治不便，並著《河書》以獻，不過，數月後大水淹没棣州故城丈餘，就證明李仕衡和張士遜徙城之議正確。②

就在李仕衡等剛動工修建棣州新城時，京西轉運使陳堯佐(963—1044)上

---

① 《長編》卷八二，大中祥符七年六月丙子、八月甲戌至丁丑、十一月甲申條，第 1883、1892—1893、1901 頁；《宋會要輯稿》方域一四之六，第 9554 頁。

② 《長編》卷八四，大中祥符八年正月戊戌條，第 1914—1915 頁；《范仲淹全集》卷一三《宋故同州觀察使李公神道碑》，第 307—308 頁；《宋會要輯稿》方域八之一四，第 9431—9432 頁；《宋史》卷二九九《李仕衡傳》，第 9937 頁。

奏,建議開滑州(今河南省安陽市滑縣)小河以分水勢。李仕衡則以此舉將爲魏州(即大名府)和博州(今山東省聊城市)民帶來禍患,請罷之。真宗認爲二人各庇所部而不公。二月丙辰(初五),命户部副使李及(959—1028)和西上閤門使夏守贇(977—1042)乘傳往滑州,與李仕衡和陳堯佐商議開減水河的利害。李及等回來,言開滑州小河便,請於三迎、楊村北開河,另於新河別開汊河於上游,以泄其壅塞。如河水湍激,即令兵卒之習水者決導之。真宗詔從其議。①

若説李仕衡在開河之事受了點挫折,則稍後寇準爲了他而攻擊三司使林特,卻弄巧成拙被罷樞,對李的打擊更大。寇準素惡三司使林特奸邪,多次和他忿爭。林特以河北歲輸絹缺,就督促李仕衡盡快交付。寇準這時就站出來支持李仕衡而反對林特。他翻林的舊賬,説自己在大名府時曾進河北絹五萬而三司不納,以致後來闕供,當時他請劾主司即林特以下,真宗勉從其請,而用赦書釋之。其實京師每年用絹百萬,寇準當時所助的才五萬。寇準這時又以三司放馳坊軍士不俟給裝錢,都是林特的過失。他卻未想到,用這些小事來攻擊方得寵的林特,就惹得真宗不悦。真宗對王旦説,寇已年高,並屢更事,他以爲寇必會改前非,不想他現在所爲,似更甚於往昔。王旦這時也不好替他説話。四月壬戌(十三),真宗罷寇的樞密使,還是王旦爲他説了好話,真宗就給他較爲體面的武勝軍節度使同平章事一職。而寇的政敵王欽若和陳堯叟同日復職爲樞密使同平章事。五月甲申(初五),真宗命寇準判河南府兼西京留守司事,離開朝廷。②

李仕衡的靠山寇準倒了,他故技重施,於五月辛卯(十二),上言他管内諸軍準備支用外,尚有錢四十萬、紬五千匹、絲三千兩、布二十萬匹。他請盡以上供。真宗自然優詔褒獎他,這些錢帛就令本路貯積,不用輦運上供。③

是年八月乙未(十八),和李仕衡不合的三司使林特自工部侍郎陞任户部侍郎、同玉清昭應宮副使,真宗以林久任三司,高年勤瘁,特置此職,班在翰林學士之上,優其月給以寵之,稍後又命他爲景靈宮使兼管勾景靈宮、會靈觀事。真宗數訪以朝廷大事。據説林因有所中傷,人以此憚之。他的遺缺就由太常

---

① 《長編》卷八四,大中祥符八年二月丙辰條,第1917頁;《宋會要輯稿》方域一四之六,第9554頁。

② 《長編》卷八四,大中祥符八年四月壬戌、五月甲申條,第1922—1925、1928頁;《宋史》卷二八一《寇準傳》,第9532頁。

③ 《長編》卷八四,大中祥符八年五月辛卯條,第1929頁。

少卿馬元方以右諫議大夫權任。① 李仕衡本來够資格出任三司使的,大概是林特和王欽若等的阻撓而時機未至。

大中祥符九年(1016)五月甲辰朔(初一),真宗詔來年正月一日詣玉清昭應宮,與天下臣庶恭上玉皇大天帝聖號寶册,又詔以十七日舉行南郊大典。他令諸軍賞賜並以内藏物充,詔三司勿催促諸路錢帛,諸州軍監無得以修貢、助祭爲名,輒有率斂。但真宗言猶在耳,李仕衡在半月後,是月己未(十六),又討好地上奏獻助南郊絹布六十萬匹,錢二十萬貫。又説此六十萬貫皆合上供的,餘二十萬是本路羨餘,請派使臣起發輦運。李仕衡過去每逢有大典,必以所部供軍物爲貢,等到三司檢勘,其數多失實,故這回上奏就析述之。真宗説不用諸州上貢是門面話,難得李仕衡這樣知情識趣,自然下詔嘉獎,並對宰臣王旦等説李仕衡應急有才,不過事多忽略,故人往往以虚誕視之。但每逢朝廷所須,他就隨即大小事立辦,亦是他所長也。② 真宗這番讚賞,李仕衡就晋陞有望。

李仕衡多次進貢財物,支持真宗的封祀活動,加上他在地方政績頗佳,從不帶給朝廷麻煩,他任職的地方只有羨餘,而無虧空,故甚得真宗好感,得以在仕途上步步高陞。比起其父只懂得勾結買好地方官吏及朝廷權貴,卻干犯了皇帝的無上威權而招致殺身之禍,就有天淵之別。李仕衡做官和做生意一樣,懂得在最有利之處投資,他迎合真宗,依附極有勢力的寇準和王旦一派,又招得仕途前途似錦的曹利用爲婿,也和功臣之家的曹琮聯姻。當然,他在地方之施政是公私兩便,他獲得好處之餘,不會讓百姓叫苦吃虧,他理財的手段是靈巧和穩健的。他以做大買賣的眼光爲官,宜乎他的官運繼續亨通。當然,他父親血的教訓是他畢生引以爲戒的。

是年六月,北方出現蝗蟲,李仕衡爲了不掃真宗的興,於六月甲申(十二),奏報河北螟蟲多不入田畝,村野間有蟻食之。而蝗飛空中,有身首斷而死的,有自潰其腹,有小蟲食之者。他説這是妖不勝德,而示此異像也。然紙包不住火,是月癸巳(廿一),京畿已出現飛蝗,真宗憂恐,即命輔臣詣玉清昭應宮、景靈宮、會靈觀建道場以禱之。像李仕衡這樣識時務的地方官不少,在京畿的知陳州(今河南省周口市淮陽縣)馮拯(958—1023),就在三天後(丁酉,廿五)上

---

① 《長編》卷八五,大中祥符八年八月乙未條,第 1946 頁。

② 《長編》卷八七,大中祥符九年五月甲辰朔、己未條,第 1988、1991 頁;《宋史》卷二九九《李仕衡傳》,第 9937 頁。

奏説陳州境内有蝗,他已遣官員祭告,説焚捕已盡,田稼無害。又説近日頻頻得雨,麥菽滋茂。李、馮等人雖説今次蝗蟲無礙,但真宗仍放心不下,派内臣督諸州捕蝗,使臣去到襄州,但知州孫沖不肯出迎,激怒了這個狐假虎威的奴才,就誣奏蝗災惟襄州爲甚,而知州毫不在意,不恤民意。真宗大怒,命即置獄嚴究。幸而孫沖得屬縣奏報襄州在歲稔之狀,他馳驛以聞。真宗得報,才知誤信小人誣告,即追還這個内臣並答之。①

從七月開始,蝗災一日甚於一日,是月庚戌(初八),有内臣從嵩山來,他奏説有蝗飛至山南,遇雨盡死於澗中,竟有數千斛之多。河東轉運使奏已往潞州(今山西省長治市)致祭,而蝗盡飛出境,鄰州或祭或驅,均漸殞散。地方官的話没有令真宗寬顏,翌日(辛亥,初九),真宗目睹飛蝗過京城,他即詣玉清昭應宮、開寶寺、靈感塔焚香祈禱,並禁宮城音樂五天。起初真宗曾出死蝗以示大臣,説他派人遍於郊野視蝗,多是自死的。第二天,有執政袖死蝗以進,説蝗實已死,請示於朝,並請率百官賀。王旦反對,説蝗出爲災,災弭是幸,又何賀焉。但衆人皆力請之,王旦堅持不可,才止。當王旦以外的執政還要隱瞞事實,説蝗災已弭時,教人諷刺不已的是,當他們在真宗前奏事時,卻目睹飛蝗敝天,甚至有蝗墜於殿座間。真宗望著王旦説,假若百官方賀而蝗如此,豈不爲天下人所笑?王欽若以下的執政包括曹利用等嚇得馬上頓首説王旦遠識,非他們所及。癸丑(十一),真宗對王旦説,内臣自兗州來,説飛蝗所至,惟食豆葉殆盡。他仍折禾持至,説穗仍甚長。真宗説疑此内臣所報不實,詰問之,具言大率如是,可以覆驗。真宗説京中蝗蝻頗多,聞城西隅有田家,粟只數畝,看到蝗至,就相顧而泣,幸而蝗都飛去無傷。亦有豪族設長塹埋瘞而益多者。王旦見真宗憂形於色,只得安慰他説,今歲蝗災,若非有神物護佑,則蔬果林葉都會無遺了。真宗君臣對付不了蝗災,只好盡力做一些可緩解災情之事,包括祈福求神,派人督視災情和停不必要的工役。甲寅(十二),即遣官詣京城寺觀焚香禱告。乙卯(十三),分命内臣,其中開封府、河東、淮南路三人,京東、京西、河北路各五人,與轉運使、諸州通判、職官按視蝗傷苗稼以聞,仍許民即時改種,並除其租。又申禁京師音樂十日。丙辰(十四),真宗謁景靈宮、上清宮、會靈觀禱告。是日,開封府言祥符縣赤岡村有蝗附草而死者數里,並擷其草呈上。戊午(十六),詔停京師工役。癸亥(廿一),以蝗災遣官祀九宮貴神。這時有人乘機上言,蝗旱是由大臣子弟恣橫所致。真宗即詔宰相令學士院下詔,以警在位

---

① 《長編》卷八七,大中祥符九年六月甲申至丁酉條,第1995—1996頁。

者。甲子(廿二)，詔禁京師音樂盡此月。丙寅(廿四)，京兆府和華州並上言說管內田穀滋茂，蝗飛越境有自死的。真宗聽慣了這些不實的奏報，就批說諸州奏牘多說蝗飛往西北，他就憂慮它們聚於山谷，而致蝻蟲滋多。他說宜令河東轉運使陳堯佐規度焚瘞，無使復生。己巳(廿七)，內臣任守忠(990—1068)從太原回來，他說見到當地穀黍豆莢穗都堅密而長，行經潞州，惟有襄垣縣(今山西省長治市襄垣縣)有蝗飛過，並不爲災。他又奏稱相州(今河南省安陽市)言安陽縣有蝗抱草而死的，約十餘里。磁州(今河北省邯鄲市磁縣)、華州、瀛州(今河北省滄州市河間市)、博州等都說蝗不爲災。王旦聽罷奏報，就好言安慰真宗，說他本貫大名府，他有家人言所食之苗殊鮮。他又說近日分遣內臣認真按視災情，可見真宗軫憂至深，而祈禱盡禮，又聞真宗多蔬食。現時災情放緩，真宗就可以寬心了。①

真宗君臣當然不敢掉以輕心，八月丙子(初五)，令江淮發運司歲留上供米五十萬，以備饑年賑濟。同日禁京城殺雞，以雞可食蝗蟲。戊寅(初七)，真宗對王旦說諸路使臣上言飛蝗多不食苗。王旦等解釋，說前月蝗飛度河北，鄉民方備焚撲，遇上連日西北勁風，於是蝗飛不及遠，而自澶州以北，就少害稼者。王旦說現時麻豆堅實，可不用憂慮。己卯(初八)，內臣張文昱等上言，他們分路檢視蝗所傷的民田，計河南府密縣(今河南省鄭州市新密市東南三十里)所修千二百戶，偃師縣(今河南省洛陽市偃師區)四百戶，永安縣(今河南省鞏義市西村鎮、芝田鎮、回郭鎮一帶)三百戶，棣州、順安軍(今河北省保定市高陽縣東舊城)不食禾，而博州、通利軍以霜寒，蝗盡死於田野間。概而言之，十傷一二。真宗有懷疑，說他始見蝗飛集，謂將會田畝一空。而今諸州都以不傷爲言，尚冀所收禾稼會有一半。現時此番按視，所傷殊罕見地少。王旦連忙討好地說是真宗精衷念民，於是得以弭災爲福。真宗即表示所定蠲稅分數要更加優厚。王旦等見真宗心情轉好，退朝後就乘勢讚賞往視災情的使者，說他們奉命出入，皆能上體憂恤，所至詢訪民隱，閱視禾稼，或採掇苗稼，千里呈上；或能紀錄農事，以達上聽。但禍不單行，京師又逢旱情。癸未(十二)，真宗遣使分禱宮觀寺院求雨。丁亥(十六)，真宗以次相向敏中出使回，就宴近臣於長春殿，但不舉樂，以閔雨也。王旦很會討主心歡心，說真宗精祈懇至，減膳蔬食，勤政恤民。又說天災流行，從古所有，望他稍寬心。真宗見他說得情切，就撫諭久之。戊子(十七)，真宗仍詔以旱，罷近臣社日飲會，又罷秋宴。九月丁未

---

① 《長編》卷八七，大中祥符九年七月庚戌至己巳寅條，第1998—2022頁。

（初六），以旱情，真宗命輔臣分祈天地、廟社、神祠、宮觀、佛寺。庚戌（初九），以不雨，罷重陽宴。①

蝗災加上旱災，驚醒了真宗的美夢，據王曾（978—1038）所記，從六月始，京畿、京東西、河北路蝗蝻繼生，彌覆郊野，食民田殆盡，入公私廬舍。七月蝗飛過京師，群飛蔽空，延至江南、淮南，趣河東。直至霜寒才盡。當蝗飛過京城時，真宗方坐便殿閣中用膳，左右以告。他起來臨軒仰視，見蝗勢連雲障日，莫見其際。真宗默然還座，意甚不懌。於是命撤去御膳，自此身體不適。然而從王旦以下，內外群臣都没有向真宗稟告災情的真相。② 李仕衡也不例外。不過，他倒是做實事的，他以前大量積存糧粟絹帛，遇上偌大的災情，就大派用場。甲寅（十三），真宗令諸路轉運使督民焚捕蝗蝻，無使滋育。同日，李仕衡就上言河北爲南郊賞軍紬絹承前詔並自京師運送，現時本部所積頗多，望許他以此充賞給。詔天雄軍、相州、衛州（今河南省新鄉市衛輝市）、貝州（今河北省邢臺市清河縣）和博州的物帛依舊輸往内藏庫，其餘的就從其請。李仕衡這番舉動，自然再一次博得真宗歡心。加上他的上奏來得及時，當日天降及時雨。入秋以來，因長久不雨，真宗一直憂形於色，如今乃大展歡顏，還作《甘雨應祈詩》以示群臣。李仕衡顯然是真宗的福星。另據范仲淹所記，當河北遇上大蝗災，民多饑饉時，李仕衡悉發倉廪存糧以賑之，而且還有餘糧輦濟京西路。他也爭取以蝗旱之災之故，其買絹三十萬匹，獲得減免三分之一。人們都稱許李仕衡懂得政事。③

真宗在災情好轉後，就在翌年（1017）改元天禧，並在正月辛丑朔（初一）開始，舉行一連串的大禮儀。庚戌（初十），親饗六室，並齋於南郊之青城。辛亥（十一），真宗奉天書合祭天地，以太祖和太宗並配。然後御正陽門，大赦天下，賞賜如東封例。二月戊寅（初九），内外官並加恩。④

李仕衡也因此次恩典而從給事中遷工部侍郎，並加授階勳的中大夫和上輕車都尉。知制誥夏竦（985—1051）所撰之制詞大大表揚李仕衡擔任河北都轉運使的功績，説"委之漕事，克有風聲，經用羨饒，庶吏清肅"。這是李仕衡現

---

① 《長編》卷八七，大中祥符九年八月丙子至戊子條，第 2003—2006 頁；卷八八，大中祥符九年九月丁未至甲寅條，第 2014—2016 頁。

② ［宋］王曾撰，張其凡點校：《王文正公筆録》"秋稼將登蝗蟲爲災"條，北京：中華書局，2017年，第 14 頁；《長編》卷八八，大中祥符九年九月庚午條，第 2020—2021 頁。

③ 《長編》卷八八，大中祥符九年九月甲寅至丁巳條，第 2016—2017 頁；《長編》卷八九，天禧元年二月乙亥條，第 2040 頁；《范仲淹全集》卷一三《宋故同州觀察使李公神道碑》，第 307 頁。

④ 《長編》卷八九，天禧元年正月辛丑至二月戊寅條，第 2036—2041 頁。

存惟一的一道拜官制詞：

> 敕：國家薦號密都，欽柴泰時。神歡洽茂，大慶方行。乃眷近
> 臣，特隆異數。具官李士衡秉節高亮，資氣淑均，德茂芝蘭，志懷霜
> 雪。竭心披藝，奧賾以研幾；正色首公，雍容而幹事。而自樞庭入直，
> 起部升華，朔野而南，榮河以北，委之漕事，克有風聲，經用羨饒，庶吏
> 清肅。方均靈浸，併錫徽章。勉罄乃誠，以答朝獎。可。①

其妻雷氏(？—1042)也沾恩自安吉縣君進封馮翊郡君，也是夏竦所撰之
制詞，其中也表揚李仕衡"入直樞庭，出司漕事。忠規載罄，時譽彌優"：

> 敕：國家事天尊祖，並薦鴻名。祼鬯欽柴，繼成大慶。方推恩於
> 密侍，宜流寵於閨門。具官某妻某氏率禮公宮，奉嬪冠族。《采蘩》承
> 祭，務極於齊莊；觀史照言，動遵於法度。輔佐君子，爲我良臣。入直
> 樞庭，出司漕事。忠規載罄，時譽彌優。屬方需於純禧，宜特褒於內
> 饋。左馮奧壤，進啟郡封。更蹈謙祗，以膺徽寵。可。②

二月己亥(三十)，剛在祥符九年九月丙午(初五)，與張知白(956—1028)
和王曾一齊擢拜參知政事的陳彭年卻暴卒。他的熱衷功名和李仕衡不遑多
讓，但不似李這樣張弛有度。③

當各地陸續向真宗稟告這年春夏蝗蟲情況時，真宗在四月壬寅(初三)，詔
河北管下的大名府、磁州、澶州、相州、通利軍，和江南的越州(今浙江省紹興
市)、睦州(今浙江省建德市)和處州(今浙江省麗水市西)，以去秋災傷，民多闕

---

① ［宋］夏竦：《文莊集》卷二《樞密直學士河北都轉運使工部侍郎可中大夫上輕車都尉制》，《景
印文淵閣四庫全書》第1087冊，第64—65頁；《長編》卷八三，大中祥符七年十一月己酉條，第1903頁；
《長編》卷九〇，天禧元年十二月庚寅條，第2090頁；《宋會要輯稿》職官二〇之五五，第3596頁；《宋會
要輯稿》職官六四之二四，第4778頁。考夏竦在大中祥符七年十一月己酉(廿七)時任左正言、直集賢
院，授玉清昭應宮判官，他出任知制誥的時間，《宋會要》最早的記載是九年三月，而他在天禧元年十二
月庚寅(廿六)，因妻楊氏與夏母互訟於開封府，而夏的陰事又被楊氏及其弟楊偕訟訴，他被下御史臺劾
之，於是自玉清昭應宮判官、禮部郎中、知制誥責授職方員外郎、知黃州(今湖北省黃岡市黃州區)，罷知
制誥。以此推之，這兩道制詞當是天禧元年二月時所撰。
② ［宋］夏竦：《文莊集》卷三《河北都轉運使樞密直學士工部侍郎李士衡妻安吉縣君雷氏可進封
馮翊郡君制》，第74—75頁；《范仲淹全集》卷一三《宋故同州觀察使李公神道碑》，第309頁。按李仕衡
初娶太原王氏，封平晉縣君，早亡。雷氏是馮翊人，是李續娶之妻。他在李仕衡卒後十六年而終，即卒
於慶曆八年(1048)，她得年多少不載，她最後封延安郡君。這道制詞也是夏竦代寫。
③ 《宋史》卷八《真宗紀三》，第160—162頁；《長編》卷八九，天禧元年二月己亥條，第2046—
2047頁。

食,令轉運司運米賑濟。李仕衡一如既往,報喜不報憂,於翌日(癸酉,初五),由屬下的河北轉運使寇瑊(？—1031)申報,說懷州(今河南省焦作市沁陽市)和衛州微有蝗蟲,而且即已焚捕。李仕衡在五月辛丑(初四),又上言說奉詔以絳州(今山西省運城市新絳縣)粟十五萬給京西以解其闕,但水路頗遠,他請只運懷州麥粟五萬斛。真宗依其議。①

宋廷兩大陣營的人事在四月開始有著大變動。首先是在四月庚辰(十二),和王欽若同一陣營的右僕射陳堯叟卒。到五月戊申(十一),以病多次求罷的王旦終於獲真宗同意罷相(按:王旦在九月十四己酉卒)。八月庚午(初五),王欽若拜首相,向敏中留任次相。九月癸卯(初八),被王旦和寇準深賞的王曾罷參政。不過,真宗卻刻意擢用親善王旦的翰林學士李迪爲參政,又特意召用王欽若的政敵原知天雄軍的馬知節爲宣徽南院使、知樞密院事。李仕衡的女婿曹利用和原樞密副使任中正及樞密直學士周起(971—1028)並同知樞密院事。② 宋廷中樞這次改組,對李仕衡的晉陞大大有利。

李仕衡在河北除了理財有方外,他在治獄方面,也像他早年在京兆府時慎刑。據范仲淹所記,相州繫囚十四人,他們因盜瓜而傷其主,主吏以極刑論。李仕衡就說這些人只爲餓而誤傷人,何至極刑。他都貸其死以聞宋廷。宋廷收到他的奏狀,即日下密詔,以民有歲凶爲盜,長吏可用遵守成法而保全他們。③

因大名府發生饑荒,宋廷又命李仕衡權知天雄軍。不久齊東大歉收,以致盜起淄州(今山東省淄博市)和青州間,宋廷又要派有能吏之稱的李仕衡去救火。天禧二年三月戊戌(初五),宋廷加李仕衡刑部侍郎,自河北都轉運使調知青州,代替戚綸(954—1021),戚綸徙知鄆州(今山東省菏澤市鄆城縣)。戚綸在任時就寫信勸臨淄富戶麻氏出粟以濟饑民,但麻氏族長、太常丞致仕麻景宗拒絕,而且回信語極不遜。戚綸憤甚,上奏真宗具言其事。真宗怒責戚綸,說他懦弱不能抑本州豪強,卻要煩朝廷出手。於是即命家本秦州豪強的李仕衡前往青州。麻氏識得利害,李仕衡一到,馬上具粟千斛以獻。據說麻景宗對人說,李現時到來,他們麻氏必有禍了。據說兩年後而麻氏破家。李仕衡除了鎮

---

① 《長編》卷八九,天禧元年四月壬寅至癸酉、五月辛丑條,第 2053、2059 頁。
② 《長編》卷八九,天禧元年四月庚辰、五月壬寅至戊申條,第 2055、2059—2060 頁;卷九○,天禧元年七月甲寅至八月庚午、九月癸卯至己酉條,第 2073—2075、2078—2081 頁。
③ 《范仲淹全集》卷一三《宋故同州觀察使李公神道碑》,第 308 頁;《宋史》卷二九九《李仕衡傳》,第 9937 頁。

伏類似麻氏這些豪強外，又能很快解決青州盜寇的問題。青州有盜聚嘯山林，出爲郡邑之患者。前任守臣戚綸將群盜的妻子捕獲，並繫囚於通衢的棘圍中。李仕衡到任，馬上將她們釋放。並誠曰："虐爾何贖？爾惟從賊所之，俟其自新，則復爾閭井。"李的做法果然奏效，盜賊聞之而少懈，李又對這些人說他們不過被賊首所制，他們若能伺機梟之，李就以此論其功。果然十多日間，有賊衆梟其二魁之首來獻，其餘的賊衆就散亡。有些人來請降，李就招録如教，於是齊地得以安。真宗即命内臣獎勞之。①

李仕衡不僅處置青州的事，還注意鄰近州郡的問題。他上奏説登州（今山東省蓬萊市）仍大旱歉收，而知登州范昇是武人，不熟治道。宋廷於是在五月壬戌朔（初一），命知淄州王穆和范昇對易其任。②

五、國之計臣：李仕衡任三司使的政績

天禧二年六月乙未（初四），李仕衡的女婿曹利用自同知樞密院事擢陞知樞密院事。一個半月後，李仕衡就在七月甲戌（十四），自樞密直學士、刑部侍郎爲三司使，代替馬元方。李仕衡是年六十，他終於做到位高權重的計臣三司使。據載真宗早就有意任用李仕衡爲三司使。他在天禧元年九月曾在内東門向翰林學士李迪（976—1043）表示，他準備以李代馬，説等到李仕衡到任時，就出金帛數百萬借給三司。李迪這次幫了李仕衡一忙，他説天子於財無内外，請他詔賜三司，以示恩德，何必曰借。李迪説話得體，真宗悦而從之。真宗頒制命李仕衡爲三司使，李以足疾上表求謝於長春殿門，真宗許之。真宗並當面褒獎其能，囑以大計，又御製《寬財利論》賜他，又真的出内藏錢二百萬貫以助經費。是年十二月庚戌（廿二），李仕衡請將真宗的大文刻於三司本廳。真宗樂從之。李仕衡和曹利用翁婿一爲計臣，一爲樞臣，一個管財，一個掌兵，都深受真宗的寵信。好不容易才拜相的王欽若自然感到莫大的威脅。據載王欽若見到李仕衡得以進用，大爲嫉忌，想設法害之而沒有機會。如前文所引蘇軾所記，王欽若趁和真宗討論時文之弊時，就説已在祥符七年卒的路振是不識體的文人。真宗問何故，他就翻李仕衡的家醜，説李父誅死，而路當年爲寫贈官告，

① 《范仲淹全集》卷一三《宋故同州觀察使李公神道碑》，第 308 頁；《宋史》卷二九九《李仕衡傳》，第 9937 頁；《長編》卷九一，天禧二年三月戊戌條，第 2103 頁。

② 《長編》卷九二，天禧二年五月壬戌條，第 2115 頁。

乃曰"世有顯人"。據説真宗記著此語，後來就不再提陞李仕衡爲執政。①

八月甲辰（十五），真宗册立仁宗（1010—1063，1022—1063 在位）爲皇太子，大赦天下。文武常參官子爲父後見任官者，賜勳一轉。李仕衡的兒子李丕諒（？—1043）等當在此次大赦蒙恩。②

值得一提的是，李仕衡另一女婿、已故的元勳樞密使曹彬（931—999）幼子曹琮（988—1045）在九月甲申（廿五），以供奉官閤門祇候出使遼國，任契丹國主生辰副使，佐正使起居舍人吕夷簡（979—1044）。③ 論官位，李仕衡這位女婿比長婿曹利用差得遠，但家世就顯赫得多。

李仕衡甫任三司使，就處理前任留下來的公事。因上封者言諸州帳籍，繁而非用，紙筆所費，或至掊斂。請求省其數。同年宋廷又詔諸州自今造帳，營房半年一申，揀停軍人一年一申，職員、馬遞鋪馬帳並一季一申。於是在是年六月，時任三司使的馬元方，就上奏定奪三部合減省諸州帳目奏狀，一年計八萬八千九百一十九道，約省三十四萬五千二百餘紙。至於其他諸路州府，請令轉運使定數報告三司，由三司覆定以聞。真宗隨即下詔曰："計帳之繁，動是几案，公家之利，無益關防，徒事勾稽，空靡紙札。比令近侍，同令刪除，或匪切須，並從簡併。咨爾在位，宜守親稽，勿務滋章，致於煩擾。其令三司、諸路並依新減數目，不得擅有增益。"接任三司使的李仕衡，經過勘查後，於十月癸卯（十四），就上奏言逐年會約減省帳目二分以上，其在司的主典亦當裁減。真宗於是詔李仕衡與三部衆官商議詳定，合留下來的人就具名上聞。李仕衡會做官，他不會新官上任就三把火，他將裁下來的人出補三班。④

天禧三年（1019）五月甲申（廿八），因稱天書出於乾祐山而重邀真宗寵信的寇準自永興軍來朝。六月戊子（初三），與王欽若反目而罷參政的丁謂也自

---

① 《長編》卷九〇，天禧元年九月癸卯條，第 2078—2079 頁；《長編》卷九二，天禧二年六月乙未、七月戊戌條，第 2118，2120 頁；《宋史》卷三一〇《李迪傳》，第 10172 頁；《范仲淹全集》卷一三《宋故同州觀察使李公神道碑》，第 304—305 頁；《宋史》卷二九九《李仕衡傳》，第 9937 頁；佚名撰，汪聖鐸點校：《宋史全文》卷六《宋真宗二》，北京：中華書局，2016 年，第 281 頁；《宋會要輯稿》儀制九之二一一，第 2479 頁；[宋] 王應麟：《玉海》卷三二《聖文·御製論·天禧寬財利論》，上海：上海書店據清光緒九年浙江書本刊本影印，1988 年，葉五下。考李仕衡授三司使的年月，范仲淹所撰李仕衡碑及《宋會要》均記在天禧三年七月，前者記七月甲戌（十四），後者記七月丙子（廿一）。《長編》及《宋史全文》均記天禧二年七月甲戌（十四），證諸天禧三年七月前李仕衡屢以三司使上言，則李仕衡碑及《宋會要》當誤書。
② 《長編》卷九二，天禧二年八月甲辰條，第 2122 頁。
③ 《長編》卷九二，天禧二年九月甲申條，第 2126 頁。
④ 《長編》卷九二，天禧二年十月癸卯條，第 2127 頁；《宋會要輯稿》食貨一一之一一，第 6216 頁；《宋會要輯稿》食貨六九之一七，第 8055 頁。

江寧府(今江蘇省南京市)來朝。甲午(初九),王欽若就失寵罷相。四天後(戊戌,十三),真宗就以寇準爲次相,丁謂爲參政。這番人事變動,對李仕衡有利無弊。不過,復相的寇準一回來就使性子,把本來要討好他的丁謂開罪了。①

宋廷中樞人事雖大變,但李仕衡仍克盡厥職,八月丙午(廿二),李仕衡上言,以京西、河北轉運司計度於河東的晋州(今山西省臨汾市)和絳州發糧儲三千萬赴滑州。他説山路險峻,怕會愆期,請只令滑州和通利軍入中,並優給其值。他這番合理的做法,得到宋廷的同意。九月庚午(十七),他又爲民請命。過去宋廷往陝西市羊和木材,責成吏人送京師,這樣的做法頗擾民。因羊不少死在途中,而木運至三門水流湍險處,往往大半漂失,二者均令科發的吏人破産不能賠償。他説陝西人苦此役已五十年矣。他請自今在京師置権場,而聽任陝西民入山採斫木材,另一方面募商旅送木於京師,給以文引,用入中法償其值,而售以解州池鹽。另也許吏人私下買羊,免關征之算,使得補途中死者。真宗詔可,並盡蠲民前欠官中木植錢。據范仲淹説,李仕衡這番改革,陝西人鮮再有人破産。②

是年十二月辛卯(初九),曹利用和丁謂雙雙拜樞密使。癸巳(十一),任中正和周起自同知樞密院事改樞密副使。翌年(天禧四年,1020)正月乙丑(十三),李仕衡婿曹琮兄曹瑋(973—1030)以華州觀察使爲宣徽北院使、鎮國軍留後,召入爲簽署樞密院事。③ 除了寇準外,樞府正副二使,都和李仕衡大有淵源。

天禧四年三月己卯(廿八),寇準的同年、首相左僕射兼中書侍郎同平章事向敏中卒。向之死,使寇準失去一個有力的支持者,寇準和他的反對者失去一個協調人。④

值得一提的是,四月丙申(十五),宋廷杖殺前定陶尉(今山東省菏澤市定

---

① 《長編》卷九三,天禧三年三月乙酉至四月己亥條,第 2141—2144 頁;五月甲申至六月甲子條,第 2148—2149 頁;六月戊戌條,第 2152 頁。

② 《長編》卷九四,天禧三年八月丙午條,第 2165 頁;九月庚午條,第 2166—2167 頁;《范仲淹全集》卷一三《宋故同州觀察使李公神道碑》,第 308—309 頁;《宋史》卷二九九《李仕衡傳》,第 9937—9938 頁;《宋會要輯稿》食貨三六之一五,第 6792—6793 頁;《宋會要輯稿》食貨四二之七,第 6944 頁;《宋會要輯稿》食貨四八之一四,第 7083 頁。按《宋會要輯稿》食貨四二、四八兩則記載,誤將李仕衡請由滑州及通利軍入中之事繫於天禧五年八月。

③ 《長編》卷九四,天禧三年十二月辛卯至癸巳條,第 2173—2174 頁;卷九五,天禧四年正月乙丑條,第 2178 頁。

④ 《長編》卷九五,天禧四年三月己卯條,第 2186 頁。

陶縣)麻士瑤(?—1020)於青州。麻士瑤是李仕衡在天禧二年三月知青州時交過手的青州豪強麻氏當家人。麻士瑤自其祖麻希夢在五代時事青州帥劉鋑爲府掾,得其留下的大量資產,並以掊克聚斂爲事,兼併恣橫以致鉅富。到麻士瑤已累世益豪縱。青州之人畏之,過於官府。麻氏宗人多有出仕爲官,麻氏從商入士以壯大家族勢力的做法,和李仕衡父子可謂同出一轍。麻士瑤本人有官職,又勾結朋比青州地方官員,諸官包庇其劣行。他的權勢似又勝李仕衡父李益一籌。不過,他以帷簿不修,而竟殺與其有憾欲訟之的姪兒麻温裕。他甚至派家僮張正等率民夫在路上謀殺訟其不法的知定陶縣張珪。張珪幸而不死,訟他於州,卻又被他買通上下官吏而出罪。鎮海節度推官孫昌知臨淄縣,憤其凶憤,要審訊他,麻士瑤居然常聲言要派人刺殺孫昌,孫昌被迫將家人寓於他郡,每夕宿縣廨,嚴加防備。麻再誣告孫昌不公事,他又借同邑人姓名買場務。另外他又違禁私藏天文禁書和兵器。他的所作所爲,比李益在秦州有過之而無不及。他的惡行被時爲青州幕職的胡順之所發,是年二月丙戌(初四)爲侍御史姜遵(963—1030)即上奏,請派監察御史章頻(?—1033)和御史臺推直官江鈞往青州審訊之。獄具,宋廷除誅麻士瑤外,還將麻氏宗人有官職的盡數貶黜:其兄大理評事致仕麻士安除籍配隸汀州(今福建省龍巖市新羅區),姪右正言直史館麻温舒、太常丞直集賢院麻温其並削職,温舒改太常博士監昇州(今江蘇省南京市)糧料,温其監光州(今河南省信陽市潢川縣)酒税。麻氏破家比李益當年還慘。李仕衡看到麻氏的下場,相信定是百感交集。①

未幾宋廷中樞又發生大變,回朝拜相的寇準既與丁謂不協,又輕視曹利用,並開罪了劉皇后,於是依附劉皇后的翰林學士錢惟演(977—1034)就出面結連丁曹二人,密謀打倒寇準。碰上真宗病患彷彿,忘記説過的話,就讓劉皇后一黨找著機會,影響了真宗,在六月丙申(十六)將寇準罷相,七月丙寅(十七),真宗改任參政李迪爲相,又擢用兵部尚書馮拯(958—1023)爲樞密使同平章事。庚午(廿),再擢丁謂爲首相,而曹利用加平章事爲樞相。甲戌(廿五),與寇準親善的內臣入內副都知周懷政(?—1020)被指控發動政變而被誅。丁謂和曹利用等設計誣周謀反,以此牽連寇準,將寇準一黨清除。結果寇準在丁丑(廿八)被降授太常卿知相州。他所親厚的,除了楊億外,全被貶黜。八月乙

---

① 《長編》卷九五,天禧四年四月丙申條,第 2188—2191 頁。關於青州麻氏的興衰,王善軍教授早在 1999 年便撰有專文論析,後來修訂後收入其專著《宋代世家個案研究》第九章,值得參考。參見王善軍:《北宋青州麻氏家族的忽興與驟衰》,《齊魯學刊》1999 年第 6 期,第 17—22 頁;王善軍:《宋代世家個案研究》第九章"富足而爲惡——青州麻氏家族",北京:人民出版社,2019 年,第 245—257 頁。

酉(初六),真宗以樞密副使任中正爲參政,禮部侍郎王曾復任參政。翰林學士錢惟演陞任樞密副使。壬寅(廿三),寇準再被貶道州(今湖南省永州市道縣)司馬。① 值得注意的是,李仕衡雖一向和寇準親善,但丁謂看在其婿曹利用份上,並沒有動他三司使的職位。九月己酉朔(初一),李仍以三司使和翰林侍讀學士張知白、玉清昭應宮副使林特等十二人,奉命各舉常參官堪錢穀任使者二人,限十日内具名以聞。②

九月己未(十一),丁謂等繼續清算和寇準親善的人,樞密副使周起被罷知青州,簽署樞密院事曹瑋罷爲宣徽南院使,出爲環慶路都部署兼管勾秦州兵馬。曹瑋是曹利用連襟曹琮之兄,但黨同伐異,曹利用也不講這情分了。③ 是月壬申(廿四),李仕衡的對頭王欽若自杭州來朝,甲戌(廿六),王又繞過三司使李仕衡,上奏請江淮制置使罷雇民船,兩浙和淮南罷和糴,聽商旅入中。真宗並從之。④

李仕衡不因王欽若回來而影響工作,他上言滑州方召民築堤,而陳堯佐素來幹事,他就請專委陳辦理河工。十月己丑(十二),宋廷即委陳堯佐自前起居郎直史館,免持其兄陳堯叟之喪服,起知滑州。李仕衡沒有錯薦人,陳堯佐到任後,就創木龍以殺水急,於是能築堤,另又築長堤以護之,人們稱之爲"陳公堤"。⑤

十一月庚午(廿三),在丁謂和錢惟演的操弄下,真宗再任馮拯自樞密使爲次相,曹利用加少保。十二月丁酉(廿一),丁謂施巧計將志在回朝的王欽若逐出朝廷。⑥

天禧五年(1021)正月癸巳(十七),真宗以疾稍愈,就下詔減免天下死罪囚,並免除四年所欠之秋稅,另權罷滑州修河。丁酉(廿一),增補曾任李仕衡副手,得到李推薦的太子詹事、樞密直學士張士遜爲樞密副使。真宗對曹利用又加恩,二月甲寅(初九),以他所居西連營舍甚爲迫隘,就命入内副都知鄧守恩(974—1021)按視隙地,並詔先借宅園並賜之。真宗也沒有忘記李仕衡,壬

① 《長編》卷九五,天禧四年六月丙申,第2196—2197頁;卷九六,天禧四年七月癸亥至八月癸亥條,第2205—2213頁。

② 《長編》卷九六,天禧四年九月己酉條,第2215頁;《宋會要輯稿》選舉二七之一八,第5777—5778頁。

③ 《長編》卷九六,天禧四年九月己未條,第2216—2217頁。

④ 《長編》卷九六,天禧四年九月壬申至甲戌條,第2218頁。

⑤ 《長編》卷九六,天禧四年十月己丑條,第2219頁。

⑥ 《長編》卷九六,天禧四年十一月庚午、十二月丁酉條,第2226、2230頁。

戌(十七),因李仕衡上言其第三子大理評事李丕諒願任館閣校讎的工作,真宗就命李丕諒、石中立(972—1049)子大理評事石居簡、光禄寺丞謝絳、大理寺丞王質(999—1043)、李宗諤子奉禮郎李昭遘(?—1059)一同接受諫議大夫李行簡及知制誥宋綬(991—1040)的考試,最後謝絳授秘閣校理,王質、石居簡、李丕諒和李昭遘均授館閣校勘等清職。①

三月庚子(廿五),真宗的御集御書奉安於剛修成的天章閣,真宗宴輔臣於閣下。壬寅(廿七),輔臣以天章閣落成,皆進秩,首相丁謂爲司空,次相馮拯爲左僕射,樞相曹利用爲右僕射,參政任中正進工部尚書,樞副錢惟演爲右丞,參政王曾晋吏部侍郎,新任參政的張士遜也加給事中。位次宰執的三司使李仕衡也在四月丁未(初二)自吏部侍郎加階官的正奉大夫,以營建天章閣供億之勞。②

李仕衡爲了提拔第六子奉禮郎李丕旦,於五月辛丑(廿七),又請真宗讓丕旦掌國子監。但真宗不許,於是詔自今國子監,只差官兩員主判。不過,經李仕衡的再次請求,七月丁酉(廿四),真宗乃命李丕旦同管勾國子監。③

李仕衡掌三司多年,司内事務都是他一人説了算。但剛直的户部副使、吏部員外郎薛奎(967—1034)卻敢與他爭事。不過,薛自然鬥不過既得真宗信任,又有曹利用爲靠山的李仕衡。據薛奎的女婿歐陽修(1007—1072)爲薛所撰的墓誌所記,薛與李仕衡爭議省中,李仕衡"扳時權貴人爲助",這個權貴大概就是曹利用。薛奎和李仕衡爭什麼事?惜群書均不載。七月戊寅(初五),薛奎留不下來,就以户部郎中、直昭文館出知延州。④

李仕衡雖然在三司有一言堂之作風,但據宋人筆記所載,他對僚屬的管理卻很寬鬆。當時齊廓(?—1054後)任三司檢法,章得象(978—1048)和黄宗旦(973—1030)任判官。當公務稍暇時,李仕衡就許他們在省中下棋飲酒談笑,每逢雪天,都命僚屬酒炙相樂。到李諮爲三司使時,就只置酒設餺賞梅而已。⑤

---

① 《長編》卷九七,天禧五年正月癸巳至二月壬戌條,第2240—2242頁;《范仲淹全集》卷一三《宋故同州觀察使李公神道碑》,第310頁。

② 《長編》卷九七,天禧五年三月庚子至四月丁未條,第2244—2245頁。

③ 《長編》卷九七,天禧五年五月辛丑條,第2247頁;《宋會輯稿》職官二八之二,第3750頁;王珪:《華陽集》卷三八《李丕旦墓誌銘》,第525頁。

④ [宋]歐陽修著,李逸安點校:《歐陽修全集·居士集》卷二六《資政殿學士尚書户部侍郎簡肅薛公墓誌銘》,北京:中華書局,2001年,第402頁;《長編》卷九七,天禧五年七月戊寅條,第2249頁;《宋史》卷二八六《薛奎傳》,第9630頁。

⑤ [宋]江休復撰,儲玲玲整理:《江鄰幾雜志》,收入《全宋筆記》第一編第五冊,鄭州:大象出版社,2003年,第156頁。

　　當李仕衡官場得意時，他的對頭王欽若卻被丁謂愚弄，沒得到真宗批准便回朝，結果以擅離職守之罪，在十一月戊子（十七），被降職爲司農卿分司南京。①

　　據范仲淹所記，李仕衡在真宗晚年，以足疾求罷，但真宗優詔不允，而特許他五日一至便殿奏事。他朝拜時就命通事舍人扶掖之。②

　　真宗在翌年（1022）正月辛未朔（初一）詔改元乾興，並移今年南郊恩賞到二月頒行。他自覺病漸痊愈，卻不知那似是人們所説的迴光返照。二月庚子朔（初一），真宗御正陽門，大赦天下，恩賞全依南郊例。甲辰（初五），内外官並加恩。丁謂封晋國公，馮拯封魏國公，曹利用封韓國公。李仕衡自吏部侍郎遷尚書右丞。甲寅（十五），真宗見丁謂等於寢殿之東偏時，忽然病發而加劇。戊午（十九），真宗崩於延慶殿，仁宗隨即繼位。因仁宗年幼，就依真宗遺詔，由劉太后垂簾聽政。己未（二十），大赦天下，百官進官一等。李仕衡因再遷官爲尚書左丞。丙寅（廿七），宰執再加官，丁謂加司徒，馮拯加司空，曹利用加左僕射，任中正加兵部尚書，王曾加禮部尚書，錢惟演加兵部尚書，張士遜加户部侍郎。丁謂趁此機會，對寇準和被他打倒的政敵李迪趕盡殺絶，戊辰（廿九），又將寇準貶爲雷州（今廣東省湛江市雷州市）司户參軍，李迪貶爲衡州（今湖南省衡陽市）團練副使。其餘被視爲寇準一黨的，包括曹瑋也被貶黜。寇準雖對李仕衡有恩，但這時礙於丁謂和曹利用，李也欲救無從。③

　　丁謂對政敵出手太重，卻不小心開罪了劉太后，因山陵事誤信了内臣雷允恭，就讓王曾找到一個難得機會，王曾以危言攻擊丁謂包藏禍心。六月癸亥（廿五），丁謂罷相，由馮拯代爲首相。參政任中正因爲丁説話也被罷政。曹利用這次迎合劉太后旨意，沒有爲丁謂説話，不但未受牽連，反而在七月辛未（初三），獲加武寧節度使。王曾打倒丁有功，同日繼爲次相。而李仕衡推薦過的吕夷簡，就和魯宗道（966—1029）一同陞任參知政事。④

　　李仕衡對朝局的劇變看在眼裏，他便知幾告退，仍以足疾加重爲由屢次上表請解三司使職。劉太后起初不允，還好言撫諭，説真宗稱許他全曉金穀利

　　① 《長編》卷九七，天禧五年十一月甲申至戊子條，第2257頁。
　　② 《范仲淹全集》卷一三《宋故同州觀察使李公神道碑》，第309頁。
　　③ 《長編》卷九八，乾興元年正月辛未朔至二月戊寅條，第2268—2276頁；《范仲淹全集》卷一三《宋故同州觀察使李公神道碑》，第309頁；《宋史》卷二九九《李仕衡傳》，第9938頁。
　　④ 《長編》卷九八，乾興元年六月庚申至丙寅條，第2283—2287頁；《長編》卷九九，乾興元年七月戊辰至辛未條，第2291頁；《范仲淹全集》卷一三《宋故同州觀察使李公神道碑》，第309頁。

害,可比隋之理財名臣高熲(541—607)和唐之名相劉晏(716—780),要他稍安於位,待真宗山陵事畢,就當大用。但他仍堅請退下。劉太后於是在十一月庚午(初四),就接受他之請辭,將他改武階爲同州觀察使,出知相州,稍後改知陳州。按同州觀察使的俸祿待遇高於文階的尚書左丞。後來李沆弟李維(961—1031)也引他的例,換官爲相州觀察使。他從天禧二年七月拜三司使,到乾興元年十一月罷,前後四年有多。范仲淹説善天下之計者,隋有高熲,唐有劉晏,而本朝有陳恕。而李仕衡就堪比上面三賢。另外范仲淹又説:

> 公當職五年間,天子有事于南郊,又御端門。既今上即位,並大賚天下。至於真宗山陵,再塞大河之決,其供億不可勝紀。公皆優游以辦,需然有餘力。蓋周知天下之利,使流而不竭,中外服其通焉。……自古能臣言邦國之利,鮮不斂怨於下而傷其手者。公則疏通利源,取而不奪,允所謂善天下之計者也。①

范仲淹所言自不免溢美,不過,李仕衡任計臣是相當稱職的。

六、歸老長安：李仕衡晚年的事迹

李仕衡解三司使職翌年(1023)之正月丙寅朔(初一),劉太后詔改元天聖。是月壬午(十七),李仕衡副手,他所極推薦的度支副使陳堯佐授知制誥、史館修撰。②

這年九月丙寅(初五),馮拯以疾罷相判河南府,劉太后召還當年贊成她册爲皇后的王欽若,復拜他爲首相。不過,復相的王欽若沒有以前的威風,其他宰執從王曾以下都常和他異議,魯宗道更直言他不如王旦的人望。③ 已出知陳州的李仕衡也不必擔心王欽若會對他不利。

閏九月戊戌(初七),寇準卒於雷州貶所。己亥(初八),馮拯亦卒於洛陽。④寇準於李仕衡有舉薦復職的大恩,也一直支持他。馮拯則和李關係一般。

天聖二年(1024)十一月,宋廷舉行一連串慶典。甲午(初十),上真宗謚

---

① 《范仲淹全集》卷一三《宋故同州觀察使李公神道碑》,第 304—305、309—310 頁;《宋史》卷二八二《李沆傳附李維傳》,第 9542 頁;《宋史》卷二九九《李仕衡傳》,第 9938 頁;《長編》卷九九,乾興元年十一月庚午條,第 2300 頁;《長編》卷一〇四,天聖四年三月戊寅朔條,第 2402—2403 頁。

② 《長編》卷一〇〇,天聖元年正月丙寅至壬午條,第 2310 頁。

③ 《長編》卷一〇一,天聖元年八月甲寅至九月丙寅條,第 2332—2333 頁。

④ 《長編》卷一〇一,天聖元年閏九月戊戌至己亥條,第 2336 頁。

號。乙未(十一),仁宗朝饗玉清昭應宮和景靈宮。丙申(十二)饗太廟。丁酉(十三),合祀天地於圜丘,大赦天下。百官上仁宗及劉太后尊號。乙巳(廿一),立皇后郭氏(1012—1035)。辛亥(廿七),文武百官並加恩遷官,首相王欽若封冀國公,樞相曹利用封魯國公。李仕衡大概也遷官一等。①

李仕衡出知陳州,其幼子李丕旦一直相陪左右。李仕衡也沒有荒怠政務。時黃河大水侵州城,有人散播謠言,説大水已淹入城,李立命斬造謠者,人心始安。他隨即發兵民築大堤以防護州城。稍後調知潁州,不久又徙還陳州。②

王欽若在天聖三年七月受賄事發,雖然劉太后爲顧全他的顏面,詔釋不問;但他的行徑爲同僚所不齒。魯宗道在早朝時公開議諷他。他愧而得病,捱到十一月戊申(三十)病卒。劉太后念舊,給他很高的恩恤,又詔塑其像於茅山,列他於仙官。當年爲李仕衡所排的左正言劉隨就指責王欽若贓污無忌憚,考其行爲,怎會是神仙? 宜察其妄。但劉太后不報。③ 有趣的是,當年李仕衡打壓過的劉隨,這次直斥王欽若之非,變相爲李出了一口氣。

因王欽若卒,十二月癸丑(初五),王曾代爲首相。樞密副使、尚書右丞張知白繼爲次相,而曹利用又加官爲司空。另張士遜、呂夷簡、魯宗道及晏殊(991—1055)也分別加官。加官本來是高興的事,偏偏李仕衡的寶貝女婿曹利用以他的本官司空高於王曾的户部尚書,不應叙班在王之後。他爲此事而鬱鬱不平,仁宗派張士遜慰曉他。因他抗爭,弄到劉太后要出面詔諭,庚申(初六),重新規定宰相叙班仍在樞密使之上。乙丑(十二),劉太后召還她的心腹張旻(後改名張耆,?—1048)充樞密使。曹利用開始有失寵之感,而他和王曾等文臣矛盾擴大,對李仕衡自非吉兆。④

天聖六年(1028)二月壬午(十七),次相張知白卒。王曾力薦呂夷簡繼任次相,曹利用則力薦李仕衡屬意的張士遜,劉太后也屬意張,呂夷簡也請讓位,最後張得償所願。劉太后又加王曾官吏部尚書,曹利用加保平節度使,進封郢國公。張耆以下均加官。有趣的是,辛酉(廿六),當年與李仕衡相爭的薛奎自知益州召還爲權三司使公事,接替自三司使陞任樞密副使的

---

① 《長編》卷一〇二,天聖二年十一月甲午至辛亥條,第 2369 頁。
② 《范仲淹全集》卷一三《宋故同州觀察使李公神道碑》,第 309 頁;[宋] 王珪:《華陽集》卷三八《李丕旦墓誌銘》,第 524 頁;《宋史》卷二九九《李仕衡傳》,第 9938 頁。
③ 《長編》卷一〇三,天聖三年七月辛巳、十一月戊申條,第 2384、2393 頁。
④ 《長編》卷一〇三,天聖三年十二月癸丑至乙丑條,第 2394—2395 頁。

范雍(979—1046)。①

曹利用一再加官,其實早已離禍不遠。他除了和王曾爲首的文臣不和外,又開罪了劉太后所用的一大批内臣和貴戚,因而也招劉太后之忌。終於在天聖七年(1029)正月癸卯(十三),他被罷樞,以保平節度使守司空兼侍中判鄧州。丙辰(廿六),再貶爲左千牛衛上將軍知隨州(今湖北省隨州市)。二月甲子(初五),李仕衡也受累自同州觀察使知陳州貶爲左龍武大將軍,分司西京。丙寅(初七),與李曹翁婿親善的次相張士遜也被罷相出知江寧府。癸酉(十四),再貶曹利用爲崇信軍節度副使,房州安置,並由内臣楊懷敏(?—1050)押送。甲戌(十五),他的家人包括其婿曹琮也被貶黜,他的妻兄,即李仕衡子李丕諒也自太子中允、集賢校理落職同判和州(今安徽省馬鞍山市和縣)。閏二月辛卯(初二),曹利用還被楊懷敏謀殺於襄陽驛,而奏稱他暴卒。②

是年六月甲寅(廿七),首相王曾以玉清昭應宮焚毀而罷相,八月己丑(初三),由吕夷簡繼爲首相。③

李仕衡在一年後(天聖八年,1030)十二月癸未(初五),因合祀天地於圜丘大典,大赦天下,加恩百官,他得以獲稍遷爲左衛大將軍分司西京,宋廷許他返回長安之長安里故居。如上文所記,他的長安故居在杜城東,因他家財至鉅萬,其大宅有如官府。他的第四子李丕緒時爲虞部員外郎,請解官以養親。宋廷以他職爲郎官,依例不許。他就請削一官,宋廷乃准許之。④

天聖九年(1031)五月壬申(廿六),宋廷初步爲曹利用平反,詔將他被没官邸店錢還給其家,但李仕衡卻來不及獲得平反。翌年(明道元年,1032)五月丙申(廿六),李仕衡病卒於長安,得年七十四。八月辛亥(十二),永興軍申報宋廷他的死訊。同月丙寅(廿七),他的家人將他葬於京兆府萬年縣(今陝西省西安市西北漢故城)白鹿鄉之原。⑤

---

① 《長編》卷一〇六,天聖六年二月壬午、三月辛亥至辛酉條,第2465—2466、2468—2469頁;《范仲淹全集》卷一三《宋故同州觀察使李公神道碑》,第309頁;《宋史》卷二九九《李仕衡傳》,第9938頁。

② 《長編》卷一〇七,天聖七年正月癸卯至二月甲戌條,第2491—2497頁。關於曹利用被貶及謀殺於途的始末,可參見何冠環:《曹利用之死》,第260—272頁;《宋會要輯稿》職官六四之二八,第4781頁。

③ 《長編》卷一〇八,天聖七年六月甲寅、八月己丑條,第2517—2518、2520頁。

④ 《范仲淹全集》卷一三《宋故同州觀察使李公神道碑》,第309頁;《宋史》卷二九九《李仕衡傳》,第9938頁;《長編》卷一〇九,天聖八年十一月戊辰至十二月癸未條,第2548頁;《長編》卷一一一,明道元年九月丁亥條,第2589頁。

⑤ 《長編》卷一一〇,天聖九年五月壬申條,第2559頁;《長編》卷一一一,明道元年八月丁亥條,第2589頁;《范仲淹全集》卷一三《宋故同州觀察使李公神道碑》,第309頁。

　　明道二年(1033)三月甲午(廿九)，劉太后卒。仁宗親政。四月丙申朔(初一)，仁宗派李仕衡婿東上閣門使曹琮告哀於遼。仁宗在是月己未(廿四)，將劉太后所用的宰執，自呂夷簡以下盡數罷免，而擢用因曹利用之獄而被罷的張士遜爲首相，被黜多時的李迪爲次相。不過，十月戊午(廿六)張士遜以無所作爲而被罷，仁宗隨即復用呂夷簡爲首相。① 不過，張呂二人都是李仕衡舉薦的人，對於李仕衡平反的問題並無異議，只待有利時機。是年十一月甲戌(十二)，寇準首先獲得平反，宋廷追贈他中書令，復萊國公。②

　　仁宗翌年改元景祐(1034)，四月甲午(初五)，寇準親信翰林學士楊億也獲追贈禮部尚書，賜謚曰文。十一月己丑(初三)，曹琮兄女册爲皇后(1016—1079)，册禮都由曹琮主辦。在這氣氛下，李仕衡幼子李丕旦詣闕上疏申訴，説李仕衡理公務有勞於國，以不恰當的理由貶官。仁宗憫之，大概加上曹琮之説情，仁宗就即日降制追復他同州觀察使之官職。據王珪所記，當李丕旦及其兄弟先後登朝後，更加贈李仕衡禮部尚書。③

　　值得一提的是，據宋人筆記所載，曹皇后原本許婚李仕衡之孫左侍禁李植(字化先)。相信因曹琮是李仕衡婿，故李家選擇了曹的姪女。據出土的李植葬記，他是李丕遠子。李植當是李氏長孫。據説他少好神仙事，不樂成家也不喜爲官。他父母強令他娶婦，已派媒人議定曹皇后，到成親之日，曹氏已入門，據説李見到鬼神千萬在其前，他驚得踰垣而走，曹氏只好還父母家。不久就獲選爲仁宗后。④

　　李仕衡獲平反復舊官多年後，其子李丕緒等，大概在慶曆八年(1048)，請得范仲淹爲其父撰寫神道碑，范仲淹自然對李仕衡的功績溢美一番，稱道他：

> 性慷慨，善辯論，明於知人，凡保任才吏數百員。嘗力薦呂文靖
> 公、陳文惠公。又嘗薦太傅張鄧公。公服官五十二載，專尚寬恕，政
> 刑之下，活人多矣。自古能臣言邦國之利，鮮不斂怨於下而傷其手

---

　　① 《長編》卷一一二，明道二年三月甲午至四月丙申、四月己未、十月戊午條，第2609—2610、2612—2613、2640—2641頁。

　　② 《長編》卷一一三，明道二年十一月甲戌條，第2643—2644頁。

　　③ 《長編》卷一一四，景祐元年四月甲午、十一月己丑至十二月己未條，第2672—2673、2706—2707頁；《范仲淹全集》卷一三《宋故同州觀察使李公神道碑》，第309頁；[宋]王珪：《華陽集》卷三八《李丕旦墓誌銘》，第525頁。按仁宗降詔復李仕衡官，疑在曹皇后册立之後。

　　④ [宋]王鞏撰，張其凡、張睿點校：《清虛雜著三篇·甲申雜記》"李觀察士衡之孫"條，北京：中華書局，2017年，第268頁；[宋]王銍撰，朱杰人點校：《默記》卷中，北京：中華書局，1981年，第21頁。李植墓誌載何新所編著，趙振華審訂：《新出宋代墓誌碑刻輯錄·北宋卷》，第三册，一八五·李植葬記，北京：文物出版社，2019年，第185頁。此點資料蒙劉縉教授賜示，謹此致謝。

者。公則疏通利源,取而不奪,允所謂善天下之計者也。

墓銘又更稱道李仕衡云:

舜歌南風兮,阜時之財。何以聚人兮,《易》不云哉。富國彊兵兮,孰謂霸才。弗富弗彊兮,王基其摧。巍巍先帝兮,法道法天。大烹之盛兮,包羅俊賢。拔公之才兮,屬諸利權。公之感遇兮,惟力是宣。封乎泰山兮,祀于汾脽。千乘萬騎兮,雲駕波馳。公常景從兮,朝詢夕咨。供億何算兮,無一不宜。入司邦賦兮,帝曰汝通。屢行大賚兮,如泉不窮。太上繼明兮,遇之愈隆。公則請老兮,命以觀風。久於貨政兮,人將無徒。公常寬之兮,民易以趨。曾不加賦兮,抑有羨餘。全歸故廬兮,其樂只且。安安而壽兮,高枕以終。門閥不圮兮,表于關中。峨峨之碑兮,章章闕功。映于國史兮,千古不空。①

范仲淹對李仕衡的美言自然不能盡信,李燾《長編》對他的評價則是"士衡前後筦計二十年,雖才智過人,然素貪,家貲至累鉅萬,建大第長安里中,儼若官府云"。《宋史·李仕衡傳》也沿襲李燾的説法。另《宋史》編者論同傳的李仕衡、李溥、胡則(963—1039)、薛顏(953—1025)、許元(989—1057)、鍾離瑾(967—1030)、孫沖、崔嶧(?—1061 後)、田瑜(?—1053 後)和施昌言(?—1064)等十人,稱他們"皆能任繁劇,然或寡廉稱,或有醜行,君子恥之"。其中"能任繁劇,然或寡廉稱"顯然指李仕衡。②

李仕衡是國之棟樑抑是貪墨聚斂之徒?考李仕衡當年父被處死而家財遭籍沒,後來好不容易遇赦復官,歷官內外數十年,重新累積家財至鉅萬,並建大第於長安。《長編》及《宋史》説他"素貪",卻沒能具體列出他的貪狀。按李仕衡從沒有被劾收受賄賂的記錄,相反他任職地方,擔任河北漕臣多年,不斷向朝廷獻金納糧,供真宗東封西祀之用,而未聞他曾中飽公費。我以爲李仕衡本是秦州富商之子,他任漕臣計相多年,將累年獲得的豐厚薪俸賞賜,以商人眼光治產營生,故能累積家產鉅萬。他很有可能在執行公務或推行財經政策時,預先教家人投資營運可獲大利的工商業,從而合法地謀取利益。人們説他貪,大概是那些堅持義利之辨的迂腐儒生,看不慣李仕衡理財錙銖必較,惟利是

---

① 《范仲淹全集》卷一三《宋故同州觀察使李公神道碑》,第 309—310 頁。
② 《長編》卷一一一,明道元年八月丁亥條,第 2589 頁;《宋史》卷二九九《李仕衡傳》,第 9938、9950 頁。

問，卻又抓不到他瀆職貪污的把柄，就説他貪財和聚斂。然而，站在真宗立場，李仕衡卻是他大大的功臣和能臣。

七、脱商入儒：李仕衡子孫仕宦考

李仕衡兩娶，先娶太原王氏，封平晉縣君，早死。續娶馮翊雷氏，封延安郡君，在李仕衡卒後十六年而終，即卒於慶曆八年（1042）。李仕衡有子六人，長丕顯，不仕；次丕績，授同學究出身，他們均早逝。有事功有事績可記的是他的三子丕諒、四子丕緒、五子丕遠和六子丕旦。他們都由文官出身，李氏一門到他們一代，已完全脱離其祖李益的商人身份，轉爲儒士。①

李丕諒在天聖七年受累，自太子中允、集賢校理落職同判和州，後來復職爲太常博士、集賢校理。寶元二年（1039）五月甲午（初四），右司諫韓琦（1008—1075）説李丕諒家本秦人，習知西邊事，就推薦他出守西邊，宋廷特將他換武階的尚食副使。然而，他並不想自文階轉爲武階。後來他以疾，自陳復舊官職。②

宋廷尊重他的意願，讓他仍以太常博士集賢校理知坊州。翌年（康定元年，1040）九月辛未（十九），他的妹婿曹利用獲追謚曰襄悼，得到完全平反。十二月甲辰（廿三），宋廷仍欣賞他的武幹，將他改爲諸司正使武階的崇儀使，徙知鄜州，並兼邠寧環慶路兵馬鈐轄。他在慶曆二年（1042）四月，便奉知慶州范仲淹命，與宋良移風川寨於烽火臺山上，接著又和慶州通判太常博士范祥（？—1060）同相度新修寨城。他在慶曆三年（1043）卒。③

李仕衡諸子中，以第四子李丕緒最受士林欣賞。他以蔭補將作監主簿出身，後遷殿中丞。他勇於任事，在天聖二年二月庚午（十二），他即上奏請禁止内外姻戚不得陳乞以班行等官充外郡衣襖使。他這番上奏，不怕開罪了劉太后所寵的貴戚。宋廷從其奏，詔今後凡差下押衣襖使臣，需内出姓名者具知委結罪狀以聞。④

正如上文提到，當李仕衡歸老長安時，李丕緒時官虞部員外郎，上表請解

---

① 《范仲淹全集》卷一三《宋故同州觀察使李公神道碑》，第 309 頁。

② 《長編》卷一二三，寶元二年五月甲午條，第 2904 頁；《長編》卷一二八，康定元年九月辛未條，第 3043 頁；《范仲淹全集》卷一三《宋故同州觀察使李公神道碑》，第 309 頁；《宋會要輯稿》職官六一之二三，第 4701 頁。

③ 《長編》卷一二九，康定元年十二月甲辰條，第 3062 頁；《長編》卷一四四，慶曆三年十月甲辰條注，第 3479 頁；《范仲淹全集》卷一三《宋故同州觀察使李公神道碑》，第 309 頁；同書《附錄二·范文正公年譜》，第 924—925 頁。

④ 《宋會要輯稿》儀制九之三二，第 2493 頁；刑法二之一五，第 8290 頁。

官養親。因制度不許，他甚至願削官侍親。到李仕衡病死，他守喪服除，許久仍不願復出。他事親至孝和淡泊功名爲時人所激賞。大概是范仲淹和韓琦的力薦，宋廷將他起爲簽書永興軍節度判官事。值得一提的是，李丕旦的姊婿曹琮在慶曆五年（1045）五月甲申（廿九）以馬軍副都指揮使、定國軍留後任上卒。曹琮是李氏姻親中最尊長和地位最高的。三年後（慶曆八年），其母雷氏病故，因要將亡母和亡父合葬，他就請得范仲淹爲亡父撰寫神道碑。范仲淹大筆一揮，將李仕衡功業寫得無與倫比，而對李氏出身秦州酒商，就隻字不提，更諱言李益被殺，李仕衡被除籍抄没家產的不光彩家事。不知就裏的人，就以爲李氏是書香門第的儒門。范仲淹輕輕將李氏脱商入儒的事實不著痕迹地抹去。①

李丕緒後來歷官通判永興軍、同州（今陝西省渭南市大荔縣）和潭州。他在皇祐五年以後通判潭州時，因修子城有效，知州任顓（990—1067）上奏其功，宋廷頒詔褒獎。胡宿（996—1067）所撰的制詞稱許他：

> 敕李丕緒，省知潭州任顓奏，汝都大提舉管勾修築子城，用甎甓砌，並得完備事。汝受任湘中，服勞官下，志存經遠，慮及居安。能協守官，率旅力，增完城壁，就濬池隍。恱使有宜，樂成無射，條聞來上，嘉嘆良多。②

他在嘉祐三年（戊戌，1058）十月前以司農少卿知解州（今山西省運城市西南），後徙知興元府（今陝西省漢中市）、華州。③ 他在嘉祐六年至七年自光祿少卿遷少府監，撰寫制詞是知制誥王安石（1021—1086），制詞云：

> 敕：少府古官，於朝廷之位尊顯矣。具官某，行義祗飭，材能敏達，外更器使，績用每成，有司以聞，又當增位往膺，秩物無怠厥修。可。④

---

① 《范仲淹全集》卷一三《宋故同州觀察使李公神道碑》，第 309 頁；《宋史》卷二九九《李仕衡傳》，第 9938 頁；《長編》卷一五五，慶曆五年五月甲申條，第 3774 頁。

② ［宋］胡宿：《文恭集》卷二六《賜潭州通判李丕緒等修子城敕書》，《叢書集書初編》本，北京：中華書局，1985 年，第 321 頁。考胡宿在皇祐五年（1053）五月以知制誥拜翰林學士，直至嘉祐六年（1061）閏八月拜樞密副使。他這篇制詞當撰於皇祐五年五月後，則李丕緒通判潭州，當在皇祐五年前後。關於胡宿拜翰林學士的年月，可參見［宋］洪遵：《翰苑群書》，收入傅璇琮、施純德編：《翰學三書》卷一○《學士年表：自建隆至治平》，瀋陽：遼寧教育出版社，2003 年，第 90—92 頁。

③ 陸增祥編，陸繼煇校録：《八瓊室金石補正・八瓊室金石補志・宋十八》，北京：文物出版社，1985 年，影印 1925 年吳興劉氏希古樓本，第 698 頁；《宋史》卷二九九《李仕衡傳》，第 9938 頁。

④ ［宋］王安石：《臨川先生文集》卷四九《光禄少卿李丕緒少府監制》，《四部叢刊初編》影印上海涵芬樓藏明刊本。考王安石於嘉祐六年（1061）六月知制誥，至嘉祐八年（1063）八月。他撰此制詞當是這兩年中，而李丕緒遷少府監也當在這兩年。

他最後累遷司農卿致仕,卒年待考。宋人稱許他"居官廉靜,不爲矯激",和《宋史》譏其父"貪"正好相反。據歐陽修所記,李丕緒喜收碑文,多藏古書,包括《晋七賢帖》和《唐玄度十體書》。他家藏圖書甚多,又集歷代石刻,爲數百卷藏之。明人趙崡(？—1585 後)編的《石墨鐫華》記李丕緒把五代梁僧彦修的草字詩刻之石上。他也愛收集古器物,據説他曾得到一古彝父乙尊,銘曰"作父乙尊"。另據江鄰幾的記載,李丕緒非常留心碑碣,曾對他説,當師頡任田重進永興軍幕客時,軍府前有十餘堵大墻遮蔽荒隙。這時軍府蕭條,賊寇也無犯境之意。師頡就搜訪城内外碑碣,凡拓得三千餘本。到姜遵任知府日,内臣曾繼華來造塔,他迎合劉太后旨意,將近城碑碣,盡拿去做塔基。後來曾繼華死於塔所,人們説他被鬼所誅。當時在田重進麾下的李仕衡可能也有份拓碑,而李丕緒也許從父親處得到不少珍貴碑文。①

宋人也記載李仕衡家藏有一方端硯號蟾蜍硯,後來爲劉涣(998—1078)所得。據説當時人以爲寶,硯下有刻字云"天寶八年冬,端州東溪石,刺史李元德書"。不過,劉敞(1019—1068)在嘉祐三年(1058)時知京兆府,取來和梅堯臣(1002—1060)、韓縝(1019—1097)一觀。他一看就大笑指出這是假古董,因天寶改元即稱載,怎會稱年?劉敞還作詩以誌。梅堯臣也湊熱鬧,和江休復等雙雙作詩相和。這個笑話一傳開去,於是這個李氏硯就不敢再拿出來,葉夢得後來公道地説李氏(李仕衡父子)本來就不是善於硯計的。②

李仕衡第五子李丕遠(？—1048 後),在乾興元年八月,以左侍禁與内臣内殿崇班李知常參與修建真宗永定陵的工作。到范仲淹在慶曆八年爲其父撰寫神道碑時,已改文階爲殿中丞、國子博士。惟他後來的事迹不詳。③

---

① 《宋史》卷二九九《李仕衡傳》,第 9938 頁;《歐陽修全集》卷一三七《集古録跋尾》卷四《晋七賢帖》,第 2165 頁;同書卷一四二《集古録跋尾》卷九《唐玄度十體書》,第 2292 頁;董逌:《廣川書跋》卷一《父乙尊彝》,《景印文淵閣四庫全書》第 813 册,第 335 頁;趙崡:《石墨鐫華》卷五《宋刻僧彦修草書》,《景印文淵閣四庫全書》第 683 册,第 502 頁;《江鄰幾雜志》,第 166 頁。

② [宋] 劉敞:《公是集》卷一八《劉涇州以所得李士衡觀察家寶硯相示,與聖俞、玉汝同觀,戲作此歌》,《景印文淵閣四庫全書》第 1095 册,第 550 頁;[宋] 梅堯臣著,朱東潤編年校注:《梅堯臣集編年校注》卷二八《劉涇州以所得李士衡觀察家,號蟾蜍硯。其下刻云:天寶八年冬,端州刺史李元德靈卵石造,示劉原甫。原甫方與予飲,辨云:天寶載載,此稱年,僞也。遂作詩。予與江鄰幾君和之》,上海:上海古籍出版社,1980 年,第 1058—1059 頁;[宋] 葉夢得撰,徐時儀整理:《避暑録話》卷下,收入《全宋筆記》第二編第十册,鄭州:大象出版社,2006 年,第 298—299 頁。按劉涇州即劉涣,聖俞爲梅堯臣,玉汝爲韓縝,江鄰幾爲江休復。劉敞和梅堯臣之詩作於嘉祐三年,乃據朱東潤所考。

③ 《范仲淹全集》卷一三《宋故同州觀察使李公神道碑》,第 309 頁;[宋] 王珪:《華陽集》卷三八《李丕旦墓誌銘》,第 525 頁;[宋] 樂輔國:《永定陵修奉采石記》,收入曾棗莊、劉琳編:《全宋文》卷三九三,第十九册,上海:上海辭書出版社,合肥:安徽教育出版社,2006 年,第 124—125 頁。

　　李仕衡諸子中，其幼子李丕旦有墓誌銘傳世，故其事迹最詳。他字晦之，卒於皇祐四年五月，得年四十九，以此逆推，他當生於景德元年。王珪將他的籍貫定爲京兆府萬年縣，因從李仕衡始，李氏已自秦州遷京兆府。王珪和范仲淹一樣，叙他先世時，諱言其祖李益被誅之事，只説李益贈吏部尚書。①

　　李丕旦和諸兄一樣，以蔭出仕，爲將作監主簿，累遷衛尉寺丞。如上文所提到，天禧五年七月，因李仕衡的請求，李丕旦同領在京國子監。到李仕衡告退出守陳州，他懇請宋廷隨侍前往陳州。到李仕衡被貶歸老長安，他和兄長李丕緒也一直侍奉在旁，直至李仕衡去世。他守喪畢才復官。到慶曆三年，他自衛尉寺丞遷一官爲大理寺丞監延州酒税及鹽税。文津閣《四庫全書》本所録的，由宋祁（998—1061）所寫的制詞，就説他"承籍門資，肅給官守。暴服衛屯之佐，出幹牢征之煩。歲課聿周，功簿云協。宜進丞於理法，尚守拘於漢邊。欽序寵階，無廢前績"。稍後他再以大理寺丞監陳州西華縣（今河南省周口市西華縣南）和階州酒税。他家本秦州酒商，監酒税的工作，可説駕輕就熟。他再遷官太子中舍知京兆府櫟陽縣（今陝西省西安市臨潼區），又遷殿中丞知隴州汧源縣（今陝西省寶雞市隴縣），再遷國子博士。慶曆八年，其母平原郡太君卒，辭職守喪。皇祐二年（1057）九月辛亥（廿七），宋廷大饗天地於明堂，大赦天下，百官進一秩，他就以恩遷虞部員外郎。他請求監鳳翔府太平宮，宋廷許之。四年（1059）五月辛酉（廿二），他以疾終於署寢，得年四十九。同年八月丙申（廿四），葬於萬年縣白鹿鄉之原先塋。李之家人並請後來在神宗朝拜相的王珪爲撰墓誌銘。②

　　李丕旦在李氏昆仲中，最有武幹，在這方面尤勝其兄李丕諒。據王珪所描述，李丕旦爲人倜儻有奇節，喜學古兵法。當寶元年間，西夏入侵關中，他曾數次條奏邊事，且求對殿中。惟仁宗收其奏不報。他監階州酒税時，以階州並邊諸羌，每歲都爲患。本路經略使委他精兵數千，他以計破羌人，羌人乞盟。李

――――――――――――

　　① ［宋］王珪：《華陽集》卷三八《李丕旦墓誌銘》，第 524 頁。考王珪以李仕衡祖父名李轍，與范仲淹作李徹不同。未知誰是。惟李徹和李益所贈官相同。即二人後來没有再加贈官。

　　② ［宋］王珪：《華陽集》卷三八《李丕旦墓誌銘》，第 524—525 頁；《宋史》卷一二《仁宗紀四》，第 230 頁；《長編》卷一四五，慶曆三年十二月丙申條，第 3512 頁；［宋］宋祁：《景文集》卷二二《衛尉寺丞監延州鹽税李丕旦可大理寺丞制》，見楊訥等編：《文淵閣四庫全書補遺·集部·宋元卷》第一冊《宋別集一》，北京：北京圖書館出版社，2006 年，第 161—162 頁；何灝：《宋祁年譜》，四川大學中文系碩士學位論文，2003 年，第 66—67 頁。據何灝的《宋祁年譜》及《長編》所記，宋祁在慶曆三年夏拜知制誥，同年十二月已遷翰林學士，故他爲李丕旦撰寫的制詞，當在慶曆三年夏至十二月，以此知李丕旦獲授監延州酒鹽税也在此時。

丕旦以得其地與人，不足以守，於是罷兵還。未幾，羌人再入寇。李聞之，一夕單騎馳至部落，責備諸酋背約。眾人俛首泣謝，其後再無人犯邊。階州民感恩，爲他立生祠。涇原一路是廣川平原，議者想在要害處築城，以重兵守之，慶曆三年(1043)正月丙子(初七)，涇原經略安撫使王堯臣(1003—1058)上言請建渭州籠竿城爲德順軍(今寧夏省固原市隆德縣城關)。辛卯(廿二)，宋廷從其議，王堯臣即移李丕旦通判德順軍。李日夜規劃，於是德順軍守邊之具甚備。按德順軍在慶曆四年(1044)正月已建成，是月丙子(十三)，因韓琦上言軍城初建，屯集師旅，而極邊之地，人不知醫術，故宋廷特賜德順軍《太平聖惠方》及各種醫書各一部。①

李丕旦在慶曆四年後以大臣(多半是時任樞密副使的韓琦)的舉薦徙知京兆府櫟陽縣。櫟陽縣民素來狡猾，而喜鬥辯，向來難治。李丕旦到任後，就將該地的閭里姦豪，收按致法，民莫不畏服。鄰近州郡數起大獄，久而不決。於是本路轉運使派他前往覆按，前後多有平反。較早時當地遭逢大旱，百姓爲之苦。李丕旦趁著農休時，築堤治谷河上，引水溉民田達數百千頃。據說民今日仍蒙其利。當李離任櫟陽時，吏民遮道泣阻，他只好等到晚上變服馳去。他治郡之才，頗有父風。②

他晚年退居太平宮，因其職不用預民事，乃得優游於山水之間。他常從使者以每月朔望朝拜原廟。皇祐四年五月仲夏十五，他已被疾，雖不克前往，猶整飭衣冠，具几案拜於堂下。家人止之，他說雖死敢忘此禮乎。數天後他病重，對家人說："死生之分，固無以易之者。吾何恨焉。"於是恬然而逝。人說他知命也。這方面他又似一派醇儒，又近有道之士。③

王珪稱譽他天資敏幹，通經史，尤其曉陰陽百家術數之學。說他辯論衮衮，闓劘古今，多能折服旁人。記他在陳州西華縣時，遇上友人死而貧不得葬。他就出資爲友人料理葬事，並賙濟其孤。他曾路過涇州，遇人家有喪而不得歸，他就馬上解所乘馬遣之歸。他濟人之急即如此。一方面是李丕旦生性疏財仗義，另一方面也是李家饒富，其父掙下偌大家財，子孫才可以如此慷慨。王珪慨言李之爲官，孤立一意，與世少合，但卻被名臣鄭戩(992—1049)、韓琦和范仲淹等深知，屢屢舉薦他。雖然宋廷沒有重用他，也知他實有才。王珪感慨李丕旦如此有才，卻不似其父之能達顯位且高壽。他在墓銘即感慨地言道：

① ［宋］王珪：《華陽集》卷三八《李丕旦墓誌銘》，第 524 頁；《長編》卷一三九，慶曆三年正月丙子至辛卯條，第 3338—3343 頁；《長編》卷一四六，慶曆四年正月丙子條，第 3532—3533 頁。
② ［宋］王珪：《華陽集》卷三八《李丕旦墓誌銘》，第 524—525 頁。
③ ［宋］王珪：《華陽集》卷三八《李丕旦墓誌銘》，第 525 頁。

自昔賢豪材智之士，生而困于世者衆矣。方君少時，上書天子，視其志慷慨，使其後且見用，顧所施果後人耶。然卒不得志。嗚呼，命夫。①

李丕旦雖仕途不得志，不過卻家族和睦且兒孫成行。據載當其生母雷氏健在時，他和兄長李丕諒、時任潭州通判的李丕緒、國子博士李丕遠，每年佳時都闔家宴集於長安李氏大宅，"捧觴前後，内外戚疏，恩意相與，衎衎和易，兹一時之榮"。其父復興的秦州李氏，到他的一代，已成爲長安名門士族。其妻王氏，爲贊善大夫王世之女。王珪稱許她"婦順母嚴，有賢德之輔"。他有子七人，依次是李經，蔭奉禮郎；李朴，右侍禁；李棣，左班殿直；李材（？—1074後），右班殿直；李槭（？—1077後），舉進士；李柄，舉進士；李梗，舉進士。其中李經和李棣早卒，而李朴據説尤力學有文。有女五人，長適前進士王琉（？—1081後），其餘未適。另有孫九人。②

李丕旦諸子，一半蔭文階入仕，一半蔭三班使臣出身，他們後來仕歷不顯，事迹亦罕有記載。第四子李材，據晁補之（1053—1110）所撰的《尚書司封員外郎胡公墓誌銘》所載，知道他是司封員外郎胡俛（字公謹，？—1074）的長婿，當胡在熙寧七年（1074）七月病逝時，李材官右侍禁，只比其父卒時所授的官位右班殿直略高。③ 據《長編》所記，在熙寧十年（1077）三月丙寅（十六），宋廷詔賞西華縣令李槭改京官，賞他在二月戊子（初七），在岷州鐵城堡（今甘肅省定西市岷縣蒲麻鎮）之役，隨崇儀副使知岷州种諤（1027—1083）與東頭供奉官走馬承受康識（？—1093後）擊敗青唐大將青宜鬼章（1017前—1091）。④ 這個李槭很有可能就是李丕旦的第五子。

李丕旦的長婿王琉的事迹，宋人多有記載。他是王珪從弟，故王珪説"予接君姻好，又嘗聞其平生之言，且諸孤乞銘，宜爲爲銘"。王琉在仕途較順，也頗有勞績，他在熙寧元年（1068）任相州推官，時任知相州的元老重臣韓琦還在他的園亭題詩。熙寧二年（1069），他曾往蘇州，並在吳縣西二十里的天平山題

① [宋]王珪：《華陽集》卷三八《李丕旦墓誌銘》，第525頁。
② [宋]王珪：《華陽集》卷三八《李丕旦墓誌銘》，第525頁。
③ [宋]晁補之：《雞肋集》卷六六《尚書司封員外郎胡公墓誌銘》，文淵閣《四庫全書》本，葉二十一上。
④ 《長編》卷二八〇，熙寧十年二月戊子條，第6861頁；卷二八一，熙寧十年三月丙寅條，第6884頁。按同時獲宋廷獎賞的，還有太子中舍前通判岷州（今甘肅省隴南市西和縣西南）黃察、知階州福津縣（階州治所，今甘肅省隴南市武都區東南）郭造和右侍禁張元方。考《長編》記李槭爲西華縣令，惟西華縣在陳州，不在陝西，受賞的人如黃察和郭造均是陝西秦鳳路所轄的岷州和階州的地方守臣，論理李槭也應是秦鳳路的州縣官，疑《長編》誤記。另一可能是李槭以西華縣令供應种諤一軍之糧運之勞而受賞。

字。熙寧五年（1072）五月，他以職方員外郎在雄州（今北京市雄安新區）與監
権場侍禁李端彥在白溝界首橋南幕次內，與遼差來的左衛戴從省仔細檢視宋
方依約送遼的絹疋。遼使節外生枝，多番爭議絹疋數量與質量，工玞二人就奉
命再等候多數天，執守道理，和遼人婉順商量，依一向的體例交割。熙寧七年
（1074），他在提舉河陰輦運事上，以都水監保明不閉汴河口，致隄岸無虞。四
月癸巳（廿六），宋廷將他自屯田郎中遷一官。但到熙寧八年（1075）六月丙午
（十六），卻以汴口官、都官郎中坐閉眥家口不當，與前判都水監衛尉少卿宋昌
言（？—1078後）等人各降一官。王安石爲他説情，説他屢與宋昌言爭不要關
閉眥家口，但宋昌言不聽，王玞之兄王珪避嫌，不敢爲弟辯護，只附和王安石，
主張重責宋昌言，而王玞降一官的處分照舊。元豐三年（1080）五月，他以職方
郎中主管曹太后的山陵使司牋表，王珪爲他求恩典，詔以王玞爲蔡河撥發。在
王珪的照應下，他本來仕途看好，偏偏卻晚節不保，在元豐四年（1081）六月，被
御史朱服（？—1100後）嚴劾他和其子王仲甫姦大理評事石士端妻王氏，朱痛
斥他父子同惡，行如禽獸。雖遇上赦旨，朝廷原情度法，本來就應將王氏父子
投荒遠貶，終身不齒。現時有司雖許他繼續供職，但王玞略無愧恥，竟請朝見。
朱服奏上後，宋廷令付大理寺劾治。是月甲子（初九），宋廷詔王玞自朝請大
夫、判登聞檢院上受衝替處分，但朝議認爲貶責太輕。同月丁丑（廿二），宋廷
詔將他罷官，放歸田里。在審訊王氏父子時，大理寺其實查出宰相王珪之子王
仲端（？—1087後）也有關係。知諫院舒亶（1041—1103）立即上言，指王玞父
子所犯惡事，很清楚與王仲端有關，大理寺官員卻心存觀望，不敢盡理究治。
王仲端隨即自行申訴，神宗命內侍馮宗道（？—1098）監劾，經查明指控並非事
實。神宗據馮宗道的覆奏，在十月庚申（初七），將舒亶等人責降，王珪父子於
是得以脫罪，而王玞也沒有再被重責。①

————

① ［宋］王珪：《華陽集》卷三八《李丕旦墓誌銘》，第 525 頁；《宋會要輯稿》禮三二之四四，第
1475 頁；同書職官六六之一四至一五，第 4831 頁；［宋］司馬光撰，鄧廣銘、張希清點校：《涑水記聞》
卷一五"汴口改易"條，北京：中華書局，1989 年，第 300—301 頁；《長編》卷二三三，熙寧五年五月辛
卯條，第 5654 頁；《長編》卷二五○，熙寧七年二月甲戌條，第 6086 頁；《長編》卷二五二，熙寧七年四
月癸巳條，第 6175 頁；《長編》卷二五五，熙寧七年八月丙戌條，第 6241 頁；《長編》卷二六三，熙寧八
年閏四月甲午條，第 6420—6423 頁；《長編》卷二六五，熙寧八年六月丙午條，第 6487 頁；《長編》卷三
一三，元豐四年六月甲子條，第 7586 頁；《長編》卷三一七，元豐四年十月庚申條，第 7665—7666 頁；
［宋］韓琦撰，李之亮、徐正英箋注：《安陽集編年箋注》卷一三《留題相州王玞推官園亭》，成都：巴蜀
書社，2000 年，第 481—482 頁；嵇璜、劉墉編纂：《欽定續通志》卷一六八《金石略》，《景印文淵閣四庫
全書》本第 394 冊，第 461 頁。

據龔明之(1090—1182?)《中吳紀聞》的記載，王玩在元豐末年還以朝請大夫致仕，與太子少保元絳(1009—1084)、正議大夫程師孟(1015—1092)、朝議大夫閭丘孝終、朝議大夫徐師閔(1014—1093)、承議郎蘇州通判蘇湜等人，在知蘇州章岵(1013—1085後)的安排下，於蘇州廣化寺置酒合樂，效法唐會昌洛中九老會，來一個吳中九老會。①

考李仕衡的孫輩，除了上述李不旦的七子和五女外，有事迹可記就只有上文所説那個好道而逃婚的李植。據《默記》所載，他逃婚後，自放於田野，往來關中、洛陽和汝州(今河南省平頂山市汝州市)間，人們以爲他是有道之士。劉攽(1022—1088)經過寶應僧舍，和昭禪師談禪。看到壁有山水畫極妙，昭禪師説這是李植所畫。劉攽也讚賞不止，説"崑崙有名，瑤池非實。在夢蘧覯，觀幻旋失。惟是墨妙，半壁蕭瑟。崎峨坎壈，雲舒川疾。是心中象，非筆端物。大士觀化，四海一室"。他卒於熙寧戊申(元年，1068)，得年五十三。十九日後葬於京兆萬年縣白鹿鄉祖塋。② 李仕衡這個孫兒，堪稱異類，非儒非商。

秦州李氏到李不旦這幾個兒子，已歷四代，人説富不過三代，李氏從李益富甲一方，到李仕衡成爲一代名臣，而至李不諒兄弟譽滿士林，已是不錯的際遇。到第四代功名不振，也是時勢使然。

結　　論

宋初秦州酒商李氏家族，由商入儒，是一個很有代表性的個案。他的起家人李益，是秦州豪強，以出資獲得秦州長道縣酒務官的差遣，而大獲酒権的利

---

① ［宋］龔明之撰，張劍光整理：《中吳紀聞》卷四"徐朝議"條，收入《全宋筆記》第三編第七册，鄭州：大象出版社，2008年，第242頁；［宋］范成大撰，陸振岳點校：《吳郡志》卷二《風俗》，南京：江蘇古籍出版社，1986年，第15—16頁；《吳郡志》卷一一《牧守·題名》，第143頁；《吳郡志》卷二五《人物》，第365頁；《吳郡志》卷二六《人物》，第386頁；《吳郡志》卷三一《府郭寺》，第463頁；《長編》卷三一三，元豐四年六月辛巳條，第7593頁。關於這次吳中九老會，《吳郡志》卷二記在元豐間舉行，出席的人和《中吳紀聞》所記相同的，只有章岵、程師孟、閭丘孝終和徐師閔，沒有王玩。同書卷二五及卷二六則記元絳、程師孟和閭丘孝終等確曾爲九老會。至於哪一年舉行，考章岵以朝議大夫知蘇州，起元豐五年迄元豐八年，按王玩在元豐四年遭重譴，他不應那麼早便出來活動。而元絳在元豐四年(1081)六月以太子少保資政殿學士致仕歸吳，七年(1084)六月卒。這次九老會當在元豐五年至七年初舉行。至於廣化寺，據《吳郡志》所記，在長洲縣學西十步，五代梁乾元(化)三年(914)諸葛氏捨宅爲之，初名崇吳禪院。大中祥符元年改賜名廣化寺。

② ［宋］王銍：《默記》卷中，第21頁。《新出宋代墓誌碑刻輯録·北宋卷》，第三册，一八五·李植葬記，第185頁。

益,成爲秦州鉅富。他懂得勾結收買秦州官吏,並且在京師建立關係網,讓他在秦州所作所爲得到有力的庇護。他也懂得栽培兒子李仕衡,使其得以通過科舉進士登第,進入官場。李益這等地方豪強在官商兩處建立勢力的例子並不少見,和他同時的青州豪強麻氏所爲便相仿。李氏和麻氏在經營家族勢力正在向好時卻遭遇挫折,他們在地方的不法之事被一些不受他們收買的地方官檢舉,結果李、麻二氏都受到滅頂之厄。李益以爲打通中央與地方官員的關節,就可以肆意橫行,卻不知他的惡行爲太宗所知悉,就誰也救不了他。挑戰皇權,注定是要失敗的。李益兒子李仕衡好不容易考取的進士和辛苦挣來的官聲仕途,爲親所累,就一下子完結,李氏從商入儒之夢迅即破滅。幸而絕處逢生,李仕衡得到寇準推薦說情,適逢大赦恩典,於是得以復官,從頭做起。

李仕衡吸取父親血的教訓,他後來爲官近五十載,除了兢兢業業,多建功績外,最重要的是懂得要討得皇帝的歡喜,按皇帝的旨意辦事。於是他在真宗朝,從地方守臣到河北漕臣任上,從不問朝廷要錢,反而一再報效朝廷所有要花費大量用度的大典,從真宗東封西祀到其他祭典。於是博取真宗的無比信任,最後擢他出任掌管一國財政的三司使要職。他也克盡厥職,被真宗和劉太后譽爲本朝繼陳恕後最稱職的三司使。

他理財有方,在許多財政改革上可以看出他隱隱有商人經營的作風。商人子弟成爲三司使,本來是内行人做内行事。不過,不滿意他的人,帶著儒家義利之辨的偏見,就批評他是惟利是視的聚斂之臣,甚至見他治產成功,在長安購得大宅爲貪。然而,人們卻找不到他貪污瀆職的把柄證據。值得注意的是,李仕衡雖然進士登第,但他所長在理財,不在文學,目前我們尚未找到他的詩文著作,更不見他有和文臣,尤其是他的同年和同僚詩文唱和。也許不少自詡清高的文臣,心底裏從不視李仕衡爲同道,仍以商賈之子視之。

不過,當李仕衡晋身爲儒臣後,卻懂得在朝臣中建立良好的人脈關係,他不吝舉薦有才之人,被他舉薦而後來成爲宰相的,就有吕夷簡、陳堯佐和張士遜。他也懂得通過聯姻,建立關係。他的女婿中,文臣有益州郫縣主簿宋肩遠,武臣有位至樞密使的曹利用,還有出身武臣世家,後成爲外戚,官至三衙管軍的曹琮。他後來雖受曹利用之累,在致仕後被降職,但於身無損,最後得以高壽善終於長安大宅。他的兒子李丕諒、李丕緒、李丕旦在士林都有不錯的聲名,雖然最後没有建立大的事功,不過,他們卻能請得名臣范仲淹爲父撰寫神道碑,表揚李仕衡的功德勛業,而掩蓋其祖李益的醜事,且輕輕抹去李氏實出於秦州商賈之門的痕迹。在李丕旦的墓志中,他的籍貫已寫作"其先隴西(秦州)成紀人,後徙京兆之萬年,因家焉"。①

　　值得一提的是,李仕衡兩娶的夫人都非出自士族,到他官位日隆時,他的幾個女婿不是出自儒門,就是功臣世家。而他兒子李丕旦娶的是贊善大夫王世及女,丕旦的女婿王玨則是王珪之弟。李氏的婚嫁對象已從平民轉向士族,這也是李氏自商入儒的一個旁證。

　　李仕衡是宋初著名的計臣,他的家族由商入儒,而乍衰乍興的經歷,是值得人們注意的個案。

---

① ［宋］王珪:《華陽集》卷三八《李丕旦墓誌銘》,第524頁。

士大夫政治下的君權因應

——宋神宗「異論相攪」考議

中山大學歷史學系　陳安迪

摘　要： 宋神宗堅持"異論相攪"的祖宗之法，不肯對變法反對者屬行打擊，有意讓他們在朝廷中留任，是早已爲學者所注意到的問題。但基於繼承祖宗之法、帝王制衡之術的考察，尚不足以窺見問題的全貌。對宋神宗本人而言，任用變法的反對者並非推行變法的對立面。他雖然試圖統合異論，但又高度信任反對者的能力，將他們視爲實現自身政治目標不可或缺的助力。從這一角度而言，宋神宗對"異論相攪"的堅持，更多地反映了宋代士大夫在國家治理中的主體地位。面對著士大夫多有異論，但又需他們的助力來實現自身政治目標的困境，宋神宗試圖以刑名律法的手段驅使反對者轉而效力於新法，但未能獲得想要的結果。

關鍵詞： 宋神宗；異論相攪；士大夫政治；烏臺詩案

"異論相攪"是宋代頗受關注的祖宗之法之一。它最早見於熙寧時曾公亮對真宗之言的引述，其言曰："真宗用寇準，人或問真宗，真宗曰：'且要異論相攪，即各不敢爲非。'"而後神宗表示"要令異論相攪，即不可"。① 可見異論相攪，大抵指君主應有意任用政見不同的大臣，使之互相牽制，而不能蒙蔽人主，威脅皇權。②

---

① ［宋］李燾：《續資治通鑒長編》（以下簡稱《長編》）卷二一三，熙寧三年七月壬辰條，北京：中華書局，2004 年，第 5169 頁。

② 以字面意思而論，"異論相攪"可以被理解爲允許多種不同觀點存在，故而近年有學者將之視爲宋代開明寬鬆的政治傳統的體現，並認爲神宗朝政治破壞了這一傳統（參見曹冬梅：《大宋之變，1063—1086》，桂林：廣西師範大學出版社，2020 年）。但考慮到曾公亮引述此言時，明顯站在君主駕馭臣子的權力制衡的角度，故本文所討論的"異論相攪"，仍依從傳統的定義，將之視爲君主防範臣僚的手段。

　　學界對"異論相攪"的關注,源於對熙豐變法的考察。鄧廣銘先生在《北宋政治改革家王安石》中論及神宗與王安石的關係,認爲宋神宗依然運用"異論相攪"那條家法,不肯認真對保守派大臣進行打擊,其變法的態度"始終是不够堅決的"。① 而後羅家祥先生沿襲此説,認爲宋神宗遵從"異論相攪",有意任用反對者以掣肘變法派,給北宋政治帶來了災難性的後果。他以"異論相攪"解釋宋代黨爭激烈頻繁的原因,認爲自太宗時起,已依稀可見這一家法的運用。② 在此基礎上,不少學者撰文爲宋代君主如何具體運用"異論相攪"的家法提供例證,充實了對這一問題的考察。③

　　自鄧廣銘先生提出宋神宗仍然依從"異論相攪"的祖宗之法後,這一説法已是公論。但由於曾公亮引述了真宗的"異論相攪"之言後,神宗明確地進行了否定,故而余英時先生認爲,神宗此時的否認説明神宗已經與以王安石爲代表的士大夫們共定新法爲"國是",即使是真宗的祖訓也不能撼動此時的"國是"。④ 這一觀點暗示神宗對"異論相攪"的反對有其實質性的一面,而不僅僅是口頭上的宣明。然而變法期間,神宗在事實上任用了大量的反對者,⑤余英時回避了宋神宗在實際行動上的"異論相攪",其觀點不能不引起質疑。李華瑞先生即針鋒相對地認爲,神宗雖然對王安石的變法大力支持,但並未放棄"異論相攪"的祖訓,且"國是"亦非神宗與士大夫所共定,而是君主一人之意。⑥

　　從宋神宗任用反對者的事實出發,認爲他在踐行"異論相攪"的祖宗之法,似無可議。但神宗在理論上對"異論相攪"的否認仍是值得注意的問題。是什

　　① 鄧廣銘:《北宋政治改革家王安石》,北京:生活·讀書·新知三聯書店,2007 年,第 257—259 頁。該書初版於 1951 年,經多次增訂,成稿於 1997 年。

　　② 羅家祥:《北宋黨爭研究》,臺北:文津出版社,1993 年,第 26—27 頁。

　　③ 宋晞《異論相攪——北宋的變法及其紛爭》一文沿襲羅家祥"異論相攪"導致黨爭激烈的觀點,認爲神宗雖求治心切,但也非常注意"異論相攪"的祖宗家法(《宋史研究集》第 31 輯,臺北:蘭臺出版社,2002 年,第 132—136 頁,原載《歷史月刊》第 138 期,1999 年);鄧小南在《祖宗之法:北宋前期政治述略》中亦談及"異論相攪",認爲宋神宗雖然否認了這一提法,但他的實際行動説明,他仍有意地實踐"異論相攪",以防止自己爲一派臣僚所蒙蔽,這一對祖宗之法的基本態度與王安石等人是相異的(《祖宗之法:北宋前期政治述略》,北京:生活·讀書·新知三聯書店,2006 年,第 438 頁);田志光在《宋初"異論相攪"祖宗法考論——以宰相趙普權力變遷爲中心》中認爲太祖時期即已有此家法,他以趙普的職權變遷爲線索,分析了太祖對趙普的任用與牽制(《宋史研究論叢》第 20 輯,科學出版社,2017 年,第 3—23 頁)。

　　④ 余英時:《朱熹的歷史世界——宋代士大夫政治文化的研究》,北京:生活·讀書·新知三聯書店,2011 年,第 252 頁。

　　⑤ 如神宗屢次試圖以司馬光爲樞密副使,又讓文彦博久居樞府。關於神宗對變法反對者的任用,參見羅家祥:《宋神宗與熙豐時期的朋黨之爭》,《江漢論壇》1990 年第 3 期,第 65—69 頁。

　　⑥ 李華瑞:《宋神宗與王安石共定國是考辨》,《文史哲》2008 年第 1 期,第 73—78 頁。

麽因素讓他在"異論相攪"的問題上出現了言行不一的矛盾？這種矛盾的出現又體現了神宗朝政治的哪些問題？通過系統考察神宗所面對的特殊政治環境與具體問題，追究他處理異論的理論與做法，將會發現神宗對於"異論相攪"的態度或許並不存在真正的矛盾。他在否認"異論相攪"的同時任用反對者，這些做法的背後有著足以自洽的邏輯，並典型地反映了宋代"士大夫政治"的某些特點。而他解決自身困境的思路與使用的政治手段，也深刻地影響了此後北宋的政治文化。

一、神宗與異論者

熙寧三年（1070），樞密使呂公弼因反對新法去位，神宗與諸臣討論可以代之者，這是曾公亮提及"異論相攪"的具體背景。《續資治通鑒長編》載其事曰：

> 於是，呂公弼將去位，上議所以代之者，曾公亮、韓絳極稱司馬光，上遲疑未決，始欲用（馮）京，又欲用蔡挺，既而欲並用京及光。安石曰："司馬光固佳，今風俗未定，異議尚紛紛，用光即異論有宗主……"絳徐以安石所言爲然，公亮言："不當以此廢光。"固請用之，上弗許，乃獨用京。
>
> 明日，又謂執政曰："京弱，並用光如何？"公亮以爲當，安石曰："比京誠差強，然流俗以爲宗主，愈不可勝，且樞密院事光果曉否？"上曰："不曉。"安石曰："不曉，則雖強，於密院何補？但令流俗更有助爾。"上曰："寇準何所能，及有變，則能立大節。"……公亮曰："真宗用寇準，人或問真宗，真宗曰：'且要異論相攪，即各不敢爲非。'"安石曰："若朝廷人人異論相攪，即治道何由成？臣愚以爲朝廷任事之臣，非同心同德、協於克一，即天下事無可爲者。"上曰："要令異論相攪，即不可。"公亮又論光可用，安石曰："光言未嘗見從，若用光，光復如前日不就職，欲陛下行其言，則朝廷何以處之？"上遂不用光。①

從這段記載可知，神宗有意任用司馬光，哪怕司馬光並不懂樞密院事，但神宗認爲司馬光能如寇準般"立大節"，即看重並相信司馬光的道德與忠誠。在這種情形下，曾公亮以"異論相攪"的真宗祖訓提醒神宗，任用司馬光那樣的異論

---

① 《長編》卷二一三，熙寧三年七月壬辰條，第5168—5169頁。

者既合乎祖宗之法,又於人主有實利,可謂極具説服力,卻不想收穫了截然相反的效果。

從王安石的論述來看,他起初試圖以任用司馬光可能製造更多的輿論壓力,不利於新法推行的理由説服神宗,但神宗不以爲然,這隱約透露著神宗並不認爲任用司馬光與推行新法之間有必然的矛盾。直到王安石否定了曾公亮所提的"異論相攪"的祖宗之法,稱朝廷事需衆人同心同德方可爲,神宗乃轉而贊成王安石的説法。

熙寧五年(1072),有一場與這次人事討論内核相似,而較少受到關注的君臣議論。時宋遼爭雄州地,君臣討論對遼經略。《長編》載:

> 彦博曰:"要服契丹,即先自治,當令人臣不爲朋黨"。安石曰:"小人乃爲朋黨,君子何須爲朋黨? 言天事則有命,言人事則有義,義、命而已,何須爲朋黨?"彦博曰:"言有義、命者,未必知義、命。"安石曰:"君子、小人情狀亦易考。但誕謾無義理,前言不復於後,後言不掩於前,即小人。忠信有義理,言可復,即是君子。若果是君子,即須同心。……若共國不務同心,即國事何由成?"彦博曰:"人所見豈可盡同?"上曰:"天下義理豈有二也?"上卒從安石言,改定牒本。①

文彦博以朋黨爲言,實是暗指新法的支持者結爲朋黨,與曾公亮一樣,是試圖以帝王制衡之術暗示神宗不要對新法一派專聽專用。王安石的反駁實際上也與他對曾公亮的駁斥邏輯一致,認爲國事之成必須衆人同心,同心爲義並非朋黨。神宗也再次做出了類同"異論相攪即不可"的表態,認爲天下義理無二,也即不該有異論。

從兩場討論來看,神宗對異論相攪的否定,實際上針對的是非常具體的問題,也即王安石所強調的,國事之成需要大臣同心。他對這一問題十分重視,以至於寧可在大臣面前公開否定祖宗之法,不接受基於帝王自身利益考量的制衡之術,也要向心有異論的大臣明示不該有異論。衆人同心務國將有助於國事之成,原是不必多論的事理之常,而王安石屢以此爲言並得到神宗的附和與讚同,反映的是變法推行過程中,大臣不能同心務國對他們造成的深切困擾。

熙寧間新法初行,遭到了大批名臣宿卿的反對。但這些反對者很快就離

---

① 《長編》卷二三八,熙寧五年九月丁未條,第5792頁。

朝外任,循默一方,新法在熙豐期間的推行大抵無礙,那麼神宗對於大臣不能同心務國的困擾又是從何而來?這一問題需要從兩個方面來考察。

一方面,數量眾多的變法反對者淡出權力中心,雖看似是遭受了變法支持者的打擊所致,但實際上,相當數量的反對者是主動選擇了離開朝堂。

熙寧二年(1069),王安石已用事,門下侍郎同中書門下平章事富弼"度不能爭,多稱疾求退,章數十上",最後離朝判亳州。① 據說司馬光後來曾謂神宗曰:"富弼老成,有人望,其去可惜。"而神宗答曰:"朕之所以留之至矣,彼堅欲去。"②

同年,同知諫院范純仁上章"宜速還言者而退安石",不聽,於是"求罷諫職,改判國子監,去意愈確",命知河中府。③

熙寧三年,張方平入覲,神宗"欲以爲宣徽使修國史,不可,則欲以爲提舉集禧觀、判都省。所以留公者百方,公皆力辭,遂知陳州"。同時張方平極論新法之不便,神宗不聽,但仍謂:"能復少留乎?"張方平則答:"退即行矣。"④

同年神宗又欲用司馬光爲樞密副使,司馬光"上章力辭至六七",求罷制置條例司及青苗助役等法,最終不受命,自請離朝,以端明殿學士知永興軍。⑤

時參知政事趙抃上疏,列不從命或求去之人謂:"近制置司所差官,如張次山、吳師孟、范世京等七八人,懇辭勇退,惟恐不得所請。……近臣、侍從、臺諫官力言制置司不便,司馬光因罷樞密副使之命……孫覺、張戩、程顥三人,各與安石論列於中書,又悉嘗上殿乞罷言職;今日呂公著、范鎮俱請郡。"他本人亦累章乞罷,遂命出守杭州。⑥

《二程遺書》載程顥這一時期因言新法罷言職之事謂:

> 伯淳復求對,遂見上。上言:"有甚文字?"伯淳云:"今咫尺天顏,尚不能少回天意,文字更復何用?"欲去,而上問者數四。伯淳每以陛下不宜輕用兵爲言,朝廷群臣無能任陛下事者。以今日之患觀之,猶是自家不善從容。至如青苗,且放過,又且何妨?……大抵自仁祖朝

① [元]脫脫等:《宋史》卷三一三《富弼傳》,北京:中華書局,1977年,第10256頁。

② [宋]彭百川:《太平治迹統類》卷一二《神宗聖政》,《叢書集成續編》第275冊,臺北:新文豐出版公司,1988年,第434頁。

③ 《宋史》卷三一四《范純仁傳》,第10284頁。

④ [宋]蘇軾著、張志烈等點校:《蘇軾全集校注·蘇軾文集校注》卷一四《張文定公墓誌銘》,石家莊:河北人民出版社,2010年,第1491頁。

⑤ 《蘇軾全集校注·蘇軾文集校注》卷一六《司馬溫公行狀》,第1649頁。

⑥ 《長編》卷二一〇,熙寧三年四月己卯條,第5102頁。

優容諫臣,當言職者,必以訐訏而去爲賢,習以成風……①

程顥欲去,神宗仍有聽其言之意,但程顥並不領情,以去爲賢亦是當時風氣。

在新法初行巨大的人事變動中,固然有不少的新法反對者是被貶斥而去,但同時也有相當數量的反對者以去爲賢,主動求去,或直述反對之見,坐等朝廷罷職。這種做法在給當政者製造了巨大壓力的同時,客觀上也造成了相當大的人事缺口。熙寧三年,在程顥罷御史又懇辭提點京西刑獄後,神宗向王安石感慨道:"人情如此紛紛,奈何",②又於經筵上向司馬光抱怨"天下洶洶"是因"國之有是,衆之所惡",③但遭到了司馬光的反駁。熙寧四年時楊繪有言:"今舊臣告歸或屏於外者,悉未老,范鎮年六十三,呂誨五十八,歐陽修六十五而致仕,富弼六十八被劾引疾,司馬光、王陶皆五十而求閑散,陛下可不思其故耶?"又謂:"兩制多闕員,堂陛相承,不可少。"衆皆以繪言爲然。④ "經筵殊少人"⑤"欲除一諫官且不能得人"⑥"兩制多闕員""翰林又少人"⑦相關表述在變法初期的記載中極爲常見。

衆多新法的反對者主觀上不願爲神宗所用,這是神宗之所以強調"異論相攪即不可"的原因之一。但從結果而言,神宗很快通過"博召見人臣"⑧等方式拔擢了大批新法支持者,填補了人才缺口。新法在神宗在位期間推行不輟,可以說反對者的不合作並未對新法的推行造成過大的阻礙。要理解神宗爲何如此重視大臣同心,還應考察他對反對者的態度。

學者早已意識到,神宗對於司馬光等變法反對者"抱有特殊的好感","不肯認真對保守派的勢力給以打擊",⑨這種態度一般被解釋爲神宗遵循"異論相攪"的祖宗之法,或者神宗感激這些元老重臣在仁宗立儲問題上的定策之功。但值得注意之處在於,神宗對這些反對者的能力與道德有著實質性的倚重與期許。

熙寧三年之時,神宗明知道司馬光不曉樞密院事,但仍欲任用他,並以遇

① [宋]程顥、程頤著,[宋]朱熹整理,王孝魚點校:《二程集·河南程氏遺書》卷二上,北京:中華書局,1981年,第28—29頁。

② 《長編》卷二一〇,熙寧三年四月癸未條,第5111頁。

③ 《長編》卷二一〇,熙寧三年四月甲申條,第5114頁。

④ 《長編》卷二二四,熙寧四年六月甲子條,第5449頁。

⑤ 《長編》卷二一〇,熙寧三年四月癸未條,第5111頁。

⑥ 《長編》卷二一五,熙寧三年九月戊子條,第5230頁。

⑦ 《長編》卷二二五,熙寧四年七月丁酉條,第5488頁。

⑧ 《長編》卷二一三,熙寧三年四月乙未條,第5171頁。

⑨ 見前揭羅家祥《宋神宗與熙豐時期的朋黨之爭》。

大事時能"立大節"的寇準作比,可見他既認同司馬光的道德,也是確實地相信司馬光可以助成大事。直到元豐年間,神宗與輔臣討論人才時,面對蒲宗孟"人才半爲司馬光以邪説壞之"的言論,神宗仍進行了駁斥,曰:"蒲宗孟乃不取司馬光耶! 司馬光者,未論別事,其辭樞密副使,朕自即位以來,惟見此一人。他人則雖迫之使去,亦不肯矣。"①

熙寧七年(1074),熙河事稍定,范純仁權發遣慶州,過闕入覲。《長編》載:

> 上見之甚喜,曰:"卿父在慶州甚有威名,卿今繼之,可謂世職也。"純仁頓首謝曰:"臣不肖,何足以繼先臣,但以陛下過聽,誤使承乏耳。"上問曰:"卿兵法必精?"對曰:"臣素儒家,未嘗學兵法。"又問:"卿縱不學兵法,卿久隨侍在陝西,必亦詳熟邊事。"對曰:"臣隨侍時年幼,並不復記憶,兼今日事體與昔時不同。"純仁度必有以開邊之説誤上者,因進言:"臣不才,陛下若使修繕城壘,愛養百姓,臣策疲駑不敢有辭。若使臣開拓封疆,侵攘夷狄,非臣所長,願別擇才帥。"上諭曰:"以卿之才,何所不能,但不肯爲朕悉心耳。"對曰:"臣子之於君父,若有可展報効處,殺身不避,豈有不盡心力耶? 但陛下所責,非臣所長,不敢面諛欺罔以對。"純仁辭益堅,上卒不許。②

神宗迫切地希望反對變法的范純仁能在邊事上助成其開邊之志,而范純仁明知如此,卻堅辭不許,乃至借機而諫,神宗竟無可奈何。

熙寧八年(1075),張方平數請便郡,神宗知不可留,謂張方平曰:"朕初欲卿與韓絳共事,而卿論政不同;又欲除卿樞密使,而卿論兵復異。卿受先帝末命,卒無以副朕意乎?"因泫然泣下。③

同年,遼朝遣使意圖重劃地界,隱然有啓戰之危,神宗極爲憂心,遣内侍下手詔向大臣問策,而其訪尋的對象,則是"韓琦、富弼、文彦博、曾公亮"。④ 可見儘管他們不讚同新法,而神宗始終真心地將他們視爲關鍵時刻可以倚重的股肱之臣。

與這種倚重和信任相對的,則是神宗對於王安石之外的新法官員有限的信用。熙寧六年(1073),王安石謂神宗曰:"陛下左右前後所親信,孰爲忠信,孰爲有行,竊恐有未察者。"在神宗舉其察人之例後,王安石又言:"士大夫君子

---

① 《長編》卷三三八,元豐六年八月辛卯條,第 8149 頁。
② 《長編》卷二五七,熙寧七月十月癸巳條,第 6281—6282 頁。
③ 《長編》卷二六九,熙寧八年十月壬辰條,第 6595 頁。
④ 《長編》卷二六二,熙寧四年八月丙寅條,第 6386 頁。

固有不爲功名爵禄,事陛下徒以致君臣之義者。陛下似於君子小人未察也。"
王安石實際上是不滿神宗對新法官員信任不足,多有察責,而神宗回答説:"如
卿無利、欲,無適、莫,非特朕知,人亦俱知之。至於他人,則豈可保哉?"①這句
話在體現他對王安石重視的同時,卻事實上否認了王安石的觀點,即他並不認
爲其他的新法官員值得同樣的信任。

元豐二年(1079),因感慨熙寧末救鹽鈔之法措施不當,神宗謂輔臣曰:"都
内凡出錢五百萬緡,卒不能救鈔法之弊。蓋新進之人輕議更法,其後見法不可
行,猶遂非憚改。"又謂:"大抵均輸之法,如齊之管仲,漢之桑弘羊,唐之劉晏,
其才智僅能推行,況其下者乎!"②早在熙寧七年之時,三司使章惇"乞借内藏庫
錢五百萬緡,令市易司選能幹之人,分往四路入中算請鹽引及乘賤計置糴
買",③熙寧八年沈括任權發遣三司使,次年權三司使,曾於任上推行鹽鈔法改
革。④ 這些改革者都是於變法過程中被大力拔擢的新法中堅,神宗不止以變法
的反對者常用的帶有某種貶低涵義的"新進"稱呼他們,並理所當然地覺得他
們没有比肩前人的能力。對於位至宰輔的新法官員蔡確等人,神宗也並無特
別的尊重,若《宋史》謂:"帝雖以次叙相珪、確,然不加禮重,屢因微失罰金,每
罰輒門謝。宰相罰金門謝,前此未有,人皆恥之。"⑤

神宗有著富國强兵、開疆拓土的明確政治目標,而又深深信任著不少異論
者的能力與道德。熙寧末,反對新法的吕公著以提舉中太一宮回京,神宗特詔
閣門以散齋日對延和殿,"勞問周至"。⑥ 此時的吕公著不再對新法直言反對,
而是謹小慎微地表示希望神宗可以多用新法的反對者。其謂神宗曰:

> 竊觀陛下自臨御以來,虚心屈己,以待天下之士,士之起草茅,由
> 小官而超至顯近者,不可勝數,然猶孜孜以求賢爲急,誠欲廣收人才,
> 無所遺棄。……然數年以來,天下之士,陛下素知其能,嘗試以事,而
> 終就閒外者尚多,恐其間亦有才實忠厚,欲爲國家宣力者,未必盡出
> 於迂闊繆戾而難用也。⑦

---

① 《長編》卷二四六,熙寧六年七月庚寅條,第 5995—5996 頁。
② 《長編》卷二九六,元豐二年正月丙申條,第 7202—7203 頁。
③ 《長編》卷二五七,熙寧七年十月庚寅條,第 6280 頁。
④ 《長編》卷二八〇,熙寧十年正月戊申條,第 6872 頁。
⑤ 《宋史》卷四七一《蔡確傳》,第 13699—13700 頁。
⑥ 《長編》卷二八五,熙寧十年十月乙未條,第 6980 頁。
⑦ 《長編》卷二八五,熙寧十年十月乙未條,第 6980 頁。

其所謂神宗虛心待士,草茅之士由小官而超至顯近等,可稱頗有微意的實指。而任用曾經的反對者,實際上也並不違背神宗的意志。當呂公著不再對新法直言反對,展現了合作的姿態,神宗也迅速對之加以重用。先是欲還其舊職,呂公著辭以"齒髮向衰",①於是以其知審官西院,後又任其爲同知樞密院事。呂本中記其事曰:

> 熙寧末,正獻起知河陽,明道以詩送行曰:"曉日都門颭旆旌,晚風鐃吹入三城。知公再爲蒼生起,不是尋常刺史行。"又與溫公同錢正獻,復有詩與溫公云:"二龍閑臥洛波清,此日都門獨錢行。願得賢人均出處,始知深意在蒼生。"蓋以二公出處無異,且恐溫公以不出爲高也。及正獻公自河陽乞在京宮祠,神廟大喜,召還,遂登樞府。人或問二程以二公出處爲有優劣。二程先生曰:"正不如此。呂公世臣也,不得不歸見上;司馬公爭臣也,不得不退處。"蓋自熙寧初正人端士相繼屏伏,上意常不樂,以爲諸賢不肯爲我用,故正獻求在京宮祠,以明不然,上意始大喜。②

在當時的不少士大夫看來,反對新法的呂公著之回朝乃是爲了蒼生"救弊",與司馬光之退處並無高下之分。而神宗對"諸賢不肯爲我所用"深爲困擾,所以呂公著稍稍放緩了對新法的反對姿態,就立即獲得了神宗的重用。

明知君主之意而仍堅持己見,這種集體性質的不屈從於皇權的對自身觀念的固守,或多或少體現了士大夫的主體意識與責任感。而面對著這些臣僚的不合作,神宗表現出了相當的克制與期待,始終認爲反對者的支持對其志業的成就必不可少,實際上即承認了這些反對者在國家治理中的核心地位。被視爲宋代"士大夫政治"③成熟標誌的"爲與士大夫治天下"④之言出現在神宗

---

① 《長編》卷二八七,元豐元年閏正月辛巳條,第 7027 頁。

② [宋]呂本中著,韓西山輯校:《呂本中全集·童蒙訓》卷下,北京:中華書局,2009 年,第 1004 頁。

③ 廣義上而言,"士大夫政治"指兼具知識群體與官僚兩重身份的士大夫在歷史上作爲統治主體所形成的獨特的政治形態(閻步克:《士大夫政治演生史稿》,北京:北京大學出版社,1996 年,第 1 頁);宋代的"士大夫政治"則突出體現在宋代士大夫高度的政治參與政治主體意識、對君權一定程度的限制、寬容的政治風氣以及與君主"共治天下"等方面。(參見張其凡:《"皇帝與士大夫共治天下"試析——北宋政治架構探微》,《暨南學報》2001 年第 6 期,第 114—123 頁;鄧小南:《祖宗之法:北宋前期政治述略》第五章第三節"從'奉行聖旨'到'共治天下'",第 398—421 頁;余英時:《朱熹的歷史世界——宋代士大夫政治文化的研究》第三章"'同治天下'——政治主體意識的顯現",第 209—229 頁;何忠禮:《略論宋代的"與士大夫共治天下":以范仲淹等人的政治活動爲中心》,《杭州研究》2010 年第 2 期,第 146—153 頁。)

④ 《長編》卷二二一,熙寧四年三月戊子條,第 5370 頁。

朝,不可謂没有因由。雖然仁宗朝君主與士大夫的良好合作往往被視爲宋代"士大夫政治"的典範,但在神宗朝這樣的君臣對抗中,"士大夫政治"同樣具有典型性的體現。

一旦瞭解了神宗的態度和觀念,他對"異論相攪"的表態以及他在實踐中的做法,都能獲得自洽的解釋。在言語上否認"異論相攪",是因爲他認爲反對者的合作對新法之成必不可少,所以他必須向反對者明示自己的意志,並迫切地希望他們能盡力於新法。神宗在實踐中對"異論相攪"的遵循,或許不能排除他承襲祖宗防弊之法、制衡之术的可能性。但更重要的,是神宗並不認爲任用異論者與推行變法是必然矛盾的;相反,在他看來,異論者的合作是實現其"大有爲"之志的重要助力。否認"異論相攪"與實踐"異論相攪",對於神宗而言並無矛盾之處,本質上都是爲了更好地實現其富國強兵進而開疆拓土的政治目標。

二、如何驅使異論者

如果説神宗對變法反對者的克制與容忍體現了宋代"士大夫政治"的某些特點,那麽反對者的不合作與依違在挑戰君權的同時,也難免會帶來君權的應對與反制。由於神宗始終看重反對變法的異論者們的道德與能力,這決定了他的反制不會以徹底驅逐反對者的方式呈現,因爲這背離了他的政治目標。解決變法困境的真正關鍵在於讓反對者回心轉意,即所謂的讓他們"革面""革心",從而盡力於新法。在神宗的統治過程中,他很快對如何實現這一點有了自己的看法,並與王安石産生了分歧。

熙寧三年(1070),爲奪回熙寧初被宋朝攻佔的綏州,西夏攻宋。開疆拓土、平遼伏夏可謂變法的最終目標,神宗的開邊戰略一如新法本身,異論紛然。當年九月,神宗在"患異論者不悛"的同時,對西事也頗爲擔憂,謂王安石曰:"或以爲西事恐大臣不爲用",王安石答曰:"法行,則人人爲用。以天下人了天下事,何至以無可用之人爲患?"神宗引申道:"武后能駕馭豪傑,以法行而已。"①關於如何處理人不爲用,神宗對於"法行"之論頗爲屬意。

熙寧四年(1071),富弼不行青苗法,爲提舉官所劾,又遭御史論奏。神宗對此事感到滿意,曰:"今頹壞之俗已久,萬事收斂,使就法度,則不得不難,其

---

① 《長編》卷二一五,熙寧三年九月己丑條,第5232頁。

紛紛亦固宜，但力行不變自當改。如富弼事，向時豈有按劾，今乃案治，如此等事行之已多，人情恐漸變。"從這一表述可以稍窺"法行"的具體所指，大抵爲依照"法度"，不避權貴地案治有違者並加以賞罰，達成驅使人情的效果。但此時王安石對神宗的論斷已頗不以爲然，答道："以臣所見，似小人未肯革面。臣愚以謂陛下誠能洞見群臣情僞，操利害以馭之，則人孰敢爲邪？但朝廷之人莫敢爲邪，即風俗立變，何憂紀綱不立？"①對於如何令"小人革面"，王安石的關注點已經從"法行"或"責以功實"②等以某些標準進行進退賞罰的方式轉移到了君主個人身上。這一轉變的發生背景，在於隨著新法的推進與大批新法官員的上任，王安石漸漸覺得神宗對新法官員的信用不足。

在當年，先是有劉摯、楊繪等彈劾王安石所信用的程昉，欲奏罷其開河之役，"王安石爲昉辨說甚力，皆寢不報"，③又有"東明縣民以縣科助役錢不當，相率遮宰相自言，凡數百家"，圍繞免役法人言四起，神宗頗爲動搖，連日以手敕問安石。④ 在這種背景下，當神宗再次有"患邊臣觀望朝廷意度爲緩急，不肯竭情了事"的疑慮時，王安石對於如何解決大臣不盡心已有了另外的答案，其曰：

> 此在陛下。陛下誠能御群臣以道，使各盡力濟務，莫敢爲欺，則陛下可不勞而天下治。若不能如此，徒役兩耳目聰明，夙夜憂勤於上，而臣爲陛下盡瘁於下，恐終不能致治。……臣愚以謂大畏衆志，使無實者不敢肆其説，而忠力者不爲小人所沮，則陛下不須憂勞而治道自成。⑤

此時王安石的觀點中，重要的不再是"法"，而在於神宗本身。只要神宗能"御群臣以道"，那麼大臣自然會"盡力濟務"。需要注意的是，王安石之言論雖看似爲君權張目，但其所謂的君主御群臣之道，卻是君主"不勞而天下治"，隱含著希望君主委權於下的目的。

熙寧四年，新法官員章惇出使，對於是否要支給他驛券，神宗君臣有所爭議。神宗懷疑"恐礙條貫"，要求"檢嘉祐以來至近歲例呈"。對新法不甚支持的馮京表示"近方有此例"。王安石則曰：

---

① 《長編》卷二二三，熙寧四年五月庚戌條，第 5435—5436 頁。
② 《長編》卷二二一，熙寧四年三月癸卯條，第 5386 頁。
③ 《長編》卷二二三，熙寧四年五月乙未條，第 5423 頁。
④ 《長編》卷二二三，熙寧四年五月戊戌條，第 5425 頁。
⑤ 《長編》卷二二三，熙寧四年五月甲辰條，第 5432 頁。

嘉祐、治平已有例。且陛下患人材難得,今無能之人享禄賜而安逸,有能者乃見選用,奔走勞費,而與無能者所享同,則人孰肯勸而爲能? 如惇以才選,令遠使極邊,豈可惜一驛券? 縱有條貫,中書如臣者,亦當以道揆事,佐陛下以予奪取群臣,不當守法,況有近例。①

王安石認爲對於新法官員,可以超越條貫近例予以特恩,以此勸諭他人爲新法效力,而不當守法。最後神宗表示:"有例須支與。兼其所得不過數百錢,不爲多也。"雖是主張支與,但在事實上認同的是條貫與近例的有效性,對於王安石的不當守法之説隱然並不讚同。而對於反對者,王安石往往希望可以加重打擊,如富弼不行青苗,最後遭到了降官的處分,王安石曰:"弼雖責降,猶不失富貴之利,何由沮奸?"然而神宗"不答"。②

熙寧五年(1072),神宗仍有官員不用心之嘆,並再次表達了通過立法賞罰來扭轉局面的觀點,其謂王安石曰:"舉官多苟且不用心,宜嚴立法制。"又道:"如舉監場務官,增剩則舉者當預其賞,虧欠則當預其罰。"安石曰:"場務增虧,或不繫監官才否。若以賞罰舉主,恐不免偕濫也。"神宗又言三司判官當督察,安石曰:"三司判官才否亦可見,不待督察。如吕嘉問最爲稱職,餘亦多備員而已。"神宗則令"更考察"。③

舉官苟且不用心,神宗仍傾向於嚴立法制,加以考覈陞降來解決問題,而王安石不甚讚同。在神宗強調應當督查三司判官時,王安石又認爲吕嘉問之稱職無需督查也可知。吕嘉問是猶得安石信任的新法官員,但神宗仍堅持要加以考察,於是王安石道:

……且刑名法制非治之本,是爲吏事,非主道也。……今於群臣忠邪情僞勤怠,未能明示好惡,使知所勸懼,而每事專仰法制,固有所不及也。……若欲調一天下,兼制夷狄,臣愚以爲非明於帝王大略,使爲欺者不敢放肆,爲忠者無所顧忌,風俗丕變,人有自竭之志,則區區法制未足恃以收功。④

神宗立法考覈的治理之術遭到了王安石的明確反對。王安石認爲這種刑名法制是吏事而非主道,要講論帝王大略,方能實現"風俗丕變,人有自竭之志"。

①《長編》卷二二一,熙寧四年三月丁亥條,第5368頁。
②《長編》卷二二四,熙寧四年六月甲戌條,第5454頁。
③《長編》卷二三〇,熙寧五年二月乙卯條,第5590頁。
④《長編》卷二三〇,熙寧五年二月乙卯條,第5590—5591頁。

不管是"帝王大略",還是"御之以道""以道揆事",在具體層面都是指君主應更
爲信任新法官員,少加案察,同時更嚴厲地打擊變法反對者,使之勸懼。在此
事中,王安石便是不滿神宗一定要督查新法官員呂嘉問。

當年四月,神宗表示"近日革面者亦已多",而王安石不以爲然,再次重申
前意,謂:"陛下於刑名、度數、簿書叢脞之事可謂悉矣,然人主所務在於明道
術,以應人情無方之變,刑名、度數、簿書之間,不足以了此。"而神宗只是回答
説:"任人固宜責成。"①

十月,王安石認爲御史臺前勘官姚原古有所附會,故意傾害新法官員李
定,要求重罰。但神宗首先提出應勘見情弊方能判罰,在王安石表示無法勘見
後仍覺得其事甚輕,安石乃謂:

> 陛下遇君子小人不分明。……君子小人誠難知,然忠信即君子,
> 誕謾即小人。誕謾明白,方更寬假,不肯致法;未嘗見其誕謾,乃更懷
> 疑,所以小人未肯革面,君子難爲自竭。……如姚原古事,陛下已是
> 不能究窮作姦之本,於作姦之末又務寬假,此極爲好惡不明。然陛下
> 好惡不分明非特此一事,臣以謂陛下於君子小人宜加明察。②

對"君子"用之不疑使之行事少顧忌,對"小人"不加含容使之不敢放肆異言,對
前者多加寬假,對後者究窮致法,這就是王安石希望神宗所掌握的帝王大略、
御臣之道。這種帝王之道,在推重君權的表面下,本質上是希望神宗可以專信
新法一派並且委權,有著隱約的虛君意圖。王安石熙寧四年時一度求去,而神
宗留之,王安石謂:"陛下誠能討論帝王之道,垂拱無爲,觀群臣之情僞以道揆
而應之,則孰敢爲欺? 人莫敢爲欺,則天下已治矣! 臣敢不且黽勉從事。若但
如今日,恐無補聖治也。"③可知在王安石看來,垂拱無爲,高居於上進退所謂的
君子小人,即是他所言的帝王大道。

熙寧七年(1074),王安石罷相前夕,在神宗談及"人材少,須養育"時,王安
石謂神宗曰:"陛下不分別君子小人,即人才何由長育。"④可見王安石與神宗之
間的分歧長期未能彌合。

面對異論紛然的政治困境,王安石與神宗都認同應該對異論者加以打擊,

---

① 《長編》卷二三二,熙寧五年四月辛未條,第5635頁。
② 《長編》卷二三九,熙寧五年十月癸未條,第5808—5809頁。
③ 《長編》卷二二三,熙寧四年五月庚戌條,第5436頁。
④ 《長編》卷二五〇,熙寧七年二月丁丑條,第6089頁。

統一變法的意識形態。但王安石在初期雖與神宗似乎頗有共識，但其真實意圖則是希望神宗可以明確表達對變法的支持立場並委權於下，故而很快對神宗的法家傾向進行了針對性的勸諫。而神宗則專注於以刑名律法改造人心，驅使他所看重的反對者們爲新法效命。隨著王安石的離朝，萬機獨運的神宗在不時詮釋其治理理念的同時，也進行了諸多的實踐。

三、烏臺詩案：統合異論的理論與實踐

宋神宗對法家的偏好早已爲學者所注意，①其通過用法、行法來改變人心、統合異論的思路也頗契合於法家的精神。《韓非子》有言："明主之所導制其臣者，二柄而已矣。二柄者，刑、德也。何謂刑、德？曰：殺戮之謂刑，慶賞之謂德。"②人主通過賞罰二柄進退大臣，治理國家，也正是神宗關於用法的核心理論。

神宗曾有言："天下事只要賞罰當功罪而已。"③元豐元年（1078），他在與輔臣的討論中謂："人主當厲精身先，昔秦孝公用一商鞅，賞罰必信，故能興起功業。趙武靈王胡服，國人鼓舞服從，至後世白起長平之役坑趙卒四十萬，而人心不離，猶足存趙，豈非國人服習武靈王之法邪？"④賞罰必信就能興起功業，人服其法就能人心不離，而要實現這些，關鍵在於人主的厲精身先。在神宗的理念中，人主應當以恰當的賞罰保證法令之行，法令既行便能使人心不離，最終成就功業。

元豐四年（1081），對於審擇守令的建議，神宗謂輔臣曰："天下守令之衆，至千餘人，其才性難以徧知，惟立法於此，使奉之於彼，從之則爲是，背之則爲非，以此進退，方有准的，所謂朝廷有政也。"⑤以法爲準的進退人才，這一進退過程其實就是君主進行賞罰的過程，只要如此做，便是"朝廷有政"。

元豐五年（1082），神宗又謂輔臣曰：

---

① 參見仲偉民：《宋神宗》，長春：吉林文史出版社，1997年，第267—270頁；包偉民、吳錚强：《宋朝簡史》，福州：福建人民出版社，第69頁。

② ［戰國］韓非著，王先慎集解，鍾哲點校：《韓非子集解》卷二《二柄》，北京：中華書局，1998年，第40頁。關於賞罰思想與法家學說的關係，參見周新楠：《治術與異端：北宋韓學研究》，中山大學碩士學位論文，2022年，第48—65頁。

③ 《長編》卷二二九，熙寧五年正月壬寅條，第5573頁。

④ 《長編》卷二九一，元豐元年八月乙卯條，第7120頁。

⑤ 《長編》卷三一三，元豐四年六月甲子條，第7586頁。

雖周之盛時，亦以爲才難，惟能以道汎觀，不拘流品，隨才任使，則取人之路廣。苟不稱職，便可黜逐，不可爲已與之官祿，反以係吝而難於用法。如臣下有勞，朝廷見知，雖有過失，亦當寬貸。若吳居厚使京東，治財數百萬，設有失陷官錢二三千緡，其功自可除過。故律有議賢、議勞之法，亦周之八柄詔王之遺意。然有司議罪自當守官，誅宥則繫主斷，如此則用人之道無難矣。①

如何解決"才難"？ 關鍵在於"用法"。同時神宗表示，有司議罪則可，最後的判決，也就是賞罰之權，當完全歸於君主。

在神宗的"法治"觀念中，君主居於核心地位，"法"只是掌握在君主手中的工具，其實質是"用法來統治"。雖然在實踐過程中附帶了某些務實求真的正面意義，但這種法家特色的法治，與現代意義上的"法治"則相隔著遼遠的距離。② 從神宗所舉吳居厚之例可以看出，所謂"賞罰當功罪"並不是指按照法令嚴格賞罰，而是指應根據具體情況，或者準確來說，是根據君主本人的意志與偏好來賞罰，如此則"用人之道無難矣"。

神宗以法驅人的治理思路付諸實踐，形成了神宗朝政治的一大典型特點——興獄。熙豐間獄事之多，既爲當今學者所注意，③也早已爲宋人所論。若《長編》引《王安禮行狀》謂，神宗曾對王珪言："王安禮常勸朕勿用兵，少置獄。"④《邵氏聞見錄》載蘇軾見王安石，曰："今西方用兵連年不解，東南數起大獄，公獨無一言以救之乎？"⑤以這一時期最著名的文字獄烏臺詩案爲例，可以清晰地看到神宗以法驅人手段的運用。

元豐二年（1079），蘇軾因謝表與詩文有刺譏新法之句而爲御史臺所論，於湖州任上被逮付御史臺，此即烏臺詩案。獄具後，大理寺的判決是"當徒二年，

---

① 《長編》卷三二六，元豐五年五月甲午條，第 7850 頁。

② 傳統法家與現代法治之間的區別已爲諸多學者指出討論。參見梁治平《尋求自然秩序中的和諧——中國傳統法律文化研究》第三章"治亂之道"，上海：上海人民出版社，1991 年；閻步克《士大夫政治演生史稿》第五章"儒法之爭"，第 146—198 頁。

③ 戴建國在《熙豐詔獄與北宋政治》（《上海師範大學學報》2013 年第 1 期，第 114—127 頁）中考述了熙豐間五起重大獄事，即祖無擇獄、鄭俠獄、相州獄、陳世儒獄與太學獄，認爲與北宋前期寬鬆的政治氛圍不同，熙豐時期神宗爲了推行新政，防範臣僚結黨營私，屢屢興起詔獄，將涉案大臣送入詔獄嚴加審訊。

④ 《長編》卷三三〇，元豐五年十月條，第 7956 頁。

⑤ ［宋］邵伯溫著，李劍雄、劉德權點校：《邵氏聞見錄》卷一二，北京：中華書局，1983 年，第 117 頁。

會赦當原"，①而御史臺以爲太輕，上章論辯，"乞以不赦論"。② 最後神宗没有接受任何一方的觀點，而是將蘇軾責授黄州團練副使，不得簽書公事，司馬光等相關人員皆有輕重不一的處罰。

清人曾謂，"以文字罪人，始於元豐"，③但即使在以言論涵容著稱的宋代，因詩文譏訕而獲罪也並非元豐才出現。如慶曆八年（1048），李淑作《周陵詩》，有"不知門外倒戈回"句，"辭涉謗訕"，"下兩制及臺諫官參定，皆以謂引喻非當，遂黜之"。④ 在烏臺詩案之後，則更有蔡確車蓋亭詩案。元祐三年（1088），吳處厚箋注蔡確車蓋亭詩，以爲"譏訕尤甚，上及君親，非所宜言，實大不恭"，⑤蔡確於是有新州之貶。北宋詩案的簡單情況可見下表：

	事　發	涉　事　詩	措　　置	結果
邱濬詩案（1044）	上封者言	"作詩一百首，訕謗朝政"	"執政欲重誅之"	降官
周陵詩案（1048）	臣僚上言	"弄楯牽車挽鼓催，不知門外倒戈回"	"下兩制、臺諫官參定"	降官
烏臺詩案（1079）	御史臺論奏	"東海若知明主意，應教斥鹵變桑田"等	"乘驛追攝"，逮捕審訊	降官、安置
車蓋亭詩案（1088）	臣僚上言	"矯矯名臣郝甑山，忠言直節上元間"	"執政自商量""令蔡確開具因依，實封聞奏"	降官、安置

資料來源：《續資治通鑒長編》《宋會要輯稿》《東軒筆録》

烏臺詩案雖是宋代最爲著名的文字獄，但它的特殊之處既不在以文字罪人，也不在貶謫的判罰，而在於刑獄。宋代優禮士大夫，雖有罪，但極少下獄窮治。即使因文字獲罪極大，被重貶如蔡確，其處置也只是朝堂議之，不曾下令拘捕。而烏臺詩案在御史彈劾之後，神宗隨即同意將蘇軾自任上逮捕入獄，所謂"頃刻之間，拉一太守，如驅犬雞"，其"追取之暴"⑥確實並不尋常，以至於宋

① 《長編》卷三〇一，元豐二年十一月庚申條，第 7333 頁。
② 《長編》卷三〇一，元豐二年十一月庚申條，第 7334 頁。
③ ［清］錢大昕：《嘉定錢大昕全集·十駕齋養新録》卷一六，南京：鳳凰出版社，2016 年，第436 頁。
④ 《長編》卷一六五，慶曆八年十一月乙未條，第 3972 頁。
⑤ 《長編》卷四二五，元祐四年四月壬子條，第 10270 頁。
⑥ ［宋］孔平仲：《孔氏談苑》卷一，北京：中華書局，1985 年，第 4、5 頁。

代雖然從不輕殺士大夫，而時人卻懷疑蘇軾有性命之憂。案件經審理覆覈等完善的司法程式，蘇軾本人與相關的數十人都遭到不同程度的處置。這種窮治求實，涉大臣而不避的獄政，與宋代的政治傳統極不相合。然而案件的結果卻是將被判有罪的大臣貶謫地方爲閑官，則是十分常見的處置。

某種意義上，烏臺詩案是一起"重拿輕放"的案件，神宗用有異傳統的司法手段處理它，但最終又賦予了它一個符合傳統的結果。雖然看似矛盾，但卻完全符合神宗以刑名律法整治異論、改造人心的思路。蘇軾的入獄，以及他經歷的完善的司法程式，是神宗行法當不避大臣以及他本人"精察簿書刀筆"，窮治求實的體現。最後不同於大理寺與御史臺的介於輕重之間的判罰，一方面是人主應專斷賞罰的體現，另一方面是因爲，用法的最終目的在於讓蘇軾那樣的反對者革心效命，而不在於廢絕。

數年後神宗移蘇軾汝州，有復用之意，宋人往往將之歸因爲神宗對蘇軾特殊的偏愛，但毋寧說神宗對於反對變法之人多有不願廢絕者。元豐五年（1082），對新法多有異論的知潁昌府韓維再任，曾鞏草制，稱韓維"純明直諒，練達今古……參、角之間，韓延壽、黃霸之迹在焉"。神宗極爲不滿，令改詞行下，謂："維不知事君之義，朋俗罔上，老不革心，非所謂純明直諒；姑以藩邸舊恩，使守便郡，又非可仗以布政宣化。今辭命乖戾，不中本情，傳播四方，甚害好惡。可復送中書省改詞行下。"①神宗明知且頗爲不滿韓維不願"革心"爲自己盡力，乃至特意要求改詞，但終究未有廢絕之意。改詞之舉在示以薄懲的同時，實亦暗含著對韓維革心效命的期望。元豐六年，劉摯因事獲罪，經王安禮開陳，神宗改其"事理重"爲"事理輕"，王珪要求改爲"稍重"，神宗以爲考覈既明則當與辨正，蔡確又言"摯固善士，但嘗異論爾"，神宗則言："異論是昔時事。"②基於賞罰當明，神宗認爲考覈既明則自當辨正，以異論是昔時事便可不加追究，則明顯反映了神宗對昔日的反對者革心從命，爲其所用的期望。

然而，即使打破了諸多政治傳統，使用刑名律法的手段貫徹自己的意志，神宗最終未能達成整合異論，使人人心服而效命新法的目標。經歷了烏臺詩案的蘇軾最終並未改變對新法總體上的反對態度，曾經異論的劉摯在元祐間仍然是廢罷新法的核心人物。神宗未能突破"異論相攪"的政治困境，且其對反對者們的期許與尊重，客觀上減小了其去世後新法罷廢的阻力。

---

① 《長編》卷三二九，元豐五年八月丁巳條，第 7919 頁。
② 《長編》卷三三四，元豐六年三月己巳條，第 8053 頁。

四、結　論

　　與仁宗和士大夫以良好的合作關係“共治天下”不同,政治目標難以得到完全認同的神宗始終面對著“異論相攪”的政治困境。他一方面意圖壓制異論統合思想,一方面又認同反對者們在國家治理中的重要性,故而始終試圖讓反對者回心轉意,而非禁絶廢罷來解決“異論相攪”的問題。這既體現了宋代“士大夫政治”的巨大影響,也爲之提供了一個非合作性質的反向觀察角度。

　　當諸多士大夫不願服從於自己的政治目標,神宗作爲君權的代表,在表現出了某些克制的同時,也進行了不少有違宋代寬和開明的政治文化與傳統的因應與反制,尤以重法興獄爲主,但最終未能獲得所期待的效果。而他對反對者們的看重,則減小了元祐更化的阻力。南宋時,朱勝非向宋高宗解釋司馬光之所以得名,曰:

> 蓋神宗皇帝有以成就之也。熙寧間,王安石創行新法,光每事以爲非是,神宗獨優容,乃更遷擢。其居西洛也,歲時勞問不絶。書成,除資政殿學士,於是四方稱美,遂以司馬相公呼之。至元祐中,但舉行當時之言耳。若方其爭論新法之際,便行竄黜,謂之立異好勝,謂之沽譽買直,謂之非上所建立,謂之不能體國,謂之不遵稟處分,言章交攻,命令切責,亦不能成其美矣。①

神宗對反對者的優容禮遇讓後者更爲輕易地改變了他的政策,這或許爲此後試圖貫徹自己政治意圖的君主提供了某種反面的教訓。徽宗時,反對者已被認爲是當前政治目標的純粹阻礙,其打擊元祐黨人,理由在於正異論者之罪,方可“不憂後禍”,實現“觀望者消於冥冥之中,天下忠臣良士,各得自盡,以悉心於上”②。北宋後期政治分裂的加深,實亦伴隨著君主政治觀念的變遷。

---

① ［宋］李心傳撰,胡坤點校:《建炎以來繫年要録》卷一四,建炎二年三月甲午條,北京:中華書局,2013 年,第 344 頁。

② ［宋］楊仲良:《續資治通鑒長編紀事本末》卷一二一《禁元祐黨人》,北京:北京圖書館出版社,2003 年,第 3749—3750 頁。

戀土難移：兩宋之際一位陝西醫官的家庭與人生
——以《雷時泰墓誌》爲中心

西北大學宋遼金史研究院暨歷史學院　胡坤

　　摘　要：宋金易代之際，宋統治區域北方的人群面臨可能到來的國破家亡，他們的選擇各有不同。其間所呈現出的家庭狀況、個人經歷，不僅可以觀察時人的生活、心理狀態，亦可以探討易代背景之下地方社會的變動。《雷時泰墓誌》提供了兩宋之際一位陝西醫官的家庭與人生故事。通過觀察不難發現，無論北宋時還是入金後，身處“富民”階層的雷氏一家，有意與國家保持疏離，專注鄉里事務，以維持其在本地的經濟與社會地位。這與同時期“富民”階層以富求貴的表現相比，呈現出截然不同的面向。究其本質，則是雷氏國家意識的淡漠。

　　關鍵詞：兩宋之際；陝西；雷時泰；鄉土觀念

引　子

　　北宋徽宗宣和（1119—1125）末年的某一天，京兆府（今陝西省西安市）城東鎮一户雷姓人家，老太爺雷震召集親友子弟，當衆宣佈，要離開雷家世代居住的京兆府，挈家南入秦嶺。在秦嶺腹地，商州上洛縣（今陝西省商洛市）的錦嶺川（今商洛市東金陵川），尚有一處雷家的別業，這就是老太爺遷家計劃的目的地。

　　雷老太爺的計劃當然不是膩煩了城市的生活而忽然萌生出幽隱山林的突發奇想，實在是近來的時局愈加讓人難以心安。頭些年，隱約聽説朝廷與一個似乎叫作女真的遠方部落結了聯盟，要去夾攻本朝的宿敵契丹人。隨後便眼見得四近的官軍整隊出陝，頗爲擾攘了一陣。接下來的幾年間，先是聽説官軍收復了燕山府，後又不知爲何，女真人突然變了臉色，竟然不顧盟約，向本朝的官軍發起了攻擊。自此之後，壞消息便接連不斷地傳到了老太爺的耳中，什麼女真人圍困了太原府啦，入寇河北啦，甚至還聽説朝廷準備割讓太原、中山、河間三府與女真人求和。

本來，老太爺對這些道路傳聞是不怎麼在意的，畢竟太原、中山之類的地方離著京兆很有些遙遠，似乎也不必太過憂心，更何況京兆所在的關中之地一向號稱有四塞之險，朝廷爲了對付"西賊"，又屯駐了大量的精鋭部隊，頗能令人心安。可是，隨著傳聞越來越多，周圍軍隊的頻繁調動，老太爺也終於感受到了本地氛圍的緊張。

雷家世居京兆，家中頗有幾畝田産，城中又有買賣經營，是遠近有名的小康之家。兼之雷家世代通曉醫理，閑來也行醫於里坊，雖不藉此爲營生，但多少是份收入。出生在這樣家庭中的雷老太爺，吃穿用度自然無憂，但畢竟世代平民，要説對時局有什麼過於常人的認識，恐怕也不盡然。不過，歲月的流逝，增加的不僅是年歲，生活經驗與閲歷的累積，讓老太爺本能地察覺到，這次雷家恐怕是碰到坎兒了。

雷老太爺固然下定了遷家的決心，可畢竟對時局的判斷也只是心下猜測，更何況家中的田宅、城中的買賣，都是雷家先祖幾代累積的財富，總不能棄之不顧。不僅是不忍，更多還是不舍。思量再四，老太爺似乎有了對策，忙把兒子雷時泰叫到了身邊。

雷時泰是老太爺的長子，二十多歲的年紀，年輕卻也足以輔助父親，承擔起家庭的責任。當此危局迫近，關乎家庭命運甚至家人生死的時刻，雷老太爺把自己的應對之策向長子和盤托出。按照老太爺的構想，隨其前往上洛錦嶺川別業的有幼子及全部的家眷，長子時泰一家則要留在京兆，承擔起看守家産、維持家業的重責……

請原諒筆者粗陋乏味的文筆，既無微言大義，也不引人入勝，不過上面這則沒有寫完的故事，卻也絕非天馬行空的臆想，實是雷時泰死後，根據其墓誌銘中的一段記載演繹而來。雷時泰，一個名不見經傳的小人物，生活在兩宋之際的陝西，趕上時局動蕩，金人入侵，他生命的軌跡是否會因此而改變，他又會遭逢怎樣的際遇，甚至他的人生歷程、生命故事又能反映出彼時彼處怎樣的社會圖景？所有的一切，都有賴於對他留在這個世上的唯一文字材料——墓誌銘——的解讀與分析。①

一、《雷時泰墓誌》文本釋讀

雷時泰墓誌銘原石現藏西安博物院，出土時間、地點不詳，該墓誌長 1.11 米，寬 0.52 米，上爲篆額，題曰"前行省醫官雷君墓誌"；下有正書誌文，首行題"大金故前陝西行臺尚書省醫官雷君墓誌銘"（以下簡稱《雷時泰墓誌》）。② 現根據已刊佈的《雷時泰墓誌》錄文，稍加改動標點，並據内容重新分段，逐錄全文如下：

篆額：前行省醫官雷君墓誌

大金故前陝西行臺尚書省醫官雷君墓誌銘

隴西李居中撰並篆

進士曹謙書丹

鄉人雷士正等，專扣僕之門，禮意勤厚，出其父之行狀，悲哀而請曰："先人雖捐館之久，亦已葬矣。所有埋銘，當時倉卒，不克以備。然拳拳之心，未嘗一日敢忘。今母氏亦亡矣，罪逆餘生，尚忍能言。因葬母氏，必開先人之墓，以合祔焉，埋銘亦可爲也。幸望哀而憐之，成此一事，以盡人子之心，其恩德不啻丘山之重。"予曰："如子通鄉中之賢，又與子有一日之雅，其可以辭？"於是不顧鄙陋，直筆以叙。

君諱時泰，字子通，其先京兆咸寧人，世居府之城東鎮。有負郭之田以給其食，有在市之業以濟其用。故自祖宗以來，雖明方書，間以救人之患難，意在積德，亦不專藉以爲營生也。祖延進，祖母王氏。父震，博通群籍，尤精醫卜，崇尚釋老，專教二子醫術。且曰："時事方艱，惟此可以養生，兼陰功及物爾。"由是，君與其弟時明其術甚精，當時諸醫無出其右者。

至宋宣和季年，其父見天下擾攘，謂親友及子弟曰："京兆不可久

---

① 近年有學者對《雷時泰墓誌》進行解讀，然頗有疏漏及不準確之處。見黨斌：《金代醫官〈雷時泰墓誌〉考述》，載《碑林集刊》第 27 輯，西安：三秦出版社，2022 年，第 113—117 頁。

② 有關《雷時泰墓誌》的基本情況及錄文，見黨斌：《民族·盟約·邊界·戰爭：陝西出土宋代墓誌輯釋》，北京：社會科學文獻出版社，2021 年，第 340—342 頁；吳敏霞等編著：《陝西碑刻文獻萃編》（宋金元卷），北京：中華書局，2022 年，第 1148 頁。

居。"遂挈幼子泪室家至商州上洛縣錦嶺川之別業,作山居計。預戒
其子曰:"周歲後汝可省我。"既至所約之時,君全家省親至彼,俱不復
出。相繼靖康兵革之亂,而君全家獨保無虞。所居之地,近數百家,
每有爭訟曲直,皆詣君父子以評是非,咸皆聽從。然後勸以仁義,示
以禮讓,而和解之,人人無不悅服。凡有疾病者,皆爲診治。

廢齊阜昌初,全家歸府。皇統改元,陝西建行省,遴選能醫。由
是,眾醫推君爲首,補爲丞相府醫官,非其好也。謂所親曰:"歲將不
稔,可利其祿以養親。"遂乃勉強就職。次年併省,君當遷就汴京,以
親老固辭不赴。至六年冬,驃騎蕭公尹京兆,特差君爲醫學博士,兼
監濟民熟藥局。君以母劉氏年高,晨昏不可離左右,堅辭其職,得罷。

後居母喪,哀毀幾不勝,以孝聞於鄉里。君嘗友愛其弟時明,可
謂人無間言,奈何先君數年而亡。撫養其侄,過於己子。有孀姊在遠
方,聞有暴疾,不食而往。因中暑,加之引飲,成消中之疾。嘗自處方
以治之,得延數年之壽。

後於府城廣濟街,率眾醫創建炎帝廟宇,以便祭獻。所費浩大,
頗盡心力。方將畢工,於大定八年十一月二十三日以疾終。九年二
月十五日,葬于本縣龍首鄉修行坊,享年六十四。臨終之際,呼其侄
士信及諸子謂曰:"人誰不死,我無財與汝輩。付汝者,惟孝義爾。"

君先娶王氏,生一子曰濟,皆先君而亡。再娶王氏,勤儉和孝,生
子五人,曰士正、士直、士平、士康、士寧。女一人,早亡。孫男七人,
孫女十一人。凡居家三十餘口,子孫詵詵,家道日隆,實內助之力也。
年七十三,於大定二十六年正月七日以疾終。是年二月一日,與君同
穴以葬焉。

先自曾、高而次,葬于本縣苑東鄉八莊社,其後自祖及父、叔,並
葬于本縣龍首鄉修行坊,即今之墳也。銘曰:

醫通三世,可法可則。匪以窺利,意在陰德。陰德謂何,子孫眾
多。詵詵滿門,上諧下和。鄉曲之譽,仍聞孝義。敬親之余,友愛其
弟。弟適先亡,撫養其侄。過於己子,俾長以立。臨終遺言,孝義是
敦。付諸子侄,以保其身。龍首之鄉,修行之坊。拱樹幽阡,體魄
其藏。

"隴西李居中"是墓誌的篆額及撰文者,其人未見傳世史料之載,然其名

則零星見於當時的石刻碑誌。除本篇墓誌外，李居中還於金世宗大定十四年(1174)撰《大金周府君(倫)墓誌銘》①，又據《寰宇訪碑録》載"《泗州禪院牒並記》，李居中撰，正書，大定二年十月，陝西長安"②，其還曾爲金章宗明昌五年(1194)立於高陵縣(今陝西省西安市高陵區)的張去思神道碑篆額③。綜而論之，李居中當是金世宗、章宗時期生活在京兆府一帶較有名望的地方士人。

"進士曹謙"是墓誌的書丹者。曹謙其人，《(雍正)陝西通志》嘗載其名，記曹謙乃"明昌二年王澤榜"進士，且注曰"録事司人，第三甲"④。事實上，《(雍正)陝西通志》所記金代進士名録的前半部分"有科分可考者"⑤，基本就是照録金章宗承安二年(1197)《京兆泮宮登科題名記》碑。該碑雖已殘，且斷爲數截，但殘石今仍藏於西安碑林博物館，有拓片刊佈。⑥ 今據此殘碑拓片，將與曹謙相關的文字録之如下：

> (前缺)二年狀元王澤榜下
> (前缺)二甲 竇璋 録事司
> (前缺)曹謙 録事司

碑文雖有殘缺，但足以印證《(雍正)陝西通志》所記不謬。由是可知，曹謙乃金章宗明昌二年(1191)進士，録事司人。

不過，據《雷時泰墓誌》所載，墓主下葬在大定二十六年(1186)，曹謙五年後方進士及第，何以撰寫墓誌時便稱"進士"？ 其實唐宋之時稱"進士"者，即多非及第進士，大體是一種"過呼"現象，無足爲怪。⑦ 而金人延續了唐宋之時的稱謂習慣，亦不難想見。大體而言，大定二十六年曹謙的身份當是參加進士科

① 墓誌拓片見故宮博物院、陝西省古籍整理辦公室編：《新中國出土墓誌·陝西(三)》上册《金故周府君(倫)墓誌銘》，北京：文物出版社，2015 年，第 131 頁；録文見該書下册第 97 頁。
② [清] 孫星衍、邢恕：《寰宇訪碑録》卷一〇，上海：上海古籍出版社，2020 年，第 160 頁下。
③ [清] 王昶：《金石萃編》卷一五七《大金京兆府高陵縣令張公去思之碑》，上海：上海古籍出版社，2020 年，第 2858 頁下。
④ [清] 劉於義等監修，沈青崖等編纂：《(雍正)陝西通志》卷三〇《選舉志一·進士》，《景印文淵閣四庫全書》第 552 册，臺北：商務印書館，1986 年，第 623 頁下。
⑤ 《(雍正)陝西通志》卷三〇《選舉志一·進士》，《景印文淵閣四庫全書》第 552 册，第 623 頁上。
⑥ 金《京兆泮宮登科題名記》碑的基本情況、殘石拓片及相關考證，見路遠：《金代京兆府學登科進士輯考——以西安碑林藏金代進士題名碑二種爲據》，《碑林集刊》第 17 輯，西安：三秦出版社，2011 年，第 235—242 頁。
⑦ 參見龔延明：《宋人所謂"進士"也多非及第進士》，《文史知識》1992 年第 12 期，第 107—110 頁。

考試而尚未登第的應試舉人。① 至於曹謙的籍貫標爲"録事司",簡而言之,即指曹謙乃是居於京兆府城中的户民②。

雷時泰"其先京兆咸寧人,世居府之城東鎮"。咸寧縣是金京兆府的倚郭縣之一,在京兆府城東,另一倚郭縣是城西的長安縣。咸寧縣,北宋原名萬年縣,宋徽宗宣和七年(1125)改名樊川,僞齊又改名咸寧,金仍僞齊之名。③ 據《元豐九域志》載,北宋元豐時期(1078—1085),萬年縣"七鄉。城東、城南、鳴犢、義榖、霸橋五鎮。有終南山、滻水、龍首渠"。④ 顯然,金代咸寧縣的鄉、鎮建制大體沿襲自北宋,至少城東鎮即是如此。從鎮名"城東"來看,其地當在京兆府東側城牆之外不遠,而墓誌後文"負郭"之語亦可爲佐證。

"至宋宣和季年,其父見天下擾攘",於是提出遷居避難的想法。墓誌中的這段記載,實有可議之處。所謂"天下擾攘",結合後文"相繼靖康兵革之亂"之語,顯然是指金軍南侵。而金人南侵的起始時間,即以金方史料所記,也晚至天會三年(宋宣和七年,1125)"十月甲辰,詔諸將伐宋"⑤。至於宋方,則直到十二月己酉(十二日)才接到"中山奏金人斡離不、粘罕分兩道入攻"⑥的消息,己未(二十二日)"下詔罪己",並令"郡邑率師勤王",庚申(二十三日)"詔内禪"。⑦根據宋方的記録,宋廷真正感到事態嚴重,也是在宣和七年十二月中旬至下旬這十餘日内。如果以"下詔罪己"及令"郡邑率師勤王"之日算作"全國動員"的起始之日,則距行用"靖康"年號已不足十天。考慮到金軍南侵的主攻方向有

---

① 參見丁鼎:《科舉稱謂"進士"的歷史考察——兼與龔延明先生商榷》,《煙臺大學學報(哲學社會科學版)》1994年第3期,第71頁。

② 有關金代録事司的研究,可參看韓光輝:《金代諸府節鎮城市録事司研究》,《文史》2003年第3輯,第37—51頁;韓光輝、林玉軍、王長松:《宋遼金元建制城市的出現與城市體系的形成》,《歷史研究》2007年第4期,第48—49頁;韓光輝、林玉軍:《10至14世紀中期京兆府城城市行政管理研究》,《陝西師範大學學報(哲學社會科學版)》2010年第6期,第52—54頁。

③ 參見[元]脱脱等:《宋史》卷八七《地理志三》,"永興軍路·京兆府·樊川縣"條,北京:中華書局,1977年,第2144頁;[元]脱脱等:《金史》卷二六《地理志下》,"京兆府路·京兆府·咸寧縣"條,北京:中華書局,1975年,第641頁;余蔚:《中國行政區劃通史·遼金卷》第四編第三章"金代京府州縣沿革(下)",上海:復旦大學出版社,2012年,第870頁。

④ [宋]王存著,王文楚、魏嵩山點校:《元豐九域志》卷三《陝西路》,"永興軍路·京兆府·萬年縣"條,北京:中華書局,1984年,第103頁。又[宋]宋敏求:《(熙寧)長安志》卷一一《萬年》載萬年縣五鎮爲鳴犢鎮、霸橋鎮、渭橋鎮、義榖鎮、莎城鎮(《宋元方志叢刊》第1册,北京:中華書局,1990年,第132頁上)。

⑤ 《金史》卷三《太宗紀》,第53頁。

⑥ 《宋史》卷二二《徽宗紀四》,第417頁。

⑦ 《宋史》卷二二《徽宗紀四》,第417頁。

二,一爲河北,一爲河東,陝西諸路並不在金軍南侵的路綫上,没有受到直接的威脅;更何況宋廷也直到宣和七年十二月下旬才感到事態嚴重,而徽宗則要到改元後的靖康元年(1126)正月己巳(初三日),也就是内禪後的第十天,才開始南逃,"幸鎮江府"①。何以雷時泰之父在"宣和季年"即能感知局勢有變且做出未雨綢繆的舉動? 這對於一個出身世代平民之家的普通人而言,實在有些匪夷所思。

一種可能是,所謂"宣和季年"不過是一種"書法",用以凸顯雷時泰之父的敏鋭性與洞察力,其實質是文本的塑造。而另一種可能則是,時局危迫的消息通過"道路傳聞",已先於"靖康改元"的消息到達京兆府,並在普通民衆間流傳開來。"小道消息"總是會比"官方發佈"的流傳更快、更廣。這樣的事例不僅常見於古代,即便現代社會,大體也是如此。如果是後一種可能性,則雷時泰之父做出遷居決定的時間,很可能已是靖康元年的年初,只是在雷家人的頭腦裏或許還停留在"宣和八年"②的固有記憶中。時過境遷,若干年後,當年逃離京兆的記憶已經模糊,具體時間早被遺忘,留下的就是"宣和季年"的一個印象而已。

"廢齊阜昌初,全家歸府",這裏的"阜昌初"亦有值得討論之處。金人於"天會八年九月戊申,備禮册命,立(劉)豫爲大齊皇帝"③,僞齊"初僭立,止用天會之號"④,直到是年"十一月二十三日建元爲阜昌元年"⑤。阜昌元年僅一月有餘,故所謂"阜昌初",很大可能性是在金天會九年(南宋紹興元年,1131)後。當然,前文提及"宣和末"既有可能爲"靖康初"之誤記,同理,"阜昌初"亦有可能是指劉豫即位初行用天會年號的這段時間,並不必然實指阜昌改元之後。總的來説,雷家避亂上洛錦嶺川既然在靖康元年前後,則其家歸京兆府時業已在該地居住了五年左右。

事實上,僞齊建元阜昌前後,商州的局勢也呈惡化之勢。就在金人扶植劉

---

① 《宋史》卷二二《徽宗紀四》,第 417 頁。

② 事實上,"宣和八年"的記載,在出土、傳世的宋代文獻中並不罕見,墓誌、墓磚,乃至地方志中都有記載,且各地都有相關例證,皆是改元頒曆未能在改元前頒賜全國所致。而靖康改元又屬事發突然,臨時起意,頒賜全國則較正常改元更爲滯後,亦是當然之事。

③ 《金史》卷七七《劉豫傳》,第 1760 頁。

④ [宋]李心傳:《建炎以來繫年要録》(以下簡稱《要録》)卷三九,建炎四年十一月辛酉條,上海:上海古籍出版社,1992 年,第 1 册,第 567 頁上。

⑤ [宋]楊堯弼:《僞齊録》卷上《僞齊建元阜昌詔》,見[清]繆荃孫編:《藕香零拾》,北京:中華書局,1999 年,第 299 頁。

豫稱帝的當月（金天會八年、宋建炎四年九月，1130），宋金之間在富平（今陝西省富平市）展開會戰，宋軍大潰，由此產生連鎖反應，陝西諸路州郡迅速淪陷。商州儘管地處秦嶺腹地，但此時業已暴露在金軍的攻擊範圍之內，且據現存史料來看，商州城內基本没有屯駐軍隊，隨時都有遭遇兵火的可能。

次月，"河南鎮撫司兵馬鈐轄翟琮率裨將李興渡河"，在河東擊敗金人後，翟琮返回河南（今河南省洛陽市），李興則"以所部屯商州"，接管了商州城防。① 不久"紹興改元，□□□應陝西失守去處，許差官主治。鎮撫翟公（興）謂唯公（董先）可委，□以公權知陝州兼本部都統制。俄移知商州，兼節制商、虢屯駐軍□"。② 看上去，李興與董先都是河南鎮撫司下轄的軍將，董先接替李興守商州，不過是正常的換防。但在當時的局勢之下，無論是李興，還是董先，名義上雖是南宋官軍，實質上卻都是小股的軍閥勢力，他們更多是將商州視爲自己的勢力範圍。董先受翟興之命"移知商州"，反而使當地的形勢更爲複雜。

據史載，董先最初"爲陝虢安撫司統制官耿嗣宗所迫"③，遂往商州投奔李興。開始二人關係還不錯，不久河南鎮撫使翟興命董先知商州，反使二人心生嫌隙。董先欲害李興未果，便殺害李興全家，"興既脱，復得麾下舊兵千餘人，往來商、虢間"④，與董先相互仇殺。更麻煩的是，在董先與李興相互仇殺的當口，金人也盯上了商州，"紹興元年，金將高瓊率衆取商州，董先禦之"⑤。儘管金軍此次入侵被董先部將張玘擊退，但也頗能説明，偽齊阜昌建元前後，商州早已不是躲災避難的世外桃源。因此，雷家離開商州，返回京兆府，也與商州形勢日趨惡化，京兆府的情勢反而日漸穩定有關。

"皇統改元，陝西建行省"及後文"次年併省，君當遷就汴京"之載，從《雷時泰墓誌》首題"大金故前陝西行臺尚書省醫官雷君墓誌銘"來看，"建行省""併省"之"省"即指陝西行臺尚書省。關於金初的行臺尚書省，限於金代傳世史料的匱乏，見於記載的僅有燕京行臺尚書省、汴京行臺尚書省，學界亦

---

① 《要錄》卷三八，建炎四年十月條，第 1 册，第 560 頁。

② ［宋］閻大均：《宋故龍神衛四廂都指揮使建武軍承宣使江南西路馬步軍副都總管隴西郡開國侯食邑一千八百户食實封陸百户董公（先）墓誌銘》，見武漢市文物考古研究所、武漢大學歷史學院：《武漢蔡家嘴墓地發現南宋董先墓及墓誌銘考》，《武漢文博》2015 年第 2 期，第 17 頁。

③ 《要錄》卷五一，紹興二年二月條，第 1 册，第 698 頁上。

④ ［宋］徐夢莘：《三朝北盟會編》卷一五〇，"知商州軍州事董先叛附于偽齊"記事，上海：上海古籍出版社，1987 年，第 1089 頁。

⑤ 《宋史》卷四五三《張玘傳》，第 13327 頁。

有相關討論①。燕京、汴京之外的陝西行臺尚書省並不爲學界所知，而《雷時泰墓誌》則明確交待，陝西行臺尚書省始建於皇統元年（1141），至"次年併省"之際，墓誌又有"遷就汴京"之載，顯然，皇統二年（1142）陝西行臺尚書省當被併入汴京行臺尚書省，"陝西建行省"維持了不足兩年。而《雷時泰墓誌》所記亦非孤證，約略與雷時泰同時的李久，其墓誌中亦有"陝西行省聞公之名，召之"②的記載，可證陝西行臺尚書省在金初確實曾短暫地存在過。

雷時泰謂所親曰"歲將不稔"，所指即金熙宗皇統年間陝西地區因旱災引起的大饑荒，此事在出土的墓誌及傳世史料中皆有反映。③

"至六年冬，驃騎蕭公尹京兆"，欲確定"蕭公"之名，根據墓誌所記，需滿足"（皇統）六年""驃騎""蕭""尹京兆"四個條件。但據現有材料，並不存在同時滿足上述四個條件之人。《陝西通志》記金代京兆尹，首列蕭恭之名，名下小字注"烈奚王之後，太宗時"④。而《金史》蕭恭本傳載："蕭恭字敬之，乃烈奚王之後也。"且無"驃騎""尹京兆"的記錄。⑤ "乃烈"係部族名，《陝西通志》當是誤讀，至脫"乃"字。又《要錄》嘗記，紹興二十八年（金正隆三年，1158），蕭恭嘗爲賀生辰使出使南宋，其繫銜爲"驃騎上將軍、殿前司副都點檢"⑥。綜合上述材料，《雷時泰墓誌》所記"蕭公"乃蕭恭的可能性很大。不過，蕭恭曾爲京兆尹的記載惟見於後出的《陝西通志》，且記在"太宗時"，與現存史料仍有明顯的抵牾。⑦

"因中暑，加之引飲，成消中之疾。"按照中醫理論，所謂"消中之疾"又名痟

---

① 參見魯西奇：《金初行臺尚書省與漢地統治政策》，《江漢論壇》1994年第10期，第58—62頁。

② ［金］米孝思：《故承德郎李公墓誌銘》，見吳景山編：《慶陽金石碑銘菁華》，蘭州：甘肅文化出版社，2013年，第87—90頁。

③ 如前引《金故周府君（倫）墓誌銘》記"皇統大饑，秦人相食"（見《新中國出土墓誌·陝西（三）》，上冊第131頁、下冊第97頁）；《金史》卷二三《五行志》載皇統"三年，陝西旱"（第536頁）；同書卷五〇《食貨志五》載"熙宗皇統三年三月·陝西旱饑"（第1124頁）；同書卷一二八《傅慎微傳》亦有"陝西大旱，饑死者十七八"之載（第2763頁）。

④ 《（雍正）陝西通志》卷二二《職官三》"京兆尹"條，《景印文淵閣四庫全書》第552冊，第171頁下。

⑤ 《金史》卷八二《蕭恭傳》，第1838頁。

⑥ 《要錄》卷一七九，紹興二十八年五月戊寅條，第3冊，第531頁下。

⑦ 按：《（雍正）陝西通志》卷二二《職官三》"京兆尹"條，在"蕭恭"之下又有"高彪"之名，且注云"天會時"，然《金史》卷八一《高彪傳》載高彪"改京兆尹"（第1824頁）在海陵王時，與《陝西通志》所記抵牾。或《陝西通志》所記有誤。另，《金史》卷八一《溫迪罕蒲里特傳》載溫迪罕蒲里特於皇統"六年，改京兆尹"，與《雷時泰墓誌》所記"至六年冬，驃騎蕭公尹京兆"，在時間上存在相互矛盾的可能性，即便《陝西通志》所記有誤，亦不能確認"驃騎蕭公"即是蕭恭。

中、中消，是消渴症根據病位元、病機及症狀之不同分爲消渴、消中、消腎的稱謂之一。消中屬胃熱，而消渴屬肺燥，消腎屬腎虛，胃在肺下腎上，故由胃熱引起的渴疾便被稱爲消中。其臨床表現與現代醫學的糖尿病基本一致。①

"後於府城廣濟街，率衆醫創建炎帝廟宇"，據元人駱天驤《類編長安志》卷五"永昌觀"條記："在廣濟街。本神農皇帝祠。金國敕賜永昌廟觀。"②炎帝即神農氏，據《雷時泰墓誌》並參駱氏所記，當是雷時泰於大定初年在廣濟街創建炎帝祠，若干年後又改作永昌觀，並延續至元代。廣濟街之名，今西安市尚存，有兩段，南北向，西大街中段北側爲北廣濟街，南側即南廣濟街，金代的廣濟街當是今北廣濟街③。

雷時泰於"大定八年(1168)十一月二十三日以疾終""享年六十四"，考慮到古人常以虛歲計算年齡，則墓主當生於宋徽宗崇寧三四年(1104、1105)之際。墓誌又提及雷時泰及父祖葬地在"本縣龍首鄉修行坊"，而曾、高祖以上則"葬於本縣苑東鄉八莊社"。龍首鄉在今西安市東南，大雁塔以東、白鹿原以西一帶，而苑東鄉大致在今西安市東北，大明宮遺址以東、滻河以西一帶。④

雷時泰次妻王氏"年七十三，於大定二十六年(1186)正月七日以疾終"，則其當生於宋徽宗政和三四年(1113、1114)之際。

二、植根鄉里：《雷時泰墓誌》
所見雷家的社會關係

通過前文對《雷時泰墓誌》文本的釋讀，大致對墓主生活的時代背景、人生歷程有了初步的瞭解。但若進一步玩味墓誌的記錄，可以發現，儘管墓主雷時泰在前錄墓誌文本的第二段即已出場，但直至第四段敘述"全家歸府"之前，墓

---

① 據宋人楊士瀛《仁齋直指》卷一七《消渴方論》載："熱蓄於中，脾虛受之，伏陽蒸胃，消穀善饑，飲食倍常，不生肌肉，此渴亦不甚煩，小便數而泔。病屬中焦，謂之消中。"(《景印文淵閣四庫全書》第744冊，臺北：商務印書館，1986年，第331頁上)

② ［金］駱天驤撰，黃永年點校：《類編長安志》卷五《寺觀》，西安：三秦出版社，2006年，第144頁。

③ 參見史念海主編：《西安歷史地圖集·元奉元路城圖》，西安：西安地圖出版社，1996年，第114頁。

④ 《(熙寧)長安志》卷一一《萬年》載："龍首鄉在縣東一十五里，管邨三十五，神鹿里。""苑東鄉在縣東北二十里，管邨三十九。"(《宋元方志叢刊》第1冊，第131頁下)並參《西安歷史地圖集》所收《北宋時期圖》(宋徽宗政和元年，公元1111年)，第110頁。

誌着力渲染的顯然是墓主"家族/家庭"而非墓主"個人"。而從整篇墓誌來看，雷時泰在"全家歸府"之後的所有行爲，其實都與其"家族/家庭"底色有著直接的關聯。那麼雷家的底色究竟爲何，他們生存與生活的"根""本"何在？唯有理解了雷家的"根本"所在，才能對雷時泰個人的經歷與動向作出更爲準確且深刻的認識。因此，本節擬以雷家作爲觀察的視角，從墓誌文本中有所呈現的"家族/家庭"社會關係層面入手，作一正面探討。就墓誌文本中所呈現出的雷家的社會關係來看，按照所記的先後次序，大體存在如下四個層面：

其一，雷家與地方士人的關係。《雷時泰墓誌》的責任者有二，李居中與曹謙，根據前文對墓誌文本的釋讀，可知此二人皆可歸於地方的士人階層。

曹謙在爲墓誌書丹時，尚未進士及第，其時地位並不甚高，而作爲録事司人，又與城東鎮雷家居住地相近，能爲《雷時泰墓誌》書丹，大概率是因著"鄉情"，而非是雷家具備了與士人階層交往的"能力"。另外，這似乎也可説明，宋金時期本就規模不大的京兆府城，城内與近城區域之間極有可能形成了一個不以城牆爲阻隔的熟人社會圈。此一熟人社會圈的聯繫紐帶當是同爲鄉里的地緣關係，而與身份、地位、財富等因素的關係較弱。

至於雷家與李居中的關係，頗可從墓誌序文的描寫中進行觀察。如決定李居中爲雷士正之父撰寫墓誌銘的因素，根據墓誌文本所叙，由弱至強大體可排列爲：同鄉關係（"鄉人"），聽聞其名（"通鄉中之賢"），有過交往（"有一日之雅"），潤筆之資（"禮意勤厚"）。顯然，在請銘一事上，雷士正與李居中之間更多體現爲一種商業行爲，而鄉情、人情等則非決定因素。大體上，雷家與李居中之間交情並不深厚，即李居中所聲稱的"一日之雅"。

通過曹謙、李居中與雷家的關係，也通過墓誌文本中除了前述兩人再無其他士人身影的情況來看，儘管雷氏家富於財，甚至雷時泰還曾做過金朝政府的醫官，但雷家與在地士人之間的關係最多只能用"平常"來形容。雷家與地方士人之間，雖因地緣關係、商業行爲等因素有所交集，但也只是表象，其背後的實質卻是二者所處不同階層間的隔膜。

其二，雷家與鄉民的關係。墓誌中表現雷家與鄉民關係的描寫，主要有兩段，其一在挈家遷居之前，其二在上洛山居之際。遷居前謂之"間以救人之患難，意在積德，亦不專藉以爲營生也"，是爲虚寫。但仍能看出，其與鄉民之間的關係應該較爲融洽。以"積德"而非"營生"爲目的"救人"，雷家更多展現出"施恩者"的面目。其家庭成員儘管本質上與衆鄉民仍屬平民階層，但家有恒産、身懷長技，還是讓雷家與衆鄉民之間拉開了距離。雷家山居時，墓誌對鄉民的描寫則稍爲具體：“每有爭訟曲直，皆詣君父子以評是非”，“勸以仁義，示以禮讓”，“人人無不悦服”。同時，雷家也没有放棄以醫術療人，“凡有疾病者，皆爲診治”。顯然，居於上洛山中的雷家，其“施恩者”的面目得到了強化，甚至在鄉民“有爭訟曲直”時，雷家父子還扮演了在地秩序維護者的角色。而“勸以仁義，示以禮讓”的行爲，又使雷家父子具有了教化者的一面。

當然，《雷時泰墓誌》的藍本來自家人提供的“行狀”，其間的描摹不可避免地帶有塗抹與塑造的成分。不過，無論雷家與鄉民的真實關係究竟如何，並不影響雷家人自視爲施恩者、秩序維護者、教化者。而這種“自視”，反映的也不是雷家在鄉民中的實際地位和影響力，而是體現出其家與鄉里、鄉民的“粘著度”。換而言之，雷家只有居於鄉里，生活在鄉民中間，方能獲得“自視甚高”的滿足感與優越感。遷居前如是，山居時亦如是。畢竟上洛錦嶺川別業亦是雷家早先置辦產業，“所居之地”的“近數百家”，仍然與雷家構成了熟人社會圈，而與陌生之地的陌生人群不可同日而語。

其三，雷家與衆醫的關係。墓誌中曾三次提及“諸醫”或“衆醫”，一次在雷時泰之父“專教二子醫術”之後，雷時泰與其弟時明“其術甚精，當時諸醫無出其右者”；一次是在“陝西建行省”後，“衆醫推君爲首”，雷時泰當上了陝西行臺尚書省“丞相府醫官”；最後一次是雷時泰“率衆醫創建炎帝廟”。墓誌文本三次提及“諸醫”或“衆醫”，呈現出明顯的層層遞進。先爲強調“其術甚精”時，“諸醫”還只是比較的對象而未正式出場；再爲凸顯名高服衆，“衆醫”已然成爲推薦場景的構成部分；至創建炎帝廟時，雷時泰儼然領袖，而“衆醫”也已與雷時泰現身同一場景，成爲襯托雷時泰領袖力的背景。

墓誌採用如此的寫法，“實録”當然是可能性之一，但也難以排除爲了彰顯墓主形象而存在“書法”的可能。不過，無論事實如何，因墓誌文本源自雷家提供的行狀，其所呈現出的樣貌，依然可以反映出在雷家人的眼中，雷時泰的醫術是需要同行襯托的，甚至這種襯托還是“剛需”。

事實上，雷時泰“補爲丞相府醫官”，“當遷就汴京”，爲京兆尹蕭公特差“醫學博士，監濟民熟藥局”，這種來自官方的認可，已經很能説明問題，衆醫的襯托似乎也只是錦上添花。不過，在墓誌的叙述中，雷時泰面對官府的賞識與抬舉，他的反應卻是“非其好”“勉強就職”“固辭不赴”“堅辭其職”。無論雷時泰是否惺惺作態，或是墓誌中的又一處“書寫”，卻也都説明雷氏與官府或多或少存在疏離。另外，不知出於何由，墓誌中並没有雷時泰醫治疑難雜症具體案例的描寫與叙述。而其“自處方以治之”的“消中之疾”，雖爲痼疾，但僅得“延數年之壽"，似也無法充分展現其"甚精"的醫術。由此，致使文本中雷時泰高明的醫術反而無處落脚。畢竟僅憑雷氏與之疏離的官府的認可，尚不足以彰顯"其術甚精"。也正是因此，衆醫的襯托在墓誌文本中不僅重要且必須，甚而還有了一絲迫切的味道。

墓誌文本表現出"衆醫"的重要性，其實質是現實生活的投射，反映了雷時泰對同行"衆醫"的重視與倚賴。按照墓誌的叙述，雷時泰在接受"丞相府醫官"的任命時，自言"可利其禄以養親"，臨終時又謂子侄輩"我無財與汝輩"，以及"撫養其侄，過於己子"。這與墓誌前文所叙雷家"有負郭之田""有在市之業"，還有"上洛錦嶺川別業"，已然呈現出截然不同的面向。墓誌似乎有意暗示，雷家自上洛歸京兆後，或受戰爭的影響，其家産有了較大幅度的減損。而雷時泰皇統六年(1146)最後一次辭官後，在晚年仍能"率衆醫創建炎帝廟宇"，不但説明其與衆醫聯繫緊密，似乎也暗示雷時泰辭官後，行醫鄉里才是其生活的主要來源。

其四，雷家與官府的關係。前文提及，雷家與官府的關係並不密切。儘管雷時泰曾一度效力於官府，但其間的疏離卻是顯而易見的。墓誌將雷時泰與官府的疏離歸因爲"其不好也"，似乎全然是個性的原因。不過若考慮到雷家世傳醫術，雷時泰有長技傍身，以及前文猜測或受宋金戰爭的影響，雷家從上洛山中返回京兆府後，其家産可能有了較大的減損。雷時泰對金朝官府的疏離，或許還有著更爲複雜的情感因素。

從雷家與官府的疏離，與士人的隔膜，與衆醫的緊密，以及與鄉民的粘著等情況來看，再聯繫到墓誌中對於細小地名如"城東鎮""錦嶺川""廣濟街""修行坊""八莊社"等近乎刻意的記録，似可以説明，墓誌文本呈現出雷家與衆醫的緊密、與鄉民的粘著，反映的卻是雷家植根鄉里的生存之道。畢竟細小地名能夠被記録，本身就是人對空間熟悉與在意的反映，而衆醫、鄉民則與雷家同處庶民階層，共同生活在他們所熟悉、在意的空間之内，構成了具有體系性的鄉里社會，這一切當然也就是雷家賴以生存的根與本。而與士人的隔膜，大概也不全然是個人情感因素所致。據墓誌文本及前文所叙，雷家與曹謙、李居中份屬同鄉，二人能爲《雷時泰墓誌》撰文、書丹，固然與"禮意勤厚"相關，但不可否認鄉里之情亦存其間。可隔膜仍然存在，其根源或許在於庶民階層與士人階層結構方面的因素。至於雷家與官府的疏離，或許與宋金易代相關，但從墓誌所記雷家自身狀況觀察，更爲主要的原因可能是，其維繫家業的重心始終在於鄉里，且並無改變所在階層的願望。換句話説，雷家的生活狀態、生存模式決定了他們並没有與官府直接、主動接觸的強烈意願。

三、國破鄉在：易代之際
雷時泰的經歷與動向

　　"植根鄉里"是典型的鄉土觀念的外化表現，這在傳統中國的鄉土社會中既不特殊也不特别。歷代史籍中可以輕易拈出反映不同區域、階層人群看重鄉里的史料。不過，若以雷氏而論，其特殊與特别之處在於，當"靖康兵革之亂"猝然來臨，作爲鄉里的京兆府與更爲廣大的北方地區遭遇女真人的入侵，經歷宋、金、僞齊多個政權的幾度易手，並最終成爲金朝的領土，兵連禍結下的"鄉里"是否還是之前的"鄉里"？而前文通過探討雷家社會關係得出"植根鄉里"的結論，如果放在墓誌文本中，到底是在強調雷氏"植根"的生存能力，還是意在表明雷氏一旦失去"鄉里"的土壤便成無根浮萍？換句話說，"鄉里"對於雷氏而言，到底是現實層面的意義更大，還是心理層面的意義更大呢？

　　上述問題，聽起來很像無端的囈語，畢竟"植根鄉里"只是推導而出的結論。當問題的提出建立在推導的基礎之上，無論結果如何，都將是不得要領的緣木求魚。不過，若以宋金易代背景下"國家意識"與"鄉土觀念"在時人心中的權衡、糾纏、衝突爲視角，結合前文對《雷時泰墓誌》文本的釋讀，再度審視墓誌所叙墓主的經歷，或許會發現"植根鄉里"反而是理解雷時泰在易代之際所作所爲的一把"鑰匙"。

　　出生於宋徽宗崇寧三四年間的雷時泰無疑是幸運的，彼時天下承平，雖與西夏偶有戰事，但無當安危，且離其世居的京兆府頗有些遥遠。其家雖說世代平民，但有田有業，至少也是衣食無憂的小康之家。不過，奇怪的是，在科舉盛行，"一般家庭在家境改善之後，往往積極培養子弟受教、從事舉業"①的宋代，雷時泰的父親似乎並没有這方面的意識，反而悉心教導二子習學世傳之醫術。這恐怕與其父"崇尚釋老"的思想有關。司馬光早在宋仁宗時期就曾稱："釋老之教無益治世，而聚匿遊惰，耗蠹良民。"②無論司馬光的看法是否準確，至少可

---

①　黄寬重：《孫應時的學宦生涯：道學追隨者對南宋中期政局變動的因應》，臺北：臺大出版中心，2018年，第17頁。美國學者柏文莉（Beverly Bossler）亦有相似的論斷，見柏文莉著，劉雲軍譯：《權力關係：宋代中國的家族、地位與國家》，南京：江蘇人民出版社，2015年，第264頁。

②　［宋］司馬光著、李之亮箋注：《司馬温公集編年箋注》卷二四《論寺額劄子》，成都：巴蜀書社，2009年，第210頁。

以表明釋老之教與"國家"存在疏離，即"國家意識"淡漠。而雷時泰之父在教導二子醫術時所言"可以養生""陰功及物"諸語，亦可爲證。顯然，在雷時泰少年時期，與國疏離、積德、養生、陰功等觀念便已灌輸於腦海中。

及至靖康之亂，雷時泰的父親先行挈家遷居上洛避亂，而雷時泰則在父親的安排下留守京兆家中一年。在局勢並未好轉的情況下，雷時泰亦前往上洛與家人相聚。對於雷家而言，家饒於財，恰好上洛又有別業，避亂之舉是一件自然而然之事，是一種出於本能的選擇，無足多怪。不過，僞齊阜昌初雷家"全家歸府"的舉動，就值得進一步討論了。

從前文對墓誌的釋讀中可以看到，僞齊阜昌前後，南宋的勢力已經被金人全面逐出關中地區，該地區已無大規模的戰鬥發生，局勢已經基本穩定，反而商州地區的局面日趨複雜。一方面，隨著陝西六路的淪陷，商州地區已成宋金、宋齊對峙的前綫，戰爭已然降臨；另一方面，當時盤踞在商州的董先、李興兩股軍閥勢力又相互仇殺。面對如此局面，對於有能力離開是非之地的雷家而言，再次遷移幾乎是必然。擺在眼前的只是遷往何處的問題。

靖康之亂後的北方人口南遷是中國歷史上三次規模最大的南遷潮之一，南遷不但"極大地促進南方的經濟文化發展"[1]，也説明當時北方士民出於避亂目的，大都以南遷爲趨向。而南遷之於雷氏父子而言，不僅契合這波南遷潮，同時也符合今人對仍具宋人身份之雷氏父子的想象。兼之在當時的南遷人群中，"自關中平原經商州入金州"[2]，再從金州西入川蜀，或沿漢江東下荆湖，皆是南遷者衆的主要路綫。已處在商州的雷氏父子從衆而動，即便不考慮西入或東下，先行前往金州（今陝西省安康市），似乎也是個不錯的選擇。然而事實卻是，雷氏並沒有南遷，反而是選擇了北返"敵佔區"的京兆府故鄉。

"全家歸府"的決策到底是雷氏父子誰做出的，墓誌並未交待，甚至墓誌在"全家歸府"後的文字中，之前筆墨極重的雷時泰之父也不見蹤影，因此難以準確推斷。不過，從前文所作的分析來看，雷時泰在其父的親自培養之下，父子二人的觀念與心態應該高度一致，無論誰決策"歸府"，其背後的動因都應是一致的。這裏或可站在雷時泰的立場，對其家"歸府"的動因做出分析。

雷時泰在父親的影響之下，其思想當偏向釋老之教。從墓誌叙及雷時泰父祖、兄弟、子侄幾代人的情況來看，皆無業儒的意向與舉動，家有餘財而無意

---

① 吳松弟：《北方移民與南宋社會變遷》第一章"緒論"，臺北：文津出版社，1993 年，第 1 頁。

② 《北方移民與南宋社會變遷》第五章"移民數量、遷出地、遷移路綫和入籍"，第 143 頁。

科舉改換門第，與當時的潮流並不相符。雷時泰"歸府"後的行實，表明其與金朝官府有所疏離。儘管這種疏離可能與宋金易代有關，但墓誌中亦無雷家對宋朝、僞齊官府的態度。反而在宋時雷時泰之父教子多以"養生""陰功""仁義"縈念。入金後的雷時泰則"孝聞于鄉里""友愛其弟""撫養其姪""有孀姊在遠方，聞有暴疾，不食而往"，雷時泰臨死強調的也是"孝義"。顯然，雷時泰的行爲有著其父教育的深刻烙印。這在某種程度上反映的是雷家與官府的疏離，而與哪朝哪代無關。上述諸點雖皆推論，但綜而觀之，反映的卻是雷時泰"國家意識"的淡漠。因此，在決定"全家歸府"之際，雷時泰或許有很多考量，但可確定的是，是否改朝換代，一定不在其考慮的範圍之内。

既然雷時泰並不在乎統治者究竟是誰，那麼他在乎的又是什麼？ 從墓誌"君全家獨保無虞"來看，全家安全無虞顯然最爲重要。事實上，即便不考慮易代的影響，於雷時泰及其全家而言，從"無虞"的角度出發，也只是多了一個北返的選項，南遷之意仍不可輕易棄置，仍需綜合考量方能有所決斷。

結合當時的局勢，雷時泰全家北返所面臨的有利與不利條件都十分明顯。有利之處有三：

其一，從僞齊阜昌初的局勢來看，金強宋弱的態勢十分明顯，富平一戰，宋軍一潰千里，川蜀危急，能够維持當前局面皆屬不易，更不要侈談收復陝西失地。由此不難判斷，京兆府及周邊地區發生大規模戰事的機率並不高。且京兆府於陝西諸路而言，是無可置疑的政治中心，無論誰統治該地，都會儘量穩定該地的局面。因此，在相當長的時間範圍内，京兆地區的相對穩定與安全是可以預期的。其二，是時僞齊已經建立，雖爲金人所扶植，但畢竟是個漢人政權，多少能够打消異族入侵的顧慮。其三，也是最爲有利的條件，即雷家世居京兆，植根鄉里，不但房屋田産在斯，更有熟悉的生活環境與數代積累的人際關係。即便返鄉後家境不如之前，再振家業也相對容易。況且雷時泰兄弟還有世傳的醫術，有一技傍身，總還不至於有衣食之憂。

而不利之處則在於：拖家帶口穿越已是交戰區的秦嶺是否可平安抵達；避亂前留在京兆的房屋田産所存幾何；僞齊治下的京兆府與之前相比到底會發生怎樣的變化，對返鄉後的雷家而言是福是禍？ 所有這些都是未知且難以確定的。

不過，北返所遇到的困難在南遷中也完全可能遇到，甚至會更大。最大的問題是，脫離了熟悉的鄉土，意味著完全放棄了故鄉的財産、熟悉的生活環境以及累世積累的人際關係，雖有醫術傍身，但重振家業的困難卻成倍上升。從局勢來看，南宋是否能維持現有的吳蜀之地，還在兩可之間，南遷後是否能夠就此安頓而不再繼續流徙，也還未知。且當時南宋統治區域内兵匪橫行，局面也並不比關中地區穩定，南遷的路途中是否會發生意外，仍然無法預測。

靖康之變後，南遷人群的主體無外成建制的軍隊及其家屬，戰敗後爲宋朝地方官率領南遷的地方軍民，宋朝皇室、官員、士人和他們的家眷、奴僕，直接受戰爭影響喪失生活來源的流民（包括武裝流民和義軍），爲金、僞齊所驅使的簽軍。① 從這些南遷的主體人群來看，南遷者除了宋朝皇室外，要麼是與趙宋王朝粘著度非常高的官員、士人、軍隊及其附屬人口；要麼是實在無家可歸、生活難以爲繼的百姓。而從雷氏的情況來看，在生活與生存層面並未被逼入絶境，而其與"國家"的粘著度又不高，面對南遷中已知和未知的困難，南遷動力明顯不足。

在綜合考量各方因素後，雷家做出了"全家歸府"的決定。這一決定與王朝認同無關，不過是在自身利益權衡之下的自然選擇，其實質與當年決定挈家山居並無不同。

"歸府"後雷時泰的動向，明顯能看到消極與積極的兩條綫。於金朝京兆地方官府，雷時泰的態度是消極的，從未主動尋求與官府合作。即便面對官府發出的積極信號，雷時泰也始終以"固辭不赴""堅辭其職"的消極態度應對。反觀雷時泰面對家庭與鄉里事務，則呈現出截然不同的態度。雷時泰對其母劉氏，生前"晨昏不可離左右"，卒後"哀毁幾不勝"；"友愛"其弟雷時明，弟死則"撫養其侄，過於己子"；聽聞遠方孀姊有暴疾，"不食而往"，甚至因此罹患"消中之疾"。對於鄉里事務，則毅然擔責"率衆醫創建炎帝廟宇"，又"頗費心力"，以至"方將畢工"而以"疾終"。

墓誌對雷時泰"歸府"後的描寫，當然不排除出於抬高墓主的目的而進行"塑造"的因素。但結合整篇墓誌及前文的分析來看，其行爲與雷時泰之父對其教育，其家"植根鄉里"的生存法則是一脈相承的。縱使"塑造"存在，其背後所反映雷時泰之心態卻是真實的。綜觀雷時泰的一生，特別是"全家歸府"背後的考量，或者可以說，面對北宋亡國，除了穩定的局面被打破，給其帶來了因避亂造成的一系列困擾之外，在雷時泰的心中並沒有激起更多的悲喜。只要鄉里猶在，他並不很在乎國家的破亡。

---

① 參見《北方移民與南宋社會變遷》第二章第一節"靖康之亂時期北方人民的南遷"，第11—23頁。

結　　語

《雷時泰墓誌》所叙及的雷時泰家庭情況與其個人經歷,提供了一個非常耐人尋味的樣本。雷氏世居京兆府城中,雖是平民之家,但其城市居民的身份仍然有異於鄉野村夫。北宋時期的京兆府,其政治地位、城市規模、城市面貌雖與作爲漢唐都城的長安不可同日而語,但朝廷出於控扼西北的需要,京兆府在北宋的疆域之内,仍不失爲名都大府,而主政京兆的官員也從不缺乏名公鉅卿。雷家在京兆當地,亦不是普通的城市居民,累世所積,至北宋末年,其家有"負郭之田""在市之業",儼然是城中富户,又世傳醫術"間以救人之患難"。多種經營之下,除了饒有家財,亦可想見其在地的影響力。種種迹象表明,雷家無論從生活環境、眼界視野、家庭財産等任何方面考量,他們都不同於尋常的平民百姓,是典型的"富民"階層①。

按照一般道理而言,因缺少權力的加持,加上宋代商品經濟的發展,"人的貧富轉化、階層的升降流轉都在快速變動","富民"們因懼怕財富流失,往往不甘心自己的平民身份,意圖以富求貴,維持或提升社會地位,便成爲他們念兹在兹的奮鬥目標。② 而從這一奮鬥目標出發,"富民"理應具備一定的"國家觀念",至少不能與"國家"疏離,否則缺少了"國家"的身影,"富民"們的奮鬥目標無異於水中月、鏡中花,幾無實現之可能。

不過,從《雷時泰墓誌》中所觀察到的卻是,無論北宋時還是入金後,雷時泰父子都有意與代表國家的京兆地方官府刻意保持疏離,專注於鄉里事務,意圖通過"植根鄉里"維持其經濟與社會地位,與既往觀察到的"富民"呈現出截然不同的面向。而這也解釋了雷氏爲什麽因避亂遷出京兆府後,在時局稍一穩定的情況下便做出"全家歸府"的舉動。在"戀土難移"表象的背後,其實質卻是國家意識的淡漠。當然,雷氏的樣本是否具備普遍性,是否與其所在的關中地區經濟發展、社會結構有關,尚有待持續深入地觀察。

---

① 有關"富民"及"富民社會"的相關研究,可參看張錦鵬、武婷婷:《"富民社會"理論的學術研究回顧及展望》,《思想戰綫》2018 年第 6 期,第 88—97 頁。

② 張錦鵬:《江湖英雄:宋代"富民"階層追求的另一種表達圖式——以〈水滸傳〉爲考察對象》,《江西社會科學》2020 年第 1 期,第 26—35 頁。

張浚與宋齊「淮西之役」*

四川大學古籍整理研究所 陳希豐

摘 要：紹興五六年間（1135—1136），在右相兼知樞密院事張浚的主持下，此前長期駐紮江南的南宋主力部隊大規模移屯兩淮、襄漢前沿。南宋王朝呈現出前所未有的進取態勢，對偽齊與金朝形成強大的軍事威懾。紹興六年十月，偽齊爲求自保，搶先南攻淮西，卻在藕塘遭遇慘敗。戰事期間，面對朝臣諸將一面倒的保江之聲，張浚洞察形勢，力排衆議，堅主擊敵於兩淮，並以身督戰，起到了中流砥柱的作用。淮西之役是南宋軍隊首次在東南戰場正面對陣，大敗北軍的戰例，極大提振了南宋軍民抗金的士氣與信心，直接導致偽齊政權的覆滅，進而促成了宋金第一次紹興和議的達成。

關鍵詞：南宋；偽齊；張浚；淮西之役

張浚（1097—1164），字德遠，號紫巖，封魏國公，謚忠獻，漢州綿竹（今屬四川省）人。他曾親身參與維揚之變、苗劉兵變、富平之戰、經略川陝、戡平楊么、淮西之役、淮西兵變、紹興和議、辛巳之役、隆興北伐等南宋前期幾乎所有重大政治事件，官至右相兼知樞密院事、都督諸路軍事，三度掌領南宋軍政，"兼將相之權，總中外之任"①，是南宋歷史上極爲關鍵的人物。

* 本文係國家社會科學基金西部項目"南宋邊防格局的形成與演變研究"（19XZS007）、全國高校古委會直接資助項目"《張浚集》編年輯校"（2060）階段性研究成果。

① ［宋］李綱著，王瑞明點校：《李綱全集》卷一二六《與張相公第二十六書》，長沙：岳麓書社，2004年，第1217頁。

以往學界有關張浚的研究，主要集中於經略川陜①、富平之戰②、隆興北伐③及其個人功過評價④等問題。宋高宗紹興六年（金天會十四年，1136）冬，時值張浚掌領南宋邊防軍政，金朝扶持下的僞齊政權南下進攻淮西，宋齊之間爆發了以柘皋之戰爲核心的一系列戰事，最終以宋軍大勝告終，史稱"淮西之役"⑤。對於此次戰役，相關專論不多。本文擬就張浚謀求北伐的措置、張浚在"淮西之役"中扮演的角色以及"淮西之役"的影響等問題略作申述。

一、前屯淮漢：張浚謀求北伐的措置

南宋建立之初，其在與金人的軍事對抗中幾無招架之力，"帥守之棄城者，習以成風"⑥。紹興初年，在陸續平定境内軍寇勢力、初步組建起國防正規軍後，南宋政權始逐步在南中國站穩脚跟。這一時期，南宋的國防守禦思路是兩淮地區無大規模駐軍、"諸大將固守江岸，俟其（金軍）糧盡欲退，併力追襲"⑦。紹興四年（1134）宋金江淮戰事基本就是這一邊防思路的體現。不過，隨著紹興四年宋軍先後抵擋住金軍主力在川陜、江淮兩大戰場的進攻，並從僞齊手中收復襄漢六郡，顯示宋金間的軍事實力越來越趨於均勢。南宋朝野要求修正

---

① 參見梁天錫：《張浚執政兼宣撫處置使考》，《華岡文科學報》1993 年第 19 期；黄正林：《南宋初年主戰派經營陜西述論》，《西北史地》1998 年第 4 期；蔡哲修：《張浚與川陜的經略（1129—1133）——"南宋偏安局面的形成"研究之二》，《大陸雜誌》1999 年 99 卷第 1 期；何玉紅：《"便宜行事"與中央集權——以南宋川陜宣撫處置司的運行爲中心》，《四川大學學報》2007 年第 4 期。

② 參見山内正博：《武將對策の一環として觀たる張浚の富平出兵策》，《東洋史研究》1960 年第 1 期；李蔚：《張浚與陝西富平之戰》，《西北史地》1981 年第 3 期；王曾瑜：《宋金富平之戰》，《中州學刊》1983 年第 3 期；吴泰：《南宋初宋金陝西"富平之戰"述論》，《西南師範大學學報》1983 年第 3 期；劉樹友：《張浚與富平之戰》，《渭南師專學報》1993 年第 3 期；王澤青：《能動與被動：再論張浚與宋金富平之戰》，《綿陽師範學院學報》2022 年第 9 期。

③ 參見何忠禮：《試論南宋孝宗朝初年與金人的和戰——兼對張浚和史浩的評價》，《浙江學刊》1998 年第 6 期；夏令偉：《南宋張浚與史浩之爭析論》，《四川師範大學學報》2010 年第 7 期。

④ 參見楊德泉：《張浚事迹述評》，《宋史研究論文集》1982 年年會編刊；閻邦本：《對〈張浚事迹述評〉的幾點商榷》，《四川師範學院學報》1989 年第 2 期；魏焄如：《關於張浚的評價問題》，《歷史教學》1990 年第 12 期；王德忠：《張浚新論》，《東北師大學報》1992 年第 3 期。

⑤ 有關"淮西之役"戰事過程的初步研究，參見韓志遠：《南宋金軍事史》，北京：軍事科學出版社，1998 年，第 226—230 頁；何忠禮、徐吉軍：《南宋史稿》，杭州：杭州大學出版社，1999 年，第 96—98 頁；粟品孝等：《南宋軍事史》，上海：上海古籍出版社，2008 年，第 164—165 頁。

⑥ ［宋］李心傳撰，徐規點校：《建炎以來朝野雜記》甲集卷一九《十三處戰功》，北京：中華書局，2000 年，第 449 頁。

⑦ ［宋］馬光祖修，［宋］周應合纂：《景定建康志》卷四八《忠勳傳·吕頤浩傳》，《宋元方志叢刊》，北京：中華書局，1990 年，第 2135 頁。

此前"謹守長江"守禦方略的呼聲漸起。

紹興五年(1135)二月,張浚受命出任右相兼知樞密院事、都督諸路軍馬,負責南宋邊防與軍政。他先是在當年夏季督師岳飛平定了盤踞洞庭湖一帶的楊么勢力,拔除了橫亙於南宋王朝中部的心腹之患,使"川陝、荊襄形勢連接"①。川陝戰場方面,浚之舊將、川陝宣撫副使吳玠則在稍早前出兵收復了隴右重鎮——秦州(今甘肅省天水市)。此後,張浚遂以僞齊政權爲目標,著手開展邊防佈置,"議大合兵爲北討計"②,籌備北伐與恢復事業。結合諸種史籍記載,紹興五六年間,張浚在國防軍政方面的舉措主要包括以下幾點:

第一,紹興五年閏二月,令宿將、淮東宣撫使韓世忠舉軍由鎮江前屯楚州(今江蘇省淮安市),以撼山東。次月,世忠大軍即發鎮江,全師渡江③。這是建炎三年(1129)高宗倉皇南渡後,南宋國防正規軍首次以大兵團進屯兩淮沿邊。平"苗劉兵變"時,張浚與韓世忠曾有過共事經歷,他深知世忠"以恢復自任,慷慨負氣"④,故首命其渡江北屯,希望他能爲劉光世、張俊等東南將領起到表率作用。爲提升韓世忠軍力,宋廷撤銷了庸將王瓊所領神武前軍的番號,將該部一萬五千人劃入世忠麾下⑤。此後一兩年間,韓世忠不僅大力修築楚州與高郵城,創新營壘,鞏固了淮東前沿防務,還頻頻出擊僞齊所控制的淮北徐州、淮陽軍(今江蘇省邳州市)等地⑥。

第二,選用主戰派大臣出任兩江、荊湖諸路安撫使,爲諸將前屯淮漢保駕護航。紹興五年十月,以主戰派大臣李綱爲江南西路安撫制置大使、兼知洪州(今江西省南昌市),呂頤浩爲荊湖南路安撫制置大使、兼知潭州(今湖南省長沙市)⑦。六年三月,以舊僚、主戰派大臣王庶知鄂州(今湖北省武漢市),旋以庶知荊南府(今湖北省荊州市)、兼荊湖北路經略安撫使⑧。

第三,紹興五年末,以舊僚劉子羽爲都督府參議軍事,命其前往川陝,與蜀口大

① [宋]李心傳撰,胡坤點校:《建炎以來繫年要錄》(以下簡稱《要錄》)卷九〇,紹興五年六月乙丑條,北京:中華書局,2013年,第1743頁。

② 《要錄》卷九六,紹興五年十二月丙午條,第1834頁。

③ 《要錄》卷八七,紹興五年三月甲申條,第1665頁。

④ [明]黃淮、楊士奇編:《歷代名臣奏議》卷二三八,"浚又上言",上海:上海古籍出版社,1989年,第3142頁。

⑤ 《要錄》卷八六,紹興五年閏二月丁卯條,第1649—1650頁。

⑥ 詳參鄧廣銘:《韓世忠年譜》,北京:生活·讀書·新知三聯書店,2007年,第115—124頁。

⑦ [元]脫脫等:《宋史》卷二八《高宗紀五》,北京:中華書局,1985年,第522頁。

⑧ 《要錄》卷九九,紹興六年三月乙未條,第1889頁;同書卷一〇二,紹興六年六月甲辰條,第1926頁。

將、川陝宣撫副使吳玠商討"合諸道兵大舉"①的可行性，並協調吳玠與四川都轉運使趙開就蜀口大軍糧餉補給間的矛盾，同時沿途查察荆襄至蜀口"邊備虛實"②。

第四，紹興六年（1136）春，令大將、湖北京西宣撫副使岳飛由鄂州進屯襄陽，以窺中原。紹興四年夏，岳飛雖收復襄漢六郡，但並未留兵駐守。紹興六年七八月間，岳飛受命率師北上，長驅伊洛，一度收復中原大片故土，兵鋒直指洛陽。後因糧餉不繼，被迫於九月班師，回到鄂州③。

第五，紹興六年春，令宿將、江東宣撫使張俊由建康（今江蘇省南京市）"進屯盱眙（今屬江蘇省）"，興築盱眙山城，一方面扼守盱眙、天長、揚州的陸上交通綫，一方面與韓世忠在淮東形成掎角之勢，共同守衛揚楚運河。紹興四年金軍南下，即以揚楚運河作爲物資輸送通道與進兵綫路，故此番張浚措置邊備，揚楚運河北口防務成爲重中之重。

第六，紹興六年夏，令大將、淮西宣撫使劉光世由太平州（今安徽省當塗縣）渡江進"屯合肥，以召北軍"，"與韓世忠、張俊鼎立"④。就軍隊駐地而言，與韓世忠、張俊屯兵淮東沿邊的楚州、盱眙不同，劉光世並未進駐淮西沿邊重鎮壽春（今安徽省壽縣），而只是駐軍廬州（今安徽省合肥市）；就軍事任務而言，與韓世忠頻頻進兵淮陽、張俊拒敵泗州不同，劉光世主要負責招收從淮北前來的歸正人。可見在張浚的戰略佈置中，淮東取攻勢，淮西取守勢。之所以如此安排，除軍隊戰力、將領個人素質存在差異外，也與淮東地區擁有揚楚運河、便於大軍給養的地理條件有關。

第七，紹興六年秋，令權主管殿前司公事楊沂中率精兵萬人進駐兩淮前沿，作爲機動部隊輔助韓世忠與張俊。

第八，積極動員高宗移駕建康，"撫三軍，以圖恢復"。張浚認爲，"東南形勢，莫重建康，實爲中興根本。且人主居此，則北望中原，常懷憤惕，不敢自暇自逸。臨安僻居一隅，内則易生安肆，外則不足以號召遠近，繫中原之心"，故力陳"建康之行爲不可緩"⑤，但除監察御史劉長源外⑥，朝中響應贊同者寥寥。最終，左相趙鼎提出折衷方案，將行在由臨安北遷至平江（今江蘇省蘇州市）。

---

① ［宋］張栻著，楊世文點校：《張栻集·新刊南軒先生文集》卷三七《少傅劉公墓誌銘》，北京：中華書局，2015 年，第 1329 頁。

② 《要録》卷九六，紹興五年十二月丙午條，第 1834 頁。

③ 詳參王曾瑜：《盡忠報國：岳飛新傳》，北京：中國書籍出版社，2016 年，第 161—165 頁。

④ 《宋史》卷三六九《劉光世傳》，第 11483 頁。

⑤ ［宋］朱熹著，郭齊、尹波點校：《朱熹集》卷九五上《少師保信軍節度使魏國公致仕贈太保張公行狀上》，成都：四川教育出版社，1996 年，第 4840 頁。

⑥ 《要録》卷一〇三，紹興六年七月條，第 1948 頁。

揆諸史事,不難發現:紹興五六年間,張浚在軍政方面的措置,核心是改變"諸將重兵,皆屯江左"①的邊防格局,將南宋立國以來長期龜縮在江南的主力部隊北移至兩淮與襄漢前沿駐紮。在此基礎上,由韓世忠、岳飛、吳玠分別承擔進擊淮北、中原與陝西的任務。

國防守禦綫的前提、邊境重點城池的打造、軍隊的主動出擊,使得當時的南宋王朝呈現出前所未有的積極進取態勢,對僞齊乃至金朝政權形成強大的軍事威懾。故朱熹在《魏公行狀》中曾專門總結説:"(浚)命韓世忠據承、楚以圖淮陽,命劉光世屯合淝以招北軍,命張俊練兵建康,進屯盱眙,命楊沂中領精兵爲後翼佐俊,命岳飛進屯襄陽以窺中原,形勢既立,國威大振。"②

對於這一邊防格局,不少臣僚存有疑慮,認爲沿江不駐兵,而屯淮甸,乃是前重後輕,前後空闊,捨本逐末,張浚則認爲:

> 楚、漢交兵之際,漢駐兵殽、澠間,則楚不敢越境而西。蓋大軍在前,雖有他岐捷徑,敵人畏我之議其後,不敢踰越深入,故太原未陷,則粘罕之兵不復濟河,亦以此耳。論者多以前後空闊爲疑,曾不議其糧食所自來,師徒所自歸,不然必環數千里之地,盡以兵守之,然後可安乎?③

顯然,這一思路與其任川陝宣撫處置使時命吳玠扼守和尚原高地,金軍不敢由他路南下直擊蜀口的思路是一致的。

二、僞齊南下與淮西之役

面對南宋將大舉北伐的態勢,僞齊主劉豫決定率先出擊,以求自保。然而,劉豫並無單獨抗擊南宋的實力,於是向金廷告急,乞求金人在張浚出師北伐之前搶先南攻。當時,金熙宗(1135—1150 在位)剛剛即位,高層內部完顔宗翰、宗磐、宗幹諸勢力間鬥爭激烈,無暇南顧,故有意緩和對宋關係。職掌金廷大權的完顔宗磐也認爲:"先帝立(劉)豫者,欲豫辟疆保境,我得按兵息民也。今豫進不能取,退不能守,兵連禍結,休息無期。從之則豫取其利,而我實受弊,奈何許之?"④於是金廷拒絕發兵支援,反而派完顔宗弼(即兀术)進兵黎陽

---

① 《要録》卷七七,紹興四年六月條,第 1467 頁。
② 《朱熹集》卷九五上《少師保信軍節度使魏國公致仕贈太保張公行狀上》,第 4840 頁。
③ 《要録》卷九七,紹興六年正月丙戌條,第 1855 頁。
④ 《宋史》卷四七五《劉豫傳》,第 13800 頁。

(今河南省浚縣),觀望監視。劉豫見乞師不成,為證明其尚有存在價值,只得孤注一擲,強簽中原鄉兵三十萬人,由其子劉麟、侄劉猊等統領,南下攻宋。

紹興六年(齊阜昌六年,1136)十月初,偽齊軍分三路南下渡淮:劉麟統中路軍,由壽春(今安徽省壽縣)攻逼淮西帥府所在地廬州(今安徽省合肥市);劉猊率東路軍,由紫金山出渦口(今安徽省懷遠縣渦水入淮處),進擊定遠、滁州(今皆屬安徽省);大將孔彥舟率西路軍,由光州(今河南省潢川縣)進攻六安(今屬安徽省),以策應中路軍主力行動①。

渡淮後,劉麟中路軍在壽春之正陽(今河南省潁上縣東南七十里)、霍丘(今安徽省霍邱縣)、謝步一帶接連遭到劉光世部將王德、酈瓊的阻擊;劉猊東路軍本欲沿揚楚運河南下,進擊楚、承(今江蘇省高郵市)二州,但憚於韓世忠兵力強勁,便轉由渦口渡淮,經定遠、滁州,"欲趨宣化,以犯建康"②。定遠、滁州路屬淮東與淮西的結合部。若沿此路南下,東北方向有張俊、韓世忠大軍,西有劉光世大軍,極易被截住退路。因此,孤軍深入的劉猊剛過定遠不久,便不再向前,而是移軍西去,企圖與劉麟會師於廬州。

南宋方面,負責淮東與淮西結合部防務的江東宣撫使張俊③令權主管殿前司公事楊沂中自濠州南下,"牽制賊勢";又調前軍統制張宗顏自泗州、盱眙南下,為沂中"後繼"④。

十月八日,楊沂中率部先在定遠東南的越家坊擊潰劉猊軍前鋒部隊,隨後向東行進。十日,楊沂中部在越家坊以東的藕塘(一作李家灣)⑤與西進中的劉猊主力部隊相遇,隨即展開會戰。據《宋史·楊沂中傳》記載,戰前楊沂中調往兩淮屯駐的總兵力不過"八隊萬人",則其投入到藕塘戰場的兵力應不足萬人。但就"使統制吳錫以勁騎五千突其陣""自以精騎衝其脅"的記述來看,楊沂中部應以騎兵為主⑥。劉猊大軍號稱十萬,當以步兵為主。

---

① 《要録》卷一○五,紹興六年九月庚寅條,第 1976—1977 頁。

② [宋]佚名撰,孔學輯校:《皇宋中興兩朝聖政輯校》卷二○,紹興六年十月辛丑條,北京:中華書局,2019 年,第 646 頁。

③ 《宋史》卷三六九《張俊傳》謂"詔併以淮西屬俊"(第 11474 頁),按淮西尚有劉光世部及其防守地分,必不可能隸屬張俊,此說不從。

④ [宋]熊克撰,辛更儒點校:《中興紀事本末》卷三九,南京:鳳凰出版社,2022 年,第 554 頁。《宋史》卷三六七《楊存中傳》謂張宗顏"自泗來"(第 11436 頁);《宋史》卷三六九《張宗顏傳》謂"檄宗顏自泗州為後繼"(第 11478 頁)。

⑤ 《宋史》卷三六九《張俊傳》《張宗顏傳》,第 11474、11478 頁。

⑥ 《宋史》卷三六七《楊存中傳》,第 11435 頁。

劉猊選擇依托滁州北境皇甫山的有利地形,"據山險,列陣外向",向宋軍不斷發射弓弩,"矢下如雨"。楊沂中認爲己方兵少,情見力屈,"擊之不可不急",乃麾軍急攻,遣摧鋒軍統制吳錫領勁騎五千突入敵陣。待齊軍陣脚動搖之際,沂中擊鼓催兵,指揮全軍掩殺,並親率精騎迂迴至齊軍側翼。隨後,張宗顏率兵趕到戰場,自敵陣側後夾擊。齊軍雖人數佔優,但多爲新集之"簽軍",戰鬥力較差。在宋軍三面夾擊之下,齊軍大敗,劉猊僅以身免,謀主李諤被擒,降者萬人①。正在合肥與劉光世部對峙的劉麟得到東路軍大敗的消息,不敢再戰,急忙拔寨退兵②。王德等乘勢追擊,"斬獲不可勝計"③,至壽春而還。光州城下的孔彥舟得知劉麟、劉猊均已退兵,也只得撤圍而去。

至此,僞齊軍三路南攻淮西,以慘敗告終。此役大勝,宋軍俘虜齊軍士卒萬人,繳獲"賊舟數百艘,車數千輛"④。

三、張浚在淮西之役中的表現

淮西之役,南宋得以大獲全勝,除軍隊戰力提升、兵種相克、將士用命等因素外,主持南宋邊防軍政的張浚可謂厥功甚偉。

由於南宋初年朝野上下普遍患有嚴重的"恐金症",僞齊軍隊南下時,劉麟特意令鄉兵穿著金軍服飾與鎧甲,十百爲群,分佈邊境,造成金齊聯軍南下的假象。於是邊地紛紛上報金、齊合兵南下,"二賊(按指劉麟、劉猊)之後,虜騎不斷"⑤,果然使南宋朝野陷入極大的恐慌。淮西宣撫使劉光世本就對屯兵兩淮心懷畏懼,趁機急奏稱"廬州難守",並以密信通左相趙鼎,懇求朝廷使之退回江南的太平州駐紮。駐軍盱眙的江東宣撫使張俊同樣誇大敵軍聲勢,要求朝廷增援。兩淮不斷傳回"劉豫及其姪猊挾虜來寇"⑥的軍報,"衆情洶懼,議欲移盱眙之屯,退合肥之戍",將張俊、劉光世兩路大軍撤回保江;更有臣僚建請

---

① 《宋史》卷三六七《楊存中傳》,第11435—11436頁;《要録》卷一〇六,紹興六年十月甲辰條,第1987—1988頁。

② 《要録》卷一〇六紹興六年十月甲辰條、《宋史·楊存中傳》載劉麟時"在順昌",恐誤,今不取,而從《十朝綱要》卷二三紹興六年十月丁未條"在合肥"之説。

③ [宋]李壐撰,燕永成校正:《皇宋十朝綱要校正》卷二三,紹興六年十月丁未條,北京:中華書局,2013年,第664頁。

④ 《宋史》卷三六七《楊存中傳》,第11436頁。

⑤ 《要録》卷一〇六,紹興六年十月丁酉條引趙鼎《事實》,第1982頁。

⑥ 《朱熹集》卷九五上《少師保信軍節度使魏國公致仕贈太保張公行狀上》,第4841頁。

高宗退回臨安,以避敵鋒芒。加之在此之前,岳飛因北伐失敗,已率先還屯鄂州,張浚傾心打造的淮漢前沿防禦戰綫面臨分崩瓦解。

此時居朝輔政的宰執官員爲左相趙鼎與簽書樞密院事折彥質,二人都主張棄守兩淮,回歸紹興四年"專爲守江之計"的邊防思路。趙鼎多次致書張浚,堅欲急召京湖宣撫使岳飛"盡以兵東下",拱衛江淮;同時"條畫項目",令張俊、劉光世、楊沂中等"退師善還,爲保江之計,不必守前議"①,請高宗親書後下付張浚實施。折彥質同樣力主退避保江,甚至密奏説:"異時誤國,雖斬晁錯以謝天下,亦將何及?"②指責張浚主張擊敵於兩淮乃是誤國之舉。在趙鼎與折彥質的主持下,朝廷下令准許劉光世從廬州撤軍,同時命岳飛由鄂州移屯江州③。

僞齊南下之時,張浚正督師江上。面對紛亂的邊報與朝臣諸將幾乎一面倒的退避之聲,張浚冷靜分析宋金戰爭的整體形勢,認爲金熙宗剛剛即位,金軍主力於紹興五年初倉皇北歸,亟待休整,爾後又在隴右、河南、淮北多個戰場與吳玠、岳飛、韓世忠部展開激戰,"疲於奔命,決不能悉大衆復來",由此做出判斷:所謂南下金軍,"必皆豫兵"。

面對朝野上下充斥著的畏戰情緒,張浚先以宰相、都督的身份致書劉光世與張俊,諭以:"賊豫之兵,以逆犯順,若不盡剿,何以立國! 平日亦安用養兵爲! 今日之事,有進擊,無退保!"下達了不得退兵、堅守兩淮的死命令。對於資歷較低的主管殿前司公事楊沂中,張浚則恩威並施,許以功業,諭曰:"上待統制厚,宜及時立大功,取節鉞。或有差跌,某不敢私。"④但南宋初年,武將不聽上官節制的事件時有發生。欲諸將用命,死守兩淮防綫,最根本的還是打消宋高宗之疑慮,堅定其意志。於是,張浚上奏:

> 俊等渡江則無淮南,而長江之險與虜共矣。淮南之屯正所以屏蔽大江,向若叛賊得據淮西,因糧就運,以爲家計,江南其可保乎? 陛下其能復遣諸將渡江擊賊乎? 淮西之寇,正當合兵掩擊,令士氣益振,可保必勝。若一有退意,則大事去矣。又岳飛一動,則襄漢有警,復何所制? 願陛下勿專制於中,使諸將不敢觀望。⑤

---

① 《朱熹集》卷九五上《少師保信軍節度使魏國公致仕贈太保張公行狀上》,第 4842 頁。
② 《要録》卷一〇六,紹興六年十月丁酉條,第 1983 頁。
③ 趙鼎、折彥質檄劉光世退軍,見《要録》卷一〇六,紹興六年十月戊戌條引趙甡之《遺史》,第 1984 頁;岳飛移屯江州見《要録》卷一〇六,紹興六年十月戊戌條引《高宗日曆》,第 1984 頁。
④ 《朱熹集》卷九五上《少師保信軍節度使魏國公致仕贈太保張公行狀上》,第 4841 頁。
⑤ 《朱熹集》卷九五上《少師保信軍節度使魏國公致仕贈太保張公行狀上》,第 4842 頁。

自古守江必守淮,何況僞齊作爲金朝統治中原的傀儡政權,南宋必須戰而勝之,才有與金朝和談的資本。高宗自然明白其中的道理,加之後來得知並無金軍南下的確訊,遂以手詔下付張浚,曰:"朕近以邊防所疑事諮問於卿,今覽卿奏,措置方略、審料敵情條理明甚,俾朕釋然,無復憂顧。"並宣稱:"有不用命,當依軍法從事。"①表示全力支持張浚武力阻敵於兩淮的守禦方針。有了高宗的最終拍板決策,退避之聲才逐漸平息,諸將"始爲固守計"②。

正當張浚勸説高宗禦敵兩淮之時,一向畏敵如虎的淮西宣撫使劉光世已接到朝命,從廬州南撤,"輜重已至江北"③;而是時劉麟大軍已渡淮進逼廬州,淮西人心惶惶。張浚聞訊,"星夜疾馳至采石"④,遣吏部侍郎、都督府參議軍事呂祉及江東轉運使向子諲赴劉光世軍中,宣令"若有一人渡江,即斬以徇"⑤,督光世還。劉光世無奈,只得回軍廬州駐守,與張俊、楊沂中形成淮西防務的鼎立之勢。爾後便有了劉光世與劉麟大軍相持,而楊沂中、張宗顔合擊劉猊部於藕塘的戰局。

通過以上史事梳理,可以清楚地看到:若非張浚洞察形勢,力排衆議,堅主抗擊,紹興六年淮西之役或將是另一番景象。對此,戰後高宗曾總結説:"卻敵之功,盡出右相之力。"⑥對張浚在淮西之役中所發揮之作用予以高度肯定。此外,何溥在《中興龜鑒》中也有相關議論:"采石徇師之令一下,諸將以死廝戰,我於是有李家灣(即藕塘)之捷。前乎富平之失,此魏公也;後乎江上之勝,亦此魏公也。"⑦同樣強調了張浚在淮西之役中的督師卻敵之功。

四、淮西之役的歷史意義

由於淮西之役的正面對手並非金軍,這場戰役往往不爲人所重。其核心戰鬥——藕塘之戰也未被列入"中興十三處戰功録"中。不過,淮西之役在南宋軍事史、宋金齊關係史中仍具有重要意義。具體表現爲:

① 《要録》卷一〇六,紹興六年十月戊戌條引趙鼎《事實》,第 1984 頁。
② 《朱熹集》卷九五上《少師保信軍節度使魏國公致仕贈太保張公行狀上》,第 4842 頁。
③ 《要録》卷一〇六,紹興六年十月戊戌條引趙鼎《事實》,第 1984 頁。
④ 《朱熹集》卷九五上《少師保信軍節度使魏國公致仕贈太保張公行狀上》,第 4842 頁。
⑤ 《宋史》卷三七〇《呂祉傳》,第 11510 頁;《宋史》卷三六九《劉光世傳》,第 11484 頁;《要録》卷一〇六,紹興六年十月戊戌條引趙甡之《遺史》,第 1984 頁。
⑥ 《要録》卷一〇七,紹興六年十二月戊戌條,第 2008 頁。
⑦ 〔宋〕佚名撰,孔學輯校:《皇宋中興兩朝聖政輯校》卷一六,紹興四年十二月庚子條引何溥《龜鑒》,第 505 頁。

第一,藕塘之戰是宋軍首次在東南戰場正面對陣,大敗北軍的戰例,極大提振了南宋軍民抗金的士氣與信心。南宋初年,宋軍在東南戰場遭遇金軍,往往望風而潰,"將士未嘗與金人迎敵一戰"①。在此過程中,南宋君臣上下多患有"恐金症"。是故韓世忠在大儀鎮伏擊金軍偏師取勝,竟被時人譽作"中興武功第一"②。就史籍記載來看,藕塘大捷前,東南戰場之宋軍從未有過在陸上以大兵團正面會戰擊敗北軍的戰例。雖然隨著戰爭形勢的發展,宋金軍力存在此消彼長的變化,金將韓常後來甚至有"今昔事異,昔我強彼弱,今我弱敵強,所幸者,南人未知北間事耳"③之語,但具體到紹興六年這一時間點,宋人對此恐怕尚無自覺。面對金齊聯軍南下的軍報,宰執趙鼎、折彥質都主張依托長江天塹防守,顯然對於與北軍會戰於兩淮並無信心。因此,淮西之役取得大勝,作戰對象雖只是偽齊,但仍極大提振了南宋軍民對金作戰、收復故土的士氣與信心。中興名相李綱即將淮西之捷比作"謝安遣偏師以破苻堅之衆",乃"前此所未嘗有"的勝利④。

第二,直接導致偽齊政權覆滅,一定程度上促成宋金第一次紹興和議的達成。劉豫單方面強行發動對宋戰爭,本就有殊死一搏的意味。淮西慘敗後,金廷"遣使問劉豫之罪"⑤,劉豫只得廢劉猊爲庶人作替罪羊,向金人謝罪。但金廷此時深感劉豫政權已成爲一大累贅,決意廢黜偽齊。淮西之役的失利,實際上"決定了劉豫偽齊政權覆滅的命運"⑥。紹興七年冬,金廷降封劉豫爲蜀王,廢黜偽齊政權。隨後主動與宋和議,在南宋向金稱臣納貢的前提下,許歸還徽宗等人梓宮及高宗生母韋氏,並將原偽齊統治的山東、河南、陝西之地悉數交與南宋。這一和議條款對於南宋來説,相較建炎、紹興之際的情勢,無疑是重大"進展"。金方提出的條件之所以如此"優厚",固然與金廷內部鬥爭有關⑦,宋軍在淮西之役所展現出的軍事實力無疑增重了談判的籌碼。

---

① 〔宋〕熊克撰,辛更儒點校:《中興紀事本末》卷三一上,第 452 頁。

② 《宋史》卷三六四《韓世忠傳》,第 11364 頁。

③ 〔宋〕宇文懋昭撰,崔文印校證:《大金國志校證》卷二七《韓常傳》,北京:中華書局,2011 年,第 3991 頁。

④ 《李綱全集》卷一二五《與張相公第十二書》《與張相公第十四書》,第 1201、1203 頁。

⑤ 《要錄》卷一〇六,紹興六年十一月壬辰條,第 2003 頁。

⑥ 范立舟、曹家齊:《"乾道十三處戰功"考辨》,《徐州師範大學學報》1998 年第 1 期,第 65 頁。

⑦ 參見胡文寧:《偽齊政權研究》第四章第三節"金廢齊與歸宋河南、陝西地",上海:上海古籍出版社,2021 年,第 206—225 頁。

結　語

　　紹興五六年間(1135—1136),在右相兼知樞密院事張浚的主持下,南宋立國以來長期龜縮在江南的主力部隊始大規模移屯至兩淮、襄漢前沿駐紥。南宋王朝呈現出前所未有的進取態勢,對僞齊乃至金朝政權形成強大的軍事威懾,"形勢既立,國威大振"。紹興六年十月,僞齊爲求自保,在未得金方支持的情況下,強行發兵進攻淮西,最終慘敗於藕塘。戰事期間,面對朝臣諸將一面倒的退避之聲,作爲南宋邊防軍政負責人的張浚洞察形勢,力排衆議,堅主抗擊,以身督戰,起到了中流砥柱的作用。淮西之役是南宋軍隊首次在東南戰場正面對陣大敗北軍的戰例,極大提振了南宋軍民抗金的士氣與信心,直接導致僞齊政權的迅速覆滅,一定程度上促成了宋金第一次紹興和議的達成。

蓄謀已久抑或倉促起事
——李全之亂新解

湖南省社科院历史文化研究所　李　超

摘　要：南宋理宗紹定三年的李全之亂，並非是因李全野心膨脹發動的一場蓄謀已久的叛亂，而是江淮地區將領趙善湘、趙范、趙葵等人步步緊逼下的倉促起事。當時李全根本不具備叛亂實力，其出兵攻佔鹽城本是出於報復和求得錢糧，但鄭清之、袁韶等中樞執政趁機聯合三趙迫使史彌遠改變安撫策略轉而討伐。李全始料未及，旋即被消滅。一場倉促發動的叛亂被誤解爲蓄謀已久，這是宋人帶有特定立場的歷史書寫導致的結果。此事對南宋政局產生了重要影響，基本奠定了端平初年的中樞政治格局，某種程度上也成爲端平入洛的一次預演。

關鍵詞：李全；史彌遠；鄭清之；趙葵；紹定政局

李全及其忠義軍爲南宋抵抗金兵、收復失地立下過汗馬功勞，又因叛服無常成爲重要的不穩定因素。紹定三年（1230）八月，李全擅自出兵攻佔鹽城，南宋隨即下詔討伐。次年正月，李全兵敗被殺，淮南地區的忠義軍勢力被肅清。李全之亂是南宋與山東忠義軍矛盾激化的頂點。對於叛亂原因，不少學者業已從南宋和李全兩方面進行了分析，大致認爲原因有二：一是南宋對忠義軍的猜忌導致雙方矛盾激化；二是李全個人野心膨脹①。

---

①　如孫克寬：《南宋金元間的山東忠義軍與李全》，《蒙古漢軍與漢文化研究》，臺北：文星書店，1958年，第11—43頁；黃寬重：《南宋時代抗金的義軍》第四章"寧宗、理宗時期的義軍"，臺北：聯經出版事業公司，1986年，第171—234頁；段玉明：《李全與"李全叛宋"》，見胡昭曦、鄒重華主編：《宋蒙（元）關係研究》，成都：四川大學出版社，1989年，（轉下頁）

這些論斷多建立在對整個山東忠義軍的歷史做全面考察的基礎上，有其道理。然而，現存有關李全及忠義軍的史料，主要來自《宋史·李全傳》，以及周密《齊東野語》卷九《李全》中的記載，尤以前者最爲詳實。據學者考訂，《宋史·李全傳》的主要史源是劉子澄《淮東補史》一書。劉子澄，字清叔，爲真德秀門人，曾爲趙葵幕僚，親身參與了李全之亂的平定①。作爲李全之亂的親身參與者，劉子澄所記當爲第一手資料。但他既爲南宋官員，又爲平亂的主要將領趙葵幕僚，其書寫立場自是站在南宋一方，而將李全視作叛臣賊子。這種書寫不可避免會帶上強烈成見，導致對不少事實的理解出現偏差乃至曲解。至於《齊東野語》的記載，據周密自言是在劉子澄《淮東補史》基礎上，根據對"當時諸公"訪聞所得而加以補充的產物②。作爲由宋入元的士人，周密訪問的"當時諸公"當亦多爲南宋之人，依舊存在著類似劉子澄的立場偏見。建立在這些史料基礎上的研究，往往不自覺地受到這種立場偏見影響。由於缺乏足夠的其他來源史料作爲參照，現已很難完全弄清李全之亂的來龍去脈，但若不局限於李全之亂本身，而將之置於其時南宋、蒙古、金朝構成的整個宏觀的政治、軍事格局中加以觀察，通過對材料的仔細分析，或許在一定程度上可以克服既有成見而大致弄清事情發生的真實緣由與經過。此外，李全之亂對於南宋來説並不僅僅是一個普通的外交事件或者邊境動亂，還與其時中央政局的變動關係甚大，此點似亦未見專門研究。本文試就這些方面作一些初步探討。

一、紹定年間李全活動的再審視

理宗寶慶三年（1227）四月，李全在蒙古軍圍困青州一年後投降。十月，求得蒙古允許，南歸宋朝。至紹定四年正月因發動叛亂被殺。一般認爲，李全自蒙古南歸後已有心叛宋，經過差不多四年準備，最終發動了叛亂。如黃寬重稱："李全也在苦守青州年餘之後，向蒙古投降。轉而召集兵眾，大造船艦，訓練水師，作窺伺江淮之計。李全既叛，宋則見撫剿並用之策無效，這纔於紹定

（接上頁）第 368—386 頁；謝剛：《金末元初山東世侯李氏本末考》，復旦大學碩士學位論文，1998 年；黃寬重：《經濟利益與政治抉擇——宋、金、蒙政局變動下的李全、李璮父子》，見氏著《南宋地方武力——地方軍與民間自衛武力的探討》，北京：國家圖書館出版社，2009 年，第 214—238 頁；趙文坦：《關於金末山東海海紅襖軍的若干問題》，《齊魯學刊》2011 年第 1 期，第 50—53 頁。

① 彭鋒：《從世俗之言到國史之論：試論〈宋史·李全傳〉的史料來源》，《史學史研究》2016 年第 4 期，第 35—45 頁。

② ［宋］周密著，張茂鵬點校：《齊東野語》卷九《李全》，北京：中華書局，1983 年，第 164 頁。

三年,正式下詔聲討李全。"① 段玉明認爲李全在南歸後確立的方針有二,"一方面游離於宋、蒙之間,一方面加緊反宋的準備"。② 何忠禮也指出這一時期的李全"利用南宋供給的財力和物力,造戰船,練水軍,積極準備大舉南下"。③ 這些結論都是以李全在紹定年間招兵、造戰艦、練水師等一系列活動爲依據,本文就試從這些具體事件入手,對現有結論予以重新審視。

李全紹定年間的活動主要見於《宋史·李全傳》,上引諸説的論據基本取材於此。這裏就以之爲基礎,對李全的主要活動進行分析。

1. 招兵。《宋史·李全傳》載:

> 紹定元年春,全厚募人爲兵,不限南北,宋軍多亡應之。天長民保聚爲十六砦,比歲失業,官振之,不能繼,壯者皆就募。④

表面上看,李全似乎是在積極招兵買馬,擴軍備戰,爲日後叛宋做準備。但若結合當時李全的處境,這一行爲更直接的目的乃在於儘快恢復元氣,以圖立足淮南。這是因爲李全的勢力在寶慶年間遭到了嚴重削弱。李全在山東的肆意擴張引起了蒙古人注意,寶慶二年(1226)三月,蒙古軍將李全圍困於青州,"全大小百戰,終不利,嬰城自守。大元築長圍,夜布狗砦,糧援路絶"。⑤ 圍困持續至寶慶三年,"時全在圍一年,食牛馬及人且盡,將自食其軍。初軍民數十萬,至是餘數千矣"。⑥ 境況之慘烈可以想見,李全無奈之下只得投降蒙古。但是,李全的根據地在淮河沿綫的楚州等地,他不可能將所有軍隊盡皆帶往山東,那麼跟隨李全固守青州的軍隊是否爲其主力呢? 寶慶二年十一月,知盱眙軍彭忔曾向另一忠義軍將領夏全指出:"楚城賊黨不滿三千,健將又在山東。"⑦得知李全被圍青州後,留在楚州的李福、楊妙真等準備前往增援,卻因"兵少,卒不往"。⑧ 可知,被圍青州者的確爲李全主力。所以,經過蒙古打擊,李全損兵折將,元氣大傷。雪上加霜的是,南宋趁李全被困青州,一變先前的安撫姑息之

---

① 黄寬重:《南宋時代抗金的義軍》,第 184 頁。
② 段玉明:《李全與"李全叛宋"》,見《宋蒙(元)關係研究》,第 374 頁。
③ 何忠禮、徐吉軍:《南宋史稿》第六章"光宗、寧宗朝的政治和對金關係",杭州:杭州大學出版社,1999 年,第 273 頁。
④ [元]脱脱等:《宋史》卷四七七《李全傳下》,北京:中華書局,1985 年,第 13839—13840 頁。
⑤ 《宋史》卷四七六《李全傳上》,第 13831 頁。
⑥ 《宋史》卷四七七《李全傳下》,第 13836 頁。
⑦ 《宋史》卷四七六《李全傳上》,第 13831—13832 頁。
⑧ 《宋史》卷四七六《李全傳上》,第 13832 頁。

策，命淮東制置使劉琸聯合盱眙等地的忠義軍進駐楚州，激發了第三次楚州兵變。之後李全內部發生分裂，部將劉慶福及弟李福相繼被殺，勢力進一步削弱。寶慶三年十月回到楚州後，李全儘管誅殺了張林、邢德、時青等反對自己的忠義軍將領，暫時穩住了楚州局勢，並恢復了與南宋的和好關係，但若想繼續在強鄰環伺的淮南立足，當務之急就要儘快恢復元氣。紹定元年的招兵實是這一艱難處境下的產物，而非直接爲蓄謀已久的叛宋做準備。

2. 造戰艦與訓練水師。《宋史·李全傳》載：

> 全知東南利舟師，謀習水戰，米商至，悉並舟糴之。留其柂工，一以教十。又遣人泛江湖市桐油黏筏，厚募南匠，大治舠艓船，自淮及海相望。於是（趙）善湘禁桐油黏筏下江，嚴甚。（翟）朝宗市黏木往揚州，善湘亦聞於朝，請以松木易留之。全不得已，代以榆板，舟成多重滯。①

李全軍中有舟師毋庸置疑，紹定元年（1228）七月，"（李）全及楊氏大閱戰艦於海洋"。紹定二年（1229）九月，"全往漣、海視戰艦"②。但李全所買米商之舟顯非戰艦，而屬商船。至於李全厚募南匠大批建造的舠艓船，又是些什麽樣的船呢？是否爲李全造來攻宋的戰艦呢？李全本傳前此有一則關於舠艓船之事："（嘉定十三年）十一月丁未，全遊金山，作佛事，以薦國殤。知鎮江府喬行簡方舟逆之，大合樂以饗之。總領程覃迭爲主禮，務誇北人以繁盛。全請所狎娟，覃不與，全歸語其徒曰：'江南佳麗無比，須與若等一到。'始造舠艓舟，謀爭舟楫之利焉。"③據此，可以斷定舠艓舟當非戰艦，原因有三：一、此事發生在嘉定十三年（1220），距李全歸宋僅兩年，若舠艓舟果爲戰艦，建造它們又意在與南宋爭鋒，則表明李全叛亂之心在歸附之初已然顯現。但宋朝史書一般認爲李全"反狀已露""叛謀已露"是在寶慶三年（1227）南歸後④；二、《宋史》本傳載寶慶元年四月，李全向淮東制置使徐晞稷索取戰艦，"晞稷使擇二艘。全移出淮河，使軍習之"。⑤寶慶元年上距嘉定十三年已五年之久，若舠艓舟爲戰艦，李全水師恐早已成軍，似不會再索求戰艦以訓練水軍，否則不過徒然啓人疑

---

① 《宋史》卷四七七《李全傳下》，第 13840 頁。
② 《宋史》卷四七七《李全傳下》，第 13840 頁。
③ 《宋史》卷四七六《李全傳上》，第 13822—13823 頁。
④ 分見《宋史》卷四二四《黃師雍傳》，第 12658 頁；《宋史》卷四〇五《李宗勉傳》，第 12233 頁。
⑤ 《宋史》卷四七六《李全傳上》，第 13829 頁。

寶;三、上引材料中提到李全因趙善湘阻撓,缺乏造船材料,只得用"榆板"代"黏木",導致舟多"重滯"。南宋立國南方,水師爲其所長,李全自然知曉,他想在這方面與南宋相爭,本就有以己之短攻人之長的問題,若又用"重滯"難行之戰艦,豈非自取滅亡? 紹定三年八月李全在射陽湖造戰艦時缺乏木料,以至"發塚取黏板"①,卻不再用"榆板"相代,可以反證紹定元年大規模建造者爲商船而非戰艦。

　　傅衣淩曾引用上述材料作爲李全從事南北貿易的證據,言下之意舥艖舟當爲商船②。這一判斷當是正確的。《宋史·李全傳》載:"膠西當登、寧海之沖,百貨輻輳,全使其兄福守之,爲窟宅計。時互市始通,北人尤重南貨,價增十倍。全誘商人至山陽,以舟浮其貨而中分之,自淮轉海,達於膠西。福又具車輦之,而稅其半,然後從聽往諸郡貿易。"③這是嘉定時期的情況,當時李全既已歸宋,又控制了山東沿海,故可利用此種特殊地位從事南北中轉貿易。南方商人將貨物運至楚州,李全用船隻替商人將貨物運至北方,以規取厚利。此時李全手中必定掌握了一支相當數量的商船隊,舥艖舟即爲其中一種。現在再回過頭看紹定元年的那則材料,李全將米商貨物並舟一起收購,又大造舥艖舟,實際上是嘉定時期行爲的翻版,目的在於利用優勢地位,建立船隊,親自從事海上貿易,這較之僅僅從事轉手貿易,獲利更爲豐厚。加之紹定年間李全不僅軍事上受到嚴重削弱,經濟上亦不容樂觀。此時李全固然可以得到南宋供給錢糧,但因投降蒙古時曾承諾"歲獻金幣"④,其從南宋獲得的供給必有相當部分被轉送蒙古。《宋史·李全傳》即稱:"全山東經理未定,而歲貢於大元者不缺,故外恭順於宋以就錢糧,往往貿貨輸大元。"⑤因此,他積極從事於海上貿易也就不難理解了,且此一時期李全軍中也確實可以看到"淮安牛馬(馬會)"以及"青州賣藥人"等商人的身影⑥。

　　3. 遣舟覘畿甸事。《宋史·李全傳》載:

　　　(紹定二年四月,李)全以糧少爲詞,遣海舟自蘇州洋入平江、嘉

　　①　《宋史》卷四七七《李全傳下》,第 13842 頁。
　　②　傅衣淩:《宋元之際江淮海商考》,見《傅衣淩治史五十年文編》,廈門:廈門大學出版社,1989年,第 103—104 頁。
　　③　《宋史》卷四七六《李全傳上》,第 13826 頁。
　　④　《宋史》卷四七七《李全傳下》,第 13839 頁。
　　⑤　《宋史》卷四七七《李全傳下》,第 13840 頁。
　　⑥　《宋史》卷四七七《李全傳下》,第 13840、13841 頁。

興告糴，實欲習海道，覘畿甸也。①

李全以缺糧爲名向南宋請求準其遣舟浮海到平江、嘉興等地收糴，但在南宋看來，這只是李全的藉口，真實目的乃在於熟悉海道以窺伺畿甸，爲日後攻宋做準備。趙葵就上書史彌遠表示反對："此賊若止於得粟，尚不宜使輕至内地，況包藏禍心，不止告糴。若不痛抑其萌，則自此肆行無憚，所謂延盜入室，恐畿内有不可勝諱之憂。"②不過，趙葵的説法祇係一種推斷，並未提出確鑿證據，或即因此未能得史彌遠認同。紹定六年（1233）十一月，知平江府楊燁在與理宗討論海防時提到："鄉來逆全多就顧涇運米。"③顧涇位於平江府境内，南宋在此駐有水軍④。這表明李全入浙西告糴之請得到了朝廷允許，且在此後頻繁往來於淮南與平江等地。李全所稱"糧少"是否僅爲藉口呢？喬行簡曾向理宗提到"山陽民散財殫"的情況，提醒注意忠義軍可能因此侵擾淮南⑤。《宋史》李全本傳在緊接著紹定二年四月記事後，又接連記載是年六月，"全資淮安牛馬（馬會）趙五嘯合亡命，雜北軍分住盱眙略牛馬"。⑥ 九月，"全密遣軍掠高郵、寶應、天長之間"⑦。先是掠奪牛馬，後又搶掠於高郵等地，都表明此時李全軍中的糧餉供給確實發生了問題。

4. 浮海渡江。《宋史·李全傳》載：

（李）全欲先據揚州以渡江，分兵徇通、泰以趨海。諸將皆曰："通、泰，鹽場在焉，莫若先取爲家計，且使朝廷失鹽利。"⑧

同傳又載：

（紹定三年十二月）庚申，全聞（趙）范、（趙）葵既入，鞭（鄭）衍德曰："我計先取揚州渡江，爾曹勸我先去通、泰，今二趙入揚州矣，江其

---

① 《宋史》卷四七七《李全傳下》，第 13840 頁。
② 《宋史》卷四一七《趙葵傳》，第 12502 頁。
③ 佚名撰，汪聖鐸點校：《宋史全文》卷三二，紹定六年十一月癸亥條，北京：中華書局，2016 年，第 2681 頁。
④ ［宋］范成大著，陸震岳校點：《吳郡志》卷五，御前許浦水軍寨條，南京：江蘇古籍出版社，1999 年，第 47—48 頁。
⑤ 《宋史》卷四一七《喬行簡傳》，第 12492 頁。
⑥ 《宋史》卷四七七《李全傳下》，第 13840 頁。
⑦ 《宋史》卷四七七《李全傳下》，第 13841 頁。
⑧ 《宋史》卷四七七《李全傳下》，第 13841 頁。

可渡耶?"莫敢對。既而曰:"今惟有徑搗揚州耳。"①

兩條材料討論的都是如何攻宋的計劃,李全本來打算先集中兵力攻佔淮東重鎮揚州,後兵分兩路:一路自揚州南下渡江,另一路自通州、泰州出海,循海路南侵。但遭到了鄭衍德等部將的集體阻撓,李全只得順諸將,先攻佔通、泰二州以奪取淮南鹽場,然後再攻揚州。本傳繫李全與諸將討論事於紹定三年二月壬寅條後,下距其攻佔鹽城正式叛亂還有半年時間。如此,李全反宋之志蓄謀已久的説法似乎得以坐實,但若仔細考察李全發動叛亂後的一連串軍事行動,就會發現事實並非如此。

李全於紹定三年八月攻佔鹽城,至紹定四年正月被殺,其間他的主要行動皆見於《宋史·李全傳》,現摘録如下:

> (紹定三年九月)壬子,(李)全兵突至灣頭,(趙)璡夫恐,欲走,副都統丁勝劫閣者止之。全攻城南門,都統趙勝自堡砦提勁弩赴大城注射,全稍退。
>
> (十一月)癸丑,全塞泰州城濠。于邦傑、宗雄武通全……乙卯,邦傑、雄武開門導全,(宋)濟帥僚吏出迎。
>
> (十二月)庚申,全聞范、葵既入,鞭衍德曰:"我計先取揚州渡江,爾曹勸我先取通、泰,今二趙入揚州矣,江其可渡耶?"莫敢對。既而曰:"今惟有徑搗揚州耳。"……丙寅,至灣頭立砦,據運河之沖。②

灣頭在揚州③,趙璡夫爲揚州通判④,趙勝雖爲鎮江都統,時已出戍揚州⑤。可以斷定,李全紹定三年九月所攻之城即是揚州。如此一來,李全攻佔鹽城後,進軍的順序是先攻揚州,未克,遂移兵泰州。攻克泰州後,又轉頭進攻揚州。這與紹定三年二月他同部將商定的先攻通、泰,再攻揚州的計劃截然不同。而

---

① 《宋史》卷四七七《李全傳下》,第 13845 頁。

② 《宋史》卷四七七《李全傳下》,第 13844—13845 頁。本傳在紹定三年八月以後至紹定四年正月之間記事祇言日干支,不載月份。據陳垣《二十史朔閏表》(古籍出版社,1956 年),知紹定三年九月二十四日,十一月二十五日皆爲壬子,癸丑爲十一月二十六日,乙卯爲十一月二十八日,庚申爲十二月三日。若壬子日爲十一月二十五日,此時李全剛開始進攻揚州,絶不可能在之後一天的癸丑即轉攻泰州,故此壬子日祇可能是九月二十四日。

③ [宋] 王存著,王文楚、魏嵩山點校《元豐九域志》卷五"淮南東路"條載:"江都。二十五鄉。揚子、板橋、大儀、灣頭、邵伯、宜陵、瓜州七鎮。"(北京:中華書局,1984 年,第 192 頁);《宋史》卷九七《河渠志》亦載:"(紹興)四年,詔燒毀揚州灣頭港口牐。"(第 2393 頁)

④ 《宋史》卷四七七《李全傳下》,第 13842 頁。

⑤ 《宋史》卷四〇八《王霆傳》,第 12313 頁。

紹定三年十二月庚申李全責罵鄭衍德的話表明,李全是完全按照先前制定的計劃執行的,並不存在中途變更之説。這種矛盾當作何解釋呢? 筆者認爲,實際情況應該是,李全確實和部將有一個先攻通、泰再攻揚州的計劃,但該計劃的制定不是在紹定三年二月,而是在九月以後。南宋正式下詔討伐後,李全首先率軍進攻揚州,遭趙勝等將領頑強抵抗。部將鄭衍德等人遂建議李全暫時放棄揚州,移兵進攻通、泰。兩州爲淮南鹽場所在,佔據兩地既可坐享豐厚鹽利,又可使南宋蒙受嚴重損失。於是十一月二十六日,李全進攻泰州,不到三天即順利拿下。然而,李全始料未及的是,趙范、趙葵兄弟卻趁機率軍進駐揚州。之前進攻已然受阻,現又加上二趙兄弟,攻佔揚州更加希望渺茫,所以纔會出現李全嚴厲訓斥鄭衍德的一幕。

由上可見,這些行爲均難以構成李全蓄意叛亂的證據。事實上,李全雖非善類,也的確可能懷有野心,但若想有所作爲,關鍵要有足夠實力,而紹定年間的李全並不具備這樣的實力。這在時人眼中是較爲清楚的。程珌在《輪對劄子》中稱:"淮東之寇,舉國皆以爲難,而臣以爲不足慮……夫人人國都而爲謀人之事,此兵家大忌,彼豈不知委身孤城,岌岌乎釜魚幕燕哉? 而猶撞搪叫號於假息之頃者,蓋北方之路既絶,勢必求營朝暮,以延歲月之命也。"[1] 劄子中提到忠義軍"暴露奔迸十年於此",當作於寶慶末紹定初。程珌認爲忠義軍雖時有"撞搪叫號",不過爲求得衣食之資以苟延性命而已。金正大六年(1229),金哀宗擔心"李全據有楚州,睥睨山東,久必爲患",想趁與蒙古戰事稍歇出兵剿滅,遭樞密院判官白華反對。白華稱:"李全借大兵之勢,要宋人供給饋餉,特一猾寇耳。"[2] 認爲李全不過是借蒙古之勢要挾宋朝,以求得錢糧供給的"猾寇",根本無力與金"爭天下"。既然如此,李全又何以會發動叛亂呢?

二、李全叛亂的真實原因

紹定三年八月,李全出兵攻佔鹽城,一個月後,南宋下詔討伐。顯然在南宋看來,攻佔鹽城是李全公然叛亂的標誌性事件。端平初,魏了翁在回顧忠義

---

① [宋]程珌:《程端明公洺水集》卷二《輪對劄子四》,《宋集珍本叢刊》第71冊,北京:綫裝書局,2004年,第23頁。

② [元]脱脱等:《金史》卷一一四《白華傳》,北京:中華書局,1975年,第2504頁。

軍歷史時,即稱"至於鹽城之難,可謂極矣"①。下面就圍繞鹽城事件探究李全叛亂的真實原因。

李全攻佔鹽城的始末見《宋史·李全傳》,其中有云:

> (紹定三年)八月,全閲舟師,風不順,焚香禱曰:"使全有天命,當反風。"語畢風反。大閲數日。會全糴麥舟過鹽城縣,(翟)朝宗嗾尉兵奪之。全怒,以捕盜爲名,庚午,水陸數萬徑搗鹽城……全入城據之。知縣陳遇逾城走,公私鹽貨皆没於全。朝宗倉皇遣幹官王節入鹽城,懇全退師;又遣吏曾玠、李易入山陽,求楊氏裏言之助,皆不答……全留鄭祥、董友守鹽城,提兵往楚……全言於朝,稱遣兵捕盜過鹽城,令自棄城遁去,慮軍民驚擾,未免入城安衆。乃加全兩鎮節,令釋兵,命制置司幹官耶律均往諭之。全曰:"朝廷待我如小兒,啼則與果。"不受。朝廷爲罷朝宗……通判揚州趙璣夫暫攝事。②

按此叙述,李全八月大閲舟師時已決定攻佔鹽城,"天命"之説顯示其志不在小。隨後翟朝宗命尉兵劫奪李全糴麥舟事讓李全找到了藉口,遂立即揮兵鹽城。翟朝宗遣官員向李全、楊妙真懇求退師,未得回應。此時,李全上奏朝廷,辯稱並非攻佔鹽城,而是鹽城縣令棄城自走,爲安撫民衆方提兵進駐。於是朝廷加李全兩鎮節度令其撤兵,卻遭拒絶。

攻佔鹽城後,李全致書淮東制置司做出解釋:"全復歸三年,淮甸寧息,雖荷大丞相力主安靖之説,深有覆護之恩,奈何趙制置、岳總管、二趙兄弟人自爲政,使全難處! 全欲決定去就,親往鹽城存劄。若有疾全者、疑全者,如趙知府之輩,便可提兵決戰。如能滅全,高官重禄任彼取之,倘不能滅,方表全心。"③大丞相是史彌遠,趙制置、趙知府皆指沿江制置使兼知建康府、江東安撫使趙善湘,岳總管指淮東總領兼制置使岳珂④,二趙則是知鎮江府趙范和淮東安撫副使趙葵兄弟。李全一面對史彌遠的"覆護之恩"表示感激,一面則表達了對三趙、岳珂等人處處與己爲難的憤恨,並將攻佔鹽城歸咎於三趙逼迫。這是否是李全叛亂的真實原因呢?

---

① [宋] 魏了翁:《鶴山先生大全文集》卷一八《應詔封事》,《四部叢刊初編》本。
② 《宋史》卷四七七《李全傳下》,第 13841—13842 頁。
③ 《宋史》卷四七七《李全傳下》,第 13842 頁。
④ 《宋史》卷四一《理宗本紀》載:"(寶慶三年)五月壬子,詔岳珂户部侍郎,依前淮東總領兼制置使。"(第 789 頁)

《宋史》認爲這只是李全的藉口，是其蓄意叛亂計劃的一部分，"始，全反計雖成，然多顧慮，且懼其黨不皆從逆。邊陲好進喜事者，欲挾賊爲重，或陰贊之，謂激作愈甚，朝廷愈畏，則錢糧愈增，又許身任調停之責。故全兵將舉而張國明先召，全之託辭陳遇棄城，及歸過三趙圖己，蓋成謀也"①。李全在紹定四年正月即將敗亡前不久，曾有"國明誤我"之嘆，知所謂"邊陲好進喜事者"主要即是指張國明。寶慶三年，南宋因"淮亂相仍，遣帥必斃，莫肯往來"，將淮東制置司撤出楚州，"改楚州名淮安軍，命通判張國明權守，視之若羈縻州然"。② 張國明提出的策略是，讓李全在淮南有意滋事，激化忠義軍與朝廷的矛盾，然後利用自己南宋官員身份居中調停，藉此使忠義軍獲得更多錢糧供給。鹽城事件前一個月，即紹定三年七月，張國明應召赴朝稟議，"(李)全以寶玉資其行，賓從所過，揚言：'李相公英略絶倫，其射五百步，朝廷莫若裂地王之，與增錢糧，使當邊境。'遍饋要津，求主其說。既見廟堂，以百口保全不叛"。③ 這就是材料中所說的"全兵將舉而張國明先召"。言外之意，這次事件出自李全與張國明合謀。從李全大閱舟師，隨即攻佔鹽城來看，說這是有預謀的行動應該是有根據的。張國明可能確實事先便知道，趙葵在給史彌遠的書中就說："又聞張國明前此出山陽，已知賊將舉鹽城之兵。"④但是否可以進而認爲這是李全公然叛宋的標誌，是其蓄謀已久計劃的一部分呢？張國明本爲南宋官員，他爲李全出謀劃策實際上是出於自身利益考慮。楚州本爲淮東重鎮，淮東制置司南撤後，楚州由州降格爲"淮安軍"，僅僅被視作"羈縻州"，如此，作爲權守的張國明，仕途必會受到影響，他需要通過製造朝廷與忠義軍的矛盾來凸顯居中調停的地位，即材料中所謂的"欲挾賊爲重"。因此，他本身無意反宋，觀其"以百口保全不叛"，不大可能是信口而說。他在李全叛亂前並未離開朝廷，叛亂平定後依舊身在朝中⑤，亦似乎不是一個共謀反叛者會有的情況。換句話說，鹽城事件是張國明爲李全提供策略的一次現實運用，意在索取錢糧，故攻佔鹽城後李全一面向朝廷做出解釋，一面"邀增五千人錢糧，求誓書鐵券"⑥。

① 《宋史》卷四七七《李全傳下》，第 13847 頁。
② 《宋史》卷四七七《李全傳下》，第 13837 頁。
③ 《宋史》卷四七七《李全傳下》，第 13841 頁。
④ 《宋史》卷四一七《趙葵傳》，第 12500 頁。
⑤ 《宋史》卷四七七《李全傳下》載："揚州平，善湘以露布上……國明輩懼禍及己，唱論云全未死。"(第 13849 頁)若張國明此時身在李全軍中，自可隨忠義軍殘部北去山東，而不必擔心遭到朝廷的懲處。
⑥ 《宋史》卷四七七《李全傳下》，第 13842 頁。

但索取錢糧僅是鹽城事件發生的原因之一,《齊東野語》載:

> 既而李全至楚,揭榜自稱山東、淮南行省,於是盡據淮安、海州、漣水等處。先是,全遣張國明入朝稟議,漫書至,朝廷未有以處之。會時青亦遣人至,國明遂遣人報全,全遂殺青。國明極言李全無它意,朝廷遂遣趙拱奉兩鎮節鉞印綬以往。而江閫乃遣申生結全帳下謀殺之,事覺,全囚申生,以其事上於朝。蓋全時已有叛志矣。會鹽城陳遇謀於東海截奪全青州運糧之船,全由是愈怒,遂興問罪之師。①

此與《宋史》中李全攻佔鹽城的記載存在明顯差異。首先,《宋史》稱鹽城事件後,南宋遣使"加全兩節鎮"令其退兵,遭到拒絕。據《齊東野語》,加兩鎮乃在鹽城事件前。《宋史·理宗本紀》載,紹定三年五月甲寅,"檢校少保李全授彰化保康軍節度使,開府儀同三司、京東鎮撫使"②。也是在鹽城事件前,可證當以《齊東野語》爲確。既然李全在攻佔鹽城前已建節兩鎮,朝廷又豈會在鹽城事件後再以此作爲李全退兵的交換條件呢?鹽城事件後,朝廷採取的措施當只是遣使諭李全退兵,同時撤換瞿朝宗,令揚州通判趙璥夫暫攝淮東制置司事。其次,《齊東野語》指出李全攻佔鹽城,是因"江閫"即沿江制置司遣人暗中勾結李全部下謀害李全,之後又出現了鹽城知縣陳遇謀劃赴海州東海截奪李全運糧船之事,最終激怒李全,導致了鹽城事件。李全南歸後,擔任沿江制置使者一直是趙善湘,可知意圖謀殺李全即爲趙善湘策劃。前引材料中提到紹定元年李全建造舟船時,曾遭趙善湘阻撓。同年六月,李全"試舟射陽湖,善湘恐其乘便搗通、泰,亟牒池州求通、泰入湖之路"。③ 將這幾件事結合起來,李全稱趙善湘"圖己"當非虛語。至於陳遇,不過是鹽城知縣,他敢於陰謀截奪李全運糧船隻,背後應也有趙善湘的支持。

除趙善湘外,李全還提到趙范、趙葵兄弟意欲圖己,同樣並非誣陷誘過。二趙兄弟對李全一貫持反感態度。寶慶初,他們就曾積極請求朝廷允其與另一主要忠義軍將領彭義斌合作共同消滅李全④。可見,二趙與李全的矛盾由來已久。鹽城事件爆發後,要求討伐李全最積極者依舊爲二趙。趙范一面致書

① 《齊東野語》卷九《李全》,第 163 頁。
② 《宋史》卷四一《理宗本紀》,第 793 頁。
③ 《宋史》卷四七七《李全傳下》,第 13840 頁。此處之"池州"似是"海州"之誤,王太岳等纂輯《四庫全書考證》(《叢書集成初編》本)卷二八載:"《李全傳下》'亟牒池州求通、泰入湖之路'刊本'海'訛'池'。據監本改。"
④ 《宋史》卷四一七《趙范傳》,第 12505—12506 頁。

史彌遠請求調兵遣將,一面又致書趙善湘:"今日與宗社同休戚者,在内惟丞相,在外惟制使與范及范弟葵耳。賊若得志,此四家必無存理。"①本傳稱"於是討賊之謀遂決,遂戮全"。趙葵也在同時上書史彌遠:"李全既破鹽城,反稱陳知縣自棄城,蓋欲欺朝廷以款討罪之師,彼得一意修舟楫,造器械,窺伺城邑,或直浮海以搗腹心,此其奸謀,明若觀火。葵自聞鹽城失守,日夕延頸以俟制帥之設施。"又上書朝廷:"今大逆不道,邈視朝廷,負君相卵翼之恩,無如李全。前此畔逆未彰,猶可言也,今已破蕩城邑,略無忌憚,若朝廷更從隱忍,則將何以爲國?欲望特發剛斷,名其爲賊,即日命將遣師,水陸並進,誅鉏此逆。"②

更爲重要的是,這一時期二趙與趙善湘形成了密切關係,《宋史》稱:"時善湘見范、葵進取,慰藉殷勤,饋問接踵,有請必應。遣諸子屯寶應以從,范、葵亦讓功督府,凡得捷,皆汝櫄等握筆草報。"③這樣,紹定年間,在江淮就形成了一股以三趙爲核心的反李全勢力。鹽城事件後力主討伐的鄭清之就稱:"平時與全爲敵者,不過三趙。"④可以確信,李全稱"三趙圖己"當是實有其事,而非純粹爲發動叛亂尋找之藉口。

這裏還有一件需要解釋之事,即李全攻佔鹽城後曾大規模建造舟師。《宋史·李全傳》載:"全造舟益急,至發塚取粘板,煉鐵錢爲釘鞠,熬人脂搗油灰,列炬繼晷,招沿海亡命爲水手。"⑤看起來是在爲進一步進軍做準備,但細觀李全建造舟師的過程,卻不像是一個蓄謀已久、已有全盤計劃的叛亂者該有的行爲,反倒處處顯露出面對突然變故時的驚慌失措。當時是否存在這種變故呢?《宋史·趙范傳》載:"(趙范)又爲書告廟堂:'請罷調停之議……'朝旨乃許范刺射陽湖兵毋過二萬人,就聽節制。"⑥趙范在鹽城事件後上書朝廷要求採取應對措施,朝廷遂允許其在射陽湖招兵兩萬,並歸節制。李全大概沒有料到朝廷的強硬態度,所以匆忙在射陽湖建造戰艦,招募兵卒,這種舉動可以説自保的成分更大一些。後來在整個叛亂過程中,根本看不到李全主動利用舟師作戰的事例,唯一發生在射陽湖的水戰是在李全被殺後肅清忠義軍殘餘勢力時,且

---

① 《宋史》卷四一七《趙范傳》,第 12509 頁。
② 《宋史》卷四一七《趙葵傳》,第 12501 頁。
③ 《宋史》卷四一三《趙善湘傳》,第 12401 頁。
④ [宋] 劉克莊撰,辛更儒校注:《劉克莊集箋校》卷一七〇《丞相忠定鄭公行狀》,北京:中華書局,2011 年,第 6586 頁。
⑤ 《宋史》卷四七七《李全傳下》,第 13842 頁。
⑥ 《宋史》卷四一七《趙范傳》,第 12508—12509 頁。

是由朝廷主動出擊①。可從側面印證上述結論。

綜合來看,鹽城事件的大致過程是,三趙在江淮地區的步步緊逼使李全倍感憤怒,出兵攻佔鹽城主要是出於對三趙的報復,同時也可借此迫使南宋增加錢糧供給。他並沒有一個蓄意謀反的計劃,攻佔鹽城後他一面向朝廷解釋,一面留下鄭祥、董友駐守鹽城,自己則提兵回到淮安。他與宋軍的下一次正面衝突,還要等到朝廷正式下詔討伐後的九月二十四日。但是出乎其意料的是,此時朝廷已非一味採取姑息安撫之策,儘管史彌遠還在遣人談判,但也同意了趙范增兵防禦的建議,導致李全只得匆忙建造水師以備戰。說鹽城事件是有預謀的行動並不算錯,但若將之定性爲李全的公然反叛,是其整個叛宋計劃的一部分,則失之太過。

三、討伐李全決策的形成

前面提到,鹽城事件後,趙范、趙葵兄弟接連上書朝廷及趙善湘,積極請求討伐李全,但最終決定權無疑在朝廷手中。紹定元年,南宋中樞進行過一番調整,除史彌遠依舊任右丞相兼樞密使外,"以薛極知樞密院事兼參知政事,葛洪參知政事,袁韶同知樞密院事,鄭清之端明殿學士、簽書樞密院事"。② 至李全叛亂時,中樞格局一直未變。他們的態度某種程度上左右了朝廷對李全問題的決策。《宋史・李全傳》記載了得知李全攻佔鹽城後朝廷的反應:

> 時(史)彌遠多在告,執政無可否,舉朝率謂:"大丞相老於經綸,豈不善處?"獨參知政事鄭清之深憂之,密與樞密袁韶、尚書范楷議,二人所見合。清之乃約韶見帝,韶歷言全狀,帝有憂色。清之即力贊討全,帝意決。清之退,以帝意告彌遠,彌遠意亦決。③

史彌遠晚年多病,往往居家處理政務,以至"事決於房闥,操權於床第,人莫知其存亡"。④ 叛亂發生後,史彌遠尚未表露態度,執政大臣們不置可否。實際

---

① 《宋史》卷四七七《李全傳下》,第 13849 頁。
② 《宋史》卷四一《理宗本紀》,第 791 頁。
③ 《宋史》卷四七七《李全傳下》,第 13842 頁。
④ 《鶴山先生大全文集》卷一八《應詔封事》。

上，從鹽城事件後朝廷立即罷免翟朝宗而代之以趙璵夫，並對李全"遺餉不絕"來看，①史彌遠是主張繼續安撫的，但鄭清之有不同意見。對於鄭清之在李全之亂中的作爲，劉克莊爲其所撰行狀中有較爲生動的描述：

> 公在樞筦，李全以山陽畔，陷泰圍揚，國論猶爲撓覆，又欲易置江上制總，全所不樂者，以慰其心。公手書白相："因全一申，去岳逐趙，是朝廷之王人、國家之帥守，悉聽命於全矣。全以盜賊檻縷奔竄之余，陸梁跋扈如此，曾無一人正色以議其罪，國無人矣。"初，海陵失守，公早朝，見薛、葛、袁三人皆愕然，未知所出。公曰："平時與全爲敵者，不過三趙。若以一趙沿江，爲江淮制使，以二趙分帥兩路，必能合力捐身以當。須即日處分，稍遲，賊入維揚，大事去矣。"三人者唯唯，同至上前奉之，上深以爲然，云："當即批與丞相。"公奏："御批須是：'以社稷存亡，在此一舉，苟不用此三人，或有疏失，過不在朕。'"上領之。既退，知御批已至相府，然至晚無所施行，公轉扣相子宅之從史，憂懼待旦。四鼓後方繳入，黎明出命，朝野歡呼，知賊不足平矣。②

可見，叛亂發生後，朝廷並非不知所措，而是傾向於"撓覆"，且已準備再次更換江淮地區不爲李全所喜的官員。鄭清之一面致書史彌遠表達不同意見，一面聯合薛極、葛洪、袁韶等執政共同面見理宗，勸其下詔討伐。據行狀，鄭清之在朝堂上對薛、葛、袁三執政責以大義，顯得堂堂正正，但前引《宋史》李全本傳稱他"密與樞密袁韶、尚書范楷議"，則是暗中進行，似更得其實。當時，鄭清之在四執政中位居末次，史彌遠又傾向講和，他不大可能公然指責薛、葛、袁等人。劉克莊在此容有誇飾。

袁韶在事件中的活動，見《宋史·袁韶傳》與《延祐四明志》卷五《袁韶傳》，前者稱：

> 李全叛，揚州告急，飛檄載道，都城爭有逃避者。乃拜韶浙西制置使，仍治臨安鎮過之。丞相史彌遠懲韓侂胄用兵事，不欲聲討。韶與范楷言於彌遠曰："揚失守則京口不可保，淮將如卞整、崔福皆可用。"適福至，韶夜與同見彌遠，言福實可用。彌遠從之，遂討全。韶

---

① 《宋史》卷四七七《李全傳下》，第 13842 頁。
② 《劉克莊集箋校》卷一七〇《丞相忠定鄭公行狀》，第 6585—6586 頁。

卒以言罷。①

《延祐四明志》稱：

> 李全反山陽，時相欲以靜鎮。揚州告急，飛檄載道，杭州爭有逃
> 避者。拜浙西制置使，仍治臨安以鎮遏。公謂相言："揚失守，則京口
> 不可保，淮將如卞整、崔福皆可用。"適崔奉閩命來樞府，公夜與同見
> 相。故事，無暮謁相府。公言："崔實可用，雅量鎮浮，恐非今時所當
> 先。"相疑逼己，不悅，卒罷政歸里。②

從行文看，兩則材料或同出一源，但在細節上存在差異。材料中將鄭清之的
角色略去，只提到了袁韶與范楷，《延祐四明志》甚至連范楷也未提，顯然是
爲了凸顯傳主的核心地位。將這則材料與前引《宋史》李全本傳以及鄭清之
行狀的材料結合起來，整個事件當是以鄭清之爲核心③，袁韶則是最主要的
參與者。《宋史·葛洪傳》只是稱葛洪"贊討平李全"④，所起作用當較鄭、袁
二人爲次。據行狀，薛極也有參與，但未見於其他史料，作用當較爲有限。
至於范楷則時任權工部尚書，其爲袁韶援引，關係密切⑤。這樣一來，當時除
史彌遠外，鄭清之、袁韶、葛洪、薛極等四位執政以及工部尚書范楷等，都傾
向於討伐李全。

　　此外，從《宋史》及《延祐四明志》袁韶本傳的記載來看，不僅朝廷上出現了
一個主張討伐李全的小集團，而且還與江淮的三趙形成了遥相呼應之勢。鄭
清之早年擔任過趙氏兄弟的老師，他們在李全問題上採取相同立場或非偶然。
前引《延祐四明志》中稱袁韶"適崔奉閩命來樞府，公夜與同見相。故事，無暮
謁相府。公言：'崔實可用，雅量鎮浮，恐非今時所當先。'"將這段記載與《宋
史》本傳相校，情節大致相同，但在提到崔福到來時，《宋史》只是以"適福至"三
字一筆帶過，而《延祐四明志》中稱"適崔奉閩命來樞府"，此處多出的"奉閩命"
三字，實爲整件事情的關鍵。

---

① 《宋史》卷四一五《袁韶傳》，第 12451 頁。
② ［元］袁桷：《延祐四明志》卷五《袁韶傳》，《宋元方志叢刊》，北京：中華書局，1990 年，第
6207—6208 頁。
③ 《宋史》卷四一七《趙葵傳》亦稱："（史）彌遠猶未欲興討，參知政事鄭清之贊決之。"（第
12501 頁）不過這裏有一個錯誤，鄭清之出任參知政事乃在紹定三年十二月，其時討伐李全之決策早
已做出（見《宋史》卷二一四《宰輔表五》，第 5611 頁）。
④ 《宋史》卷四一五《葛洪傳》，第 12445 頁。
⑤ 《延祐四明志》卷五《范楷傳》，第 6214 頁。

崔福"故群盜,嘗爲官軍所捕",後"隸軍籍。初從趙葵,收李全有功,名重江淮"。① 可知李全叛亂時,他正在趙葵手下爲將。崔福地位並不顯赫,不大可能無故前來見袁韶,《宋史》袁韶本傳不言因由,以至令人費解。幸有《延祐四明志》的記載,知他實是奉"閫命"而來。鹽城事件時,趙善湘正擔任沿江制置使,"閫命"當即是趙善湘之命,崔福入京實爲趙善湘所遣。

當時,因送給史彌遠的御批遲遲未見回復,引起了鄭清之和袁韶等同謀者恐慌,所謂"從更憂懼"以及鄭清之"轉扣相子宅之"等行爲表現,已明白顯示此點。此時,崔福的到來對鄭、袁等人無異於一場及時雨。前文指出,趙善湘與二趙兄弟在對待李全問題上早已形成聯合,鹽城事件後趙范隨即致書趙善湘,曉以利害②。崔福帶來的訊息當即是三趙對李全問題的立場。趙善湘爲史彌遠心腹,其子爲史彌遠女婿③,他在李全問題上的態度無疑會對史彌遠產生重要影響,所以袁韶一旦明曉了趙善湘的態度後,便立刻帶崔福求見史彌遠,即便有"無暮謁相府"的"故事"亦顧不得了。據《宋史》和《延祐四明志》所載,袁韶匆忙帶崔福晉見史彌遠,似乎僅僅是爲了向史氏推薦他堪爲將領,史彌遠也仿佛是親眼見到了崔福可用而最終改變了在李全問題上的主張,卻恰恰忽略了這背後存在著的微妙關係。崔福本身無足輕重,背後的趙善湘及二趙兄弟纔是問題關鍵。

因此,事情的大致經過是,李全攻佔鹽城的消息傳到朝廷,史彌遠主張繼續姑息安撫,更換了翟朝宗等不爲李全所喜的江淮官員,並繼續供給糧餉以求退兵。但鄭清之傾向於採取強硬立場,主張立即出兵剿滅李全,並暗中聯合袁韶、葛洪、薛極等幾位執政,勸服理宗向史彌遠施壓。與此同時,江淮的三趙也遣崔福請戰。朝廷與江淮兩股主戰勢力遥相呼應,迫使史彌遠改變態度,支持出兵討伐。紹定三年九月十七日,即在李全攻佔鹽城一個月後,朝廷任命趙善湘爲江淮制置大使,趙范爲淮東安撫使、知揚州,趙葵爲淮東提點刑獄兼知滁州,全子才爲江淮制置司參議官,且由鄭清之親自起草詔書,正式出兵討伐李全。九月二十四日,李全進攻揚州,十一月攻泰州,十二月,再攻揚州,次年正月兵敗被殺。僅僅兩個月,李全勢力被基本消滅,殘部北歸山東。

---

① 《宋史》卷四一九《崔福傳》,第 12564 頁。
② 《宋史》卷四一七《趙范傳》,第 12509 頁。
③ 《宋史》卷四一三《趙善湘傳》,第 12401 頁。

四、李全之亂與中樞政局變動

李全叛亂短短兩個月即告平定，"成功之速，亘古所無"①，但此事在朝廷上引起的震盪並未隨之結束。首先便反映在平叛後的封賞上。《宋史·李全傳》載："揚州平，(趙)善湘以露布上，帝驚喜，太后舉手加額……朝中皆擬隨表入賀，彌遠以小寇就平，謝止之。"②理宗積極支持討伐李全，故得知叛亂平定後"驚喜"非常。但消滅李全及忠義軍卻有違史彌遠本心，功成之後似不願張揚，僅以"小寇就平"視之。

討伐李全的詔書中，朝廷曾對建功者承諾了節度使至團練使在內的各種賞賜，故事後"諸將皆望不次拔擢"。然而，史彌遠聲稱："今邊戍未撤，警報時聞，若諸將一一遂其所求，志得意滿，猝有緩急，孰肯效死?"③刻意抑制了封賞等級。這突出體現在對三趙的封賞上。趙善湘是平叛行動的全權負責者，本希望借此功勳進拜執政，但史彌遠稱："天族於國有嫌，高宗詔止許任從官，不許爲執政。紹熙末、慶元初，因汝愚、彥逾有定策功，是以權宜行之。某與善湘姻家，則又豈敢。"④結果只是進兵部尚書，繼續擔任舊職⑤。至於另外兩位平叛行動的負責者趙范和趙葵，前者"加吏部侍郎"⑥，後者親自斬殺李全，本有建節之望，亦不過授"福州觀察使、左驍衛上將軍"，其拒絕接受也在情理之中⑦。

在對待三趙的問題上，史彌遠僅僅是降低了對他們封賞的等級，對於參與決策的執政大臣，情況要更爲複雜。平定李全的行動還在進行時，史彌遠

---

① ［宋］劉宰：《漫塘文集》卷一六《回金陵趙帥惠酒兼賀誅李全》，《宋集珍本叢刊》第 72 册，北京：綫裝書局，2004 年，第 276 頁。

② 《宋史》卷四七七《李全傳下》，第 13849 頁。

③ 《宋史》卷四一四《史彌遠傳》，第 12418 頁。

④ 《宋史》卷四一四《史彌遠傳》，第 12418 頁。

⑤ 《宋史》卷四一三《趙善湘傳》，第 12401 頁。史彌遠以趙善湘屬於宗室爲藉口，拒絕提升其爲執政，當屬一種托詞。按照宋代祖宗法度，宗室身份固然構成了趙善湘進拜執政的障礙，但史彌遠並非拘泥於祖宗法度者，如嘉定十四年進拜參知政事的宣繒乃是史浩從妹之子，與史彌遠爲表兄弟。(見［宋］袁燮：《絜齋集》卷二一《何夫人宣氏墓誌銘》，《叢書集成初編》本)且從趙善湘"日夜望執政"的心態來看，他也似乎並未將宗室身份看作自己進拜執政的障礙。

⑥ 《宋史》卷四一七《趙范傳》，第 12509 頁。

⑦ 《宋史》卷四一七《趙葵傳》，第 12502 頁。宋代官員對於朝廷的加官進爵每有辭讓之舉，幾乎形成一種風氣，故而在傳記史料中很少專門提及此事，《宋史》中特別點明趙葵拒絕接受新命，當別有深意。

就開始著手對中樞進行調整。紹定三年十二月甲子,袁韶自同知樞密院事除兩浙西路安撫制置使兼知臨安府。次日,鄭清之除參知政事兼簽書樞密院事,喬行簡除端明殿學士、同簽書樞密院事①。因爲袁韶的主戰態度,史彌遠命他出任浙西安撫制置使,負責臨安所在地的防務,似無可厚非;但從另外角度來看,似乎又是有意迫使袁韶離開中樞。袁韶當是感受到了危險,接到任命後"尋控辭"②。雖然在十二月庚辰,得以免制置使,依舊同知樞密院事③,但紹定四年三月,又"除職別與郡"④。劉克莊後來記述此事稱:"紹定間袁韶以執政尹京,爲臺牒攻去。"⑤袁韶留下的空缺由鄭清之遞補。四月,鄭清之由參知政事兼簽書樞密院事改兼同知樞密院事。七月,葛洪以資政殿學士出知紹興府⑥。范楷也大約同時遭到貶謫⑦。至此,朝中參與決策討伐李全的主要成員袁韶、葛洪、范楷相繼離開朝廷,鄭清之得到拔擢,薛極官職依舊。喬行簡則是首次被擢升至中樞。李全叛亂前後,中樞格局發生了很大變動。

同樣參與決策的各個成員,遭遇相差懸殊,個中緣由可以從周密的記載得到解答。《癸辛雜識》載:

> 袁彥純同知始以史同叔同里之雅,薦以登朝,尹京。既以才猷自結上知,遂由文昌躋宥府,寖寖乎柄用矣。適誕辰,客有獻是爲壽,云:"見說黄麻姓字香,且將公論是平章。十年舊學資猶淺,二紀中書老欲殭。刑鼎豈堪金鎖印,仙翁已在白雲鄉。太平宰相今誰是,惟有當年召伯棠。"刑鼎指薛,蓋以金科賜第。仙翁指葛,時已七十。舊學則鄭安晚也。此詩既傳,史聞惡之,旋即斥去。⑧

袁彥純即袁韶。故事未明言發生的具體時間,但從"史聞惡之,旋即斥去"來看,當是在袁韶罷政前不久的紹定四年前後。李全叛亂前,中樞的格局爲史彌

---

① 《宋史》卷二一四《宰輔表五》,第5611頁。

② 《宋史全文》卷三一,紹定三年十二月乙丑條,第2656頁。

③ 《宋史》卷二一四《宰輔表五》,第5611頁。

④ [宋]潛説友:《咸淳臨安志》卷四九《官秩七·古今郡守表》,《宋元方志叢刊》,北京:中華書局,1990年,第3784頁。

⑤ 《劉克莊集箋校》卷一四五《圉山林侍郎神道碑》,第5729頁。

⑥ 《宋史》卷四一《理宗本紀》,第794頁。

⑦ [明]淩迪知:《萬姓統譜》卷九〇"范楷",《景印文淵閣四庫全書》第957冊,臺北:臺灣商務印書館,1983年,第326頁。

⑧ [宋]周密著,吳企明點校:《癸辛雜識》前集"袁彥純客詩",北京:中華書局,1988年,第42頁。

遠獨相,四位執政的排位依次爲薛極、葛洪、袁韶、鄭清之。薛極是蔭補入官,非科第出身,長期從事刑獄,依附史彌遠,位居"四木"之列,最爲史氏親信。①但也因此屢遭彈劾,威望不高,且因非科舉出身,罕有拜相可能,詩中"刑鼎豈堪金鎖印"即指此。葛洪自嘉定十七年出任同簽書樞密院事,寶慶元年進簽書樞密院事,紹定元年參知政事。他在朝野聲望不壞,"世多稱之"②,但紹定四年前後已屆致仕之年,故詩中以"仙翁"戲稱之。鄭清之是此次決策討伐李全的核心人物,一方面他與史彌遠關係密切,直接參與了史氏暗中擁立理宗的活動,在拉攏鄭清之參與密謀時,史彌遠曾有"事成,彌遠之座即君座"的許諾③;另一方面,此時的鄭清之在四位執政中位居末次,地位最低,資歷也最淺。他自嘉定十六年(1223)遷國子學録,隨後一直替史彌遠擔任理宗老師,至紹定四年已近十年,理宗即位之初他尚爲諸王宮大小學教授,數年之間,官拜簽書樞密院事,位居執政,可謂平步青雲,但他的根基並不會如他的官職那樣迅速增加,因有"十年舊學資猶淺"之謂。

真正能夠對史彌遠形成威脅的只有袁韶,他爲慶元府人,淳熙十四年(1187)進士及第,不過早年仕途不顯。至嘉定十三年出任臨安知府,此後一直擔任該職至紹定元年,前後近十年。他與史彌遠既屬同鄉,亦爲同年,《宋史》稱其爲"丞相史彌遠腹心"④,史彌遠死後也牽連遭到彈劾⑤。周密説他以"才猷自結上知,遂由文昌躋宥府",看來亦頗得理宗青睞。當時執政中,無論出身、資歷,還是聲望,袁韶都在其他執政之上,所以鄭清之密謀討伐李全首先便尋求他的合作。其時史彌遠纏綿病榻,命在旦夕,朝局的變化已是早晚之事。客人的祝壽詩當即代表了時人對未來中樞格局變動的預測,基本傾向於認爲袁韶將會成爲史彌遠的繼任者。而袁韶於李全之亂中的表現,在史彌遠看來,恐怕恰好坐實了傳聞,他帶崔福連夜去見史彌遠,令其同意討伐李全,難免給史氏逼迫之感,故《延祐四明志》在敘述完此事後稱"相疑逼己,

---

① 嘉定年間,薛極曾因遭太學生抨擊而"不安於位,力乞去",史彌遠跟他説:"彌遠明日行,則尚書今日去。"見[宋]葉紹翁著,沈錫麟、馮惠民點校:《四朝聞見録》丙集"草頭古"條,北京:中華書局,1989年,第128頁。

② 《宋史》卷四一五《葛洪傳》,第12445—12446頁。

③ 《宋史》卷二四六《鎮王竑傳》,第8736頁。

④ 《宋史》卷四一五"論",第12462頁。

⑤ [宋]王邁:《臞軒集》卷二《乙未六月上封事》,《宋集珍本叢刊》第79册,北京:綫裝書局,2004年,第124頁。

不悦,卒罷政歸府"①。

　　隨著葛洪、袁韶離開朝廷,鄭清之成了李全之亂的最大受益者。紹定三年十二月除參知政事兼簽書樞密院事,四年四月又除兼同知樞密院事,成爲僅次於薛極,位居第二的執政②。此時的鄭清之儼然具備了史彌遠接班人的資格。紹定六年十月,"史彌遠進太師、左丞相兼樞密使……鄭清之光禄大夫、右丞相兼樞密使"。③ 鄭清之成功越過薛極成爲宰相。不久,史彌遠去世,理宗親政,鄭清之獨相。從某種程度上説,李全之亂帶來的中樞人事變動,爲理宗親政之初中樞政治格局的形成奠定了基礎。

　　不僅如此,李全之亂的平定部分促成了兩年之後的端平入洛。在消滅李全後不久,劉宰似乎就已看出北伐的苗頭,他致書趙善湘:"如聞中土生聚,實苦北敵繹騷,兼以新師已圍古汴,竊恐必有援匈奴五單于爭立之事,欲遂用樊噲十萬衆橫行之謀。"④若將平定李全之亂與端平入洛聯繫起來,可以發現兩次事件主導者幾乎完全一樣。其時雖已没有了袁韶等人,但依舊是理宗與鄭清之主張於内,趙范、趙葵、全子才等人呼應於外。李全之亂的成功平定,在理宗、鄭清之、二趙兄弟心中必然產生了深刻影響。端平更化後,史彌遠黨羽遭到清算,趙善湘亦在其中,但"御筆以善湘有討逆復城之功,寢其奏"。⑤ 即是以趙善湘消滅李全的功勳有意予以保全,反映出理宗對平定李全之亂的認同。理宗在親政之初的"赫然獨斷","不好立異"的鄭清之也"慨然以天下爲己任"⑥,君臣二人不顧朝野反對力主收復三京,與由平定李全叛亂激起的熱情不無關係。至於二趙兄弟,積極主張討伐李全並立下大功,卻因史彌遠的壓制而未能獲得期望的擢升。這種受到抑制的功名心,勢必會在之後爆發出來。史彌遠去世引起的政局更新,以及金朝滅亡帶來的外部局勢變化,恰好提供了難得機遇。端平初鄭性之上言理宗:"近都堂集議,觀范、葵及子才論奏書牘,議論蝟生,氣吞八蠻。"⑦平定李全之亂可謂是端平入洛的一次預演。

---

① 《延祐四明志》卷五《袁韶傳》,第 6208 頁。
② 《宋史》卷二一四《宰輔表五》,第 5611—5612 頁。
③ 《宋史》卷四一《理宗本紀》,第 798 頁。
④ 《漫塘文集》卷一六《回金陵趙帥啓》,第 276—277 頁。
⑤ 《宋史》卷四一三《趙善湘傳》,第 12402 頁。
⑥ 《宋史》卷四一四《鄭清之傳》,第 12420 頁。
⑦ 《劉克莊集箋校》卷一四七《毅齋鄭觀文神道碑》,第 5813 頁。

結　論

　　李全的叛亂實質上是在錯判形勢下的倉促起事，只是在帶有強烈立場偏見的官方書寫中將之塑造成了一場策劃周密、準備充分且蓄謀已久的叛亂。這在宋代對於叛臣的書寫中帶有一定的普遍性。如被列入《宋史·叛臣傳》的另一位叛臣吳曦，其在開禧年間舉全蜀之地投降金朝，旋即被殺。有關史書就傾向於將這場叛亂視作一項蓄謀已久的安排。葉紹翁《四朝聞見錄》載："逆曦既用，賂蘇師旦，遂舉全蜀以授之。其在殿巖也，嘗命工圖畫上乘輿、鹵簿，卷軸甚詳。人問曰：'太尉何用此？'曦紿之曰：'把歸去，教孩兒男女看了消災減罪。'及出北關，遂焚香拜天於蠲首云：'且得脱身歸去。'其反狀已萌於此矣。"①如此，吳曦至遲在從朝廷返回四川之前就已萌發反叛之心。《宋史·吳曦傳》雖未引用此則材料，但稱"會韓侂胄謀開邊，曦潛畜異志，因附侂胄求還蜀"。②同樣認爲吳曦在歸蜀前就暗藏禍心。但有學者早已指出，"吳曦之亂並非蓄謀已久，而是一場迫不得已、倉促爲之的叛亂"。③　其情形與李全之亂頗爲相似。很顯然，宋人既將吳曦、李全之流定性爲叛臣，在書寫相關歷史時就有意無意對其形象進行了再塑造，這種再塑造以其叛亂爲最終結局，帶有非常明顯的目的論傾向。在這一最終結局的關照下，原先可能與叛亂毫無干係的行爲亦往往會被賦予新的意義，從而不同程度扭曲了事實的本來面目。在缺乏其他來源史料比對參照的情況下，這種重塑所帶來的影響很多時候甚至頗爲嚴重。希望通過本文對李全之亂的解析，能爲克服這一困難提供一些有益探索。

---

①　《四朝聞見錄》戊集《逆曦歸蜀》，第 190 頁。

②　《宋史》卷四七五《吳曦傳》，第 13811 頁。

③　楊倩描：《"吳曦之亂"析論》，《浙江學刊》1990 年第 5 期，第 108 頁。

四川大學古籍整理研究所　馬琛

士氣在蜀：宋元之際東川士人及其時局應對*

　　摘　要： 宋蒙（元）戰爭時期，四川士人聚集在以重慶爲中心的東川地區，形成以北巖學派爲主體的東川士人群體，與宋軍共進退，爲凝聚民心，共赴時艱，就生存危機、文化危機、軍事危機、政治危機，展開了生動的時局應對。他們一面砥礪士氣，悠然自處，堅定軍民抗元信心；一面承擔天下家國之責，與謀軍事，參與時政。其所展現出的以儒家信仰爲内核的“士氣”，與作爲軍事武備陣地的山城防禦體系互爲表裏，賦予了東川强大的禦敵力量。

　　關鍵詞： 東川士人；宋蒙（元）戰爭；陽枋；北巖學派；時局應對

　　《史記·孔子世家》云：“有文事者必有武備，有武事者必有文備。”①文武之道，一張一弛。但在歷代戰爭中，國家存亡更多繫於武功，“文事”則處於隱而不彰的地位。宋代四川抗元戰爭中，川中留守士人在“文事”層面的時局應對即爲世人所忽略。南宋端平二年（1235）十二月，蒙古闊端攻陷沔州（今陝西省略陽縣），進而突破川北防綫，長驅入蜀。次年，四川大部陷入戰火，“府州數十，殘其七八”。② 危局之下，宋軍針對蒙古軍隊不擅

---

　　* 本文係貴州省 2020 年度哲學社會科學規劃國學單列項目“中國西部儒學史”（20GZGX20）階段性成果。

　　① ［漢］司馬遷：《史記》卷四七《孔子世家》，北京：中華書局，1982 年，第 1915 頁。

　　② ［元］姚燧著，查洪德校注：《姚燧集·牧庵集》卷一六《興元行省瓜爾佳公神道碑》，北京：人民文學出版社，2011 年，第 254 頁。

水戰的弱點,確立了以水路爲綱的禦敵之策,將川蜀政治、軍事中心遷至重慶,於四川東南部即夔州路、潼川府路南部沿江因山設險,構建山城防禦體系。以重慶爲中心的東川成爲士人主要聚集地,形成東川士人群體。東川士人與宋軍共進退,發揮穩定民心、砥礪士氣的重要作用,是東川社會中不可忽視的重要力量。

既往研究中,學界多注重宋軍的東川防禦體系,而鮮有學者注意到留守其中的士人在戰爭中的貢獻。[①] 東川士人群體砥礪士氣,維繫民心,與東川山城防禦體系同頻共振,互爲表裏,共同維護宋王朝的統治。其價值和意義與山城防禦體系相侔,應予以充分重視和深入研究。有鑒於此,本文試釐清"東川士人群體",探討其時局應對,以加深對此議題的認識。

一、東川士人群體概述

宋蒙(元)戰爭時期,以重慶爲中心的東川聚集了大量士人,時人尹夢龍指出:"蜀自癸卯以來,山川之士,流離失業,依渝爲長城。"[②]僅釣魚城一地,就聚集"秦、鞏、利、沔"流民及合州人達數十萬[③],其中包括士人群體,如神臂城投降時,城內"簽廳官四十三人,皆進士老儒"。[④] 不過,在這些活躍於東川的士人中,有詩文集傳世者僅陽枋一人。[⑤] 因此要釐清東川士人群體的基本情況,舍

---

① 如何平立:《略論南宋時期四川抗蒙山城防禦體系》,《軍事歷史研究》1996 年第 1 期;葛業文:《釣魚城防禦戰的歷史經驗及啓示》,《軍事歷史》2012 年第 5 期;馬強:《關於宋蒙釣魚城之戰幾個問題的再探討》,《長江師範學院學報》2015 年第 6 期等,均從軍事角度論述山城在戰爭中的位置和作用。對宋蒙戰爭時期東川士人文化活動進行探討的有粟品孝:《斯文未絕:南宋四川山城防禦體系下的學校教育》,《西華師範大學學報(哲學社會科學版)》2016 年第 1 期;粟品孝:《南宋後期涪陵北巖書院的重修及其講學活動》,《志苑集林》第 3 輯,2020 年。

② 〔元〕尹夢龍:《重慶路儒學重修禮殿二門記》,見〔明〕張文燿修,鄒廷彥纂,重慶市地方志辦公室整理:《(萬曆)重慶府志》卷七四"藝文",北京:國家圖書出版社,2020 年影印上海圖書館藏本,第51 頁 a。

③ 據佚名《釣魚城志記》,釣魚城初建時,"石照、銅梁、巴川、漢初、赤水五縣之民,計户口八萬,丁一十七萬,以完其城",後來"秦、鞏、利、沔之民皆避兵至此,人物愈繁"。至李德輝接管時,人口應在幾十萬。(《(萬曆)重慶府志》卷八〇"藝文",第 4 頁 a)

④ 〔元〕馬紹庭:《大元故奉議大夫耀州知州馮公墓誌銘》,轉引自杜文:《元耀州知州〈馮時泰墓誌銘〉考釋》,《碑林集刊》第 11 輯,2005 年,第 66 頁。

⑤ 宋蒙(元)戰爭時期產生的四川士人文集,主要有吳泳《鶴林集》、程公許《滄洲塵缶編》、高斯得《恥堂存稿》、史繩祖《學齋佔畢》等。吳泳、程公許、高斯得仕宦在外,戰爭期間已不在四川;史繩祖《學齋佔畢》則爲學術筆記。

陽枋《字溪集》①而莫求。把梳《字溪集》，可以發現當時東川社會主要存在兩類士人群體。

其一，以家族爲單位的士人群體。以陽氏家族爲例，陽枋有弟陽房，兩子陽少箕、陽炎卯，侄陽岊、陽昂、陽損，侄孫陽恪等，其家族内部互爲學友師徒。陽氏家族如同宋代四川諸多普通學術家族一樣，早年並不顯貴，但一直堅持詩書傳家，注重子弟教育，即使戰爭時期也未曾停廢。景定三年（1262），陽氏家族陽少箕、陽昂、陽恪、陽醴、陽義方同登進士第，造就一族同年五進士的盛況。陽枋家族是當時東川士人家族的一個縮影，類似的士人家族還有陽枋同鄉蹇用叔、趙汝廩等，蹇、趙兩家均爲陽枋姻親。② 蹇用叔及其弟蹇從叔與陽枋有詩文唱和，趙汝廩曾命其子趙崇樵從陽枋學，如此兄弟、父子研學，延續四川的家族學術傳統，充分證明以家族爲單位的東川士人群體的存在。

其二，以學派爲單位的士人群體。宋蒙（元）戰爭爆發後，南宋盛行於四川的南軒學派、“二江九先生”③等皆已衰落，以陽枋爲核心的北巖學派仍傳承不息。陽枋師承度正、晏淵，晏淵親炙朱熹，講學北巖書院，形成川中朱子學嫡傳派。該學派地域範圍與北宋末譙定創建的涪陵學派基本一致，且在學術上有一定淵源，即服膺程朱理學，重視《易》學。東川社會中，陽枋同門尚有趙汝廩、黄應鳳、羅仲禮等。門人則有趙崇樵、王復孫、趙子寅、伏光祖、王三應諸人。重要學侶有文復之、宋壽卿等。即使在戰爭時期，該學派也在不斷演進和擴大。淳祐元年（1241），陽枋分教廣安時，“郡人前進士楊君甲率同志問《先天圖》義、象數之學”。④ 淳祐十一年，北巖書院得以重建，無疑也成爲一個講《易》學、性理之學的中心，陽枋曾在此短暫講學。⑤ 同年冬，陽枋就養夔州，郡守李卓率子弟請教《易》學，陽枋一本程朱之説，爲之講卦辭爻義，並將講學内容匯爲《易學正説》。⑥ 從上述行迹來看，伴隨陽枋講學活動的開展，向其問學之人遍佈四川夔州路。

---

① 本文引用《字溪集》均爲《景印文淵閣四庫全書》本，臺北：臺灣商務印書館，1986年，第1183册。下文僅標注書名、卷次、篇名、頁碼。

② 陽枋之子陽炎卯娶蹇用叔之女（《字溪集》卷六《與季兒定蹇用家姻啓》，第338頁），陽枋侄兒娶趙汝廩之女（《字溪集》卷六《又爲開二侄定趙守宅姻啓》，第339頁）。

③ “二江九先生”指范蓀、范子長、范子該、范仲黼、薛紱、鄧諫從、虞剛簡、程遇孫、宋德之。

④ 《字溪集》卷一二《行狀》，第451頁。

⑤ 據粟品孝《南宋後期涪陵北巖書院的重修及其講學活動》考證，陽枋至遲於當年九月到達北巖書院，主書院僅兩個月，便因兒子陽炎卯執意回到原來任官的夔州而離開。論證可信。

⑥ 參見《字溪集》卷一二《紀年録》，第435頁。

同時期,魏了翁鶴山學派川中亦有史繩祖、税巽父等傳人。史繩祖爲眉州眉山(今四川省眉山市)人,戰争時期活躍於東川,淳祐中知長寧軍,任職期間建長寧縣學,並擔任主講。曾以其新作《類稿》贈陽枋,也曾至重慶府學明新堂,與學官交流文物保存情况。税巽父則刊行魏了翁《師友雅言》,陽枋六十七歲(1254 年)時,與之論《易學啓蒙小傳》。

當時聚集東川的士人,遠不止上舉陽氏、蹇氏、趙氏家族,北巖學派、鶴山學派中人。據《(萬曆)合州志》,僅合州一地,自端平二年至咸淳七年(1271),産生 12 榜進士,共 111 人。最晚一榜爲咸淳辛未(七年)張鎮孫榜。① 説明四川境内的類省試一直舉行至宋亡前五年。由於戰争時期,四川舉子入朝應試不便,這些進士大多與陽枋一樣,賜同進士出身。他們以進士身份留守當地,爲南宋末期東川社會的中堅力量。

二、東川士人的時局應對

通常認爲,南宋理宗時期,政治危機空前嚴重,但地方士人的感知並不相同。河汾士人房皞於金亡之際南下流寓荆楚,輾轉至杭州,目睹南宋都城的繁華和統治者的紙醉金迷,感慨賦詩云:"滿城羅綺照青春,湖上風光日日新。人在畫船泥樣醉,安知西北有兵塵。"②元人袁桷也追憶説:"西湖不識烽臺愁,北關已絶强鄰聘。"③而身處前綫的東川士人,對時政的感知憂患重重。外有强敵壓境,内有黨派傾軋,蜀中守將彭大雅、余玠等均捲入其中,給四川戰局造成極其不利的影響。面對生存危機、軍事危機、政治危機,東川士人一面砥礪士氣,堅定軍民抗元的信心;一面承擔天下家國之責,與謀軍事,參與時政。由此展現了時局困境下東川士人與四川軍民共進退、挽救時弊的恢宏士氣。

(一)生存危機應對——泰然處之的士人生活

戰時社會中,東川居民首先面臨的是生存危機。在敵軍屠戮和劫掠之下,

---

① 〔明〕劉芳聲修,〔明〕田九垓纂:《(萬曆)合州志》卷五"科目",明萬曆七年刻本。
② 〔金〕房皞:《别西湖三首》,見閻鳳梧、康金聲主編:《全遼金詩》,太原:山西古籍出版社,1999 年,第 2919 頁。
③ 〔元〕袁桷著,楊亮校注:《袁桷集校注》卷八《廬陵劉老人百一歌》,北京:中華書局,2012年,第 414 頁。

蜀中士民紛紛逃亡出川，留居蜀中者多爲投靠無門的底層人民和"臨難不苟免"的士人。位於"士農工商"四民之首的士人主要以泰然處之的生活態度示軍民以裕如，從而堅定軍民蜀中可守、抗元必勝的信念。

其一，於戰時社會中悠然自處。端平二年蒙古入侵四川，同時兵入荊襄，在宋將孟珙組織還擊之前，襄陽、隨州、郢州、德安府等地接連失守。因此，端平三年陽枋與陽房、陽岊遊歷京師歸蜀，一路上面臨的情形是"干戈滿地路難通"。雖然如此，他們仍覺"雲薄天空，湖光可愛"，只是遺憾無法登岳陽樓，約定來年有機會一定去登岳陽樓。① 歸蜀不久，陽枋約摯友宋壽卿月下散步林間，當時兩人的心境是"心無一事，想象道體，恍然若遊太虛，不勝其樂"。② 通過冥想散步，兩人紛擾不安的心靈得到莫大的慰藉，趨於平靜。

嘉熙元年（1237），蒙古軍破夔州，陽枋與陽房、陽岊舉家輾轉避地夜郎（今貴州省遵義市一帶）、符陽溪間（今屬重慶市）、瀘南等地。其間蔬食飲水，"拂石傍梅，隨事觀理，即象玩辭，患難厄窮而不改其樂"。③《雲山④避地》一詩記載其避地蓬州時的生活云：

> 依山茅屋兩三間，與世相遺盡日閑。背擁藍屏半天碧，面對參差橫架山。徑草蒙頭雲覆屋，泉甘土肥似盤谷。劍峰林密杳無邊，綿峽潭深幽莫燭。有鮮可食美可茹，康樂和平長自飫。有時拂石弄泉聲，有時策杖登山去。山中日沉山月出，巖暝林晦總佳適。平石如臺倚山隈，準擬結茅閑讀易。尚論古人得我心，商傳周姜漢子陵。好共栽桃艷長春，卻恐漁父來相尋。⑤

詩中意境恬淡閑適，詩人遺世獨立，采鮮食美，拂石弄泉，策杖登山，倚石而憩，暢想自己是古賢能之人傅說、姜子牙、陶淵明，還可用大把閑適時光讀《易》。此中意趣，不遜"采菊東籬下"的陶淵明。若非知曉詩作背景，儼然可將其視作一首歸隱田園詩。又《避地雲山全父弟詩寄梅花》："入秋烽火無虛日，問谷尋巖陪隱逸。……地僻人稀花自妍，世衰學喪道終傳。天機妙處人難解，一局閑

---

① 《字溪集》卷一一《舟過三遊洞知遂脱兵火矣喜賦》，第 414 頁。
② 《字溪集》卷一二《行狀》，第 444 頁。
③ 《字溪集》卷一二《行狀》，第 451 頁。
④ 雲山在今四川省蓬安縣東南河舒鎮北燕山寨。《讀史方輿紀要》卷六八"蓬州"記載雲山在"州東南二十里。四圍壁立，其上平廣。宋淳祐初兵亂，移州治於山上，藉以保固。元人復遷舊治"。（［清］顧祖禹撰，賀次君、施和金點校：《讀史方輿紀要》卷六八"蓬州"，北京：中華書局，2005 年，第 3236 頁）
⑤ 《字溪集》卷一〇《雲山避地》，第 404—405 頁。

綦學洞仙。看花巖下興偏長,不減西湖水月光。"①陽枋深知自己面臨烽火連天的生存危機及學術衰落的文化危機,但在其筆下,這一切又是多麽雲淡風輕,他仍然有心情於山谷間尋找文化遺迹,於山中賞梅,覺得山中景色不減西湖美景。

其二,士人生活的延續。余玠入蜀後,戰事稍緩,東川士人在山城體系庇護下,仍然延續著士人生活。關於東川士人的日常生活,《字溪集》中多有記錄。陽枋《壽鄧子西知縣》詩中記載鄧子西生日當天回家陪伴母親的場景,提到"剩將千卷課兒習""書聲半夜隨潺湲",②侍奉雙親,教習子女,仍然是東川士人家族的活動主題。《賦趙守接竹引巖泉》記載趙汝廪家接竹引泉③,描述士人用泉水茗茶,品茶讀書的場景。引泉烹茶在另一首詩《壽李使君宣義父子同日》中也有提及:"靜桃宿火熏百和,閑引山泉烹粟芽。"④陽枋還有一位善於釀造菊花酒的友人——程宣義。菊花酒是一種時令飲品,釀制菊花酒早在漢魏時期就已盛行,是士人喜好的雅俗。程宣義善釀菊花酒,並就此題材與陽枋進行唱和。⑤

《字溪集》中《昆岳有佳人四章》《壽紹慶王守謹禮》《壽涪州李漢輔使君》《壽鄧子西提幹與乃堂相距八日》《壽李夔州乃翁》《壽程彦彪簽判乃翁》等皆爲壽宴祝文。《壽程彦彪簽判乃翁》中描述了士人宴飲場景:"老人降生叙南村,昔日聞名今共論。耆英侍坐聆嘉言,八窗玲瓏笑語溫。"⑥叙南人程宣義父親過壽,村中耆英共聚一堂,氣氛祥和,不禁令人聯想到宋神宗元豐五年(1082)司馬光舉行的耆英會。又如知紹慶王謹禮在任期間,新建亭子,並於此宴請僚屬。參與此次宴會的陽枋爲答謝賓主,寫下《王使君新亭初架詔寮屬尋太史孟嘉之樂劄》,文中描述景致:"石聳山高,佳致盡歸於收拾;菊黃茱紫,秋光閑入於牢籠。"⑦亭子立於山頂,上山途中黃色菊花、紫色山茱花相映盛開,讓公務纏

---

① 《字溪集》卷一一《避地雲山全父弟詩寄梅花》,第 422 頁。

② 《字溪集》卷一〇《壽鄧子西知縣》,第 403 頁。

③ 夔州有以竹引巖泉的習俗,杜甫詩云:"竹竿接嵌竇,引注來鳥道。沉浮亂水玉,愛惜如芝草。"(〔唐〕杜甫:《園人送瓜》,見〔清〕張溍著,聶巧平點校:《讀書堂杜工部詩文集注解·詩集批註》,山東:齊魯書社,2014 年,第 895 頁)

④ 《字溪集》卷一〇《壽李使君宣義父子同日》,第 409 頁。

⑤ 見《字溪集》卷一〇《峽州程彦彪簽判賦桃花菊,讀之良有佳致,嗣韻敬呈,覺其東塗西抹也》,第 400 頁。

⑥ 《字溪集》卷一〇《壽程彦彪簽判乃翁》,第 405 頁。

⑦ 《字溪集》卷六《王使君新亭初架詔寮屬尋太史孟嘉之樂劄》,第 332 頁。

身的士大夫們享受到秋日盛景。陽枋覺得"太史之幽放可尋，孟嘉之逸情堪繼"，因此"倍切歡愉"。① 再如淳祐十一年，陽枋隨子就養涪州，當地士人設宴歡迎陽枋父子，陽枋因作《回涪州士友爲予父子設宴劄》。

東川社會值得稱道的還有真率會的舉行。真率會是宋代流行的一種宴飲聚會講學活動，北宋神宗元豐六年(1083)司馬光退居洛陽，創立真率會。寶祐三年(1255)，陽枋六十九歲時，就養重慶，"大監文公、循齋黃公、明遠趙公、鈍齊王公講洛中真率會"。② 陽枋此時有意歸隱，多次閉門謝客，但接到文復之、黃應鳳、趙汝廩三人邀請，仍然爲之一出，這也是四人難得的一次合體。陽枋諸人在重慶舉行的真率會，與南宋後期劉克莊莆田真率會，危積臨川真率會，鄭性之福州真率集，陳著吉州、四明真率會互爲回應，③成爲南宋士人集會之絶唱。從真率會的兩大主題宴飲與講學來看，蜀中戰時的真率會充分展示了東川士人臨危不懼的從容態度和絃歌不絶的文化堅守，尤其是後者，大有秦漢易代之際杏壇詩書不輟的遺風，彰顯了東川士人的風骨和對儒家文化的高度自信。

(二) 文化危機應對——鄉約與興學

宋蒙(元)戰爭對四川社會文化造成嚴重破壞是不爭的事實，東川士人在挽救文化方面也做出了一定努力。對戰時社會來說，民風淪喪的問題極爲嚴重，如當時涪州地區曾"火伊川之廬，獻伏符讖記而壞孔子之宅"，④將儒家文化毀滅到極點。陽枋等人對此狀況無比憂心，淳祐三年，陽枋與陽房、陽岊、宋壽卿、羅東父、陳晰之、黃應鳳等以《呂氏鄉約》爲範本，於家鄉推行《鄉約》，旨在"正齒位，勸德行，録善規過"。⑤ 此次活動，陽枋是發起人之一，黃應鳳因官職較高，爲名譽上的鄉長。宋壽卿終身沒有參加科舉，很可能此後一直居鄉踐行鄉約，是鄉約的主要主持者和踐行者。他曾編成《鄉約講説》，寄給陽枋過目。陽枋回信稱讚説"尊友《鄉約講説》，極有功於後學"，但認爲内容"極淡極深，極

---

① 《字溪集》卷六《王使君新亭初架詔寮屬尋太史孟嘉之樂劄》，第 332 頁。
② 《字溪集》卷一二《紀年録》，第 436 頁。
③ 南宋後期全國真率會舉行情況，詳見龐明啓：《南宋晚期真率會考》，《樂山師範學院學報》2015 年第 2 期。
④ ［宋］韓伯巽：《社倉祠記》，見曾棗莊、劉琳主編：《全宋文》，上海：上海辭書出版社，合肥：安徽教育出版社，2006 年，第 346 册，第 185 頁。
⑤ 《字溪集》卷一二《行狀》，第 442 頁。

難卒解",不利於推行。若強行推行,很可能反而招致非議。① 可見,他們在實踐中不斷總結經驗,希望打造鄉約範本,在東川廣泛推行。最早推行鄉約的巴川"維持孝弟忠信之風",達到了"一鄉化焉"的效果。② 鑒於此,寶祐五年,陽枋"與宋壽卿合鄉士就渝講明鄉約",③將鄉約運動推廣至渝州。

除推行鄉約,東川士人主要通過興學延致賢人君子,培養新生代力量,延續地方文脈。余玠入蜀,建立堅不可摧的山城體系,山城在抵禦蒙古鐵騎的同時,也成爲庇護士人的堅實基地。宋軍於山城中祭祀孔子、營建學校,保障士人教習活動。這一時期,重慶府學、運山城的篷州州學、白帝山城的夔州州學等,都得到了恢復。④ 如尹夢龍記載重慶府學興建狀況:"余公玠建閫於渝,度地掄材,鼎新建學,請命於朝,頒降御書蜀學'明新堂'三字。"⑤興建重慶府學正是余玠到任後的重要舉措,並得到理宗皇帝親筆御書"明新堂",這極大鼓舞了四川及周邊士人的信心,前來投奔的士人數以千計。尹夢龍還記載了當時明新堂建制:"禮殿講堂,內外三門,東西兩廡,左右六齋,書樓、書局、學庫、學倉,教官有廳,職員有位。泮水有池,規模巨集廠。"⑥明新堂建制全備,不僅有講堂、住所,還設藏書、刻書之所,顯示出東川政治中心重慶仍然是士人文化活動中心。

東川士人大多有在東川教學、興學的經歷,陽枋本人曾分教廣安,任紹慶學官。文復之得官回蜀後,曾擔任重慶府學明新堂堂長。史繩祖知長寧軍,重振長寧縣學,親自宣講魏了翁學説,等等。陽枋友人中有不少人擔任地方長官,這爲他們興學提供了便利。趙汝廪將興文重教作爲從政要務,淳祐八年知涪州時,即恢復北巖書院和當地久廢的學校。其主持重修北巖書院,將朱熹與度正、晏淵講學信件刻石立於北巖書院前,刊刻朱熹《易學啓蒙》作爲書院教材,於書院中增設晏淵祭祀等,充分發揮北巖書院教學、祭祀、垂範等作用,粟品孝譽之爲"晚宋戰亂時代維繫一方斯文的精神家園"。趙汝廪重修的涪州州學也聲勢浩大,首先,興學費用"出於公家,一毫不以動民"。其次,于仲秋舉行

---

① 《字溪集》卷三《與宋東山書》,第 289 頁。

② 《字溪集》卷一二《行狀》,第 442 頁。

③ 《字溪集》卷一二《紀年錄》,第 436 頁。

④ 參見粟品孝:《斯文未絕:南宋四川山城防禦體系下的學校教育》,《西華師範大學學報(哲學社會科學版)》2016 年第 1 期。

⑤ [元]尹夢龍:《重慶路儒學重修禮殿二門記》,見《(萬曆)重慶府志》卷七四"藝文",第 51 頁 a。

⑥ [元]尹夢龍:《重慶路儒學重修禮殿二門記》,第 51 頁 b。

鄉飲酒禮，慶祝學校落成，潼川、夔州一帶的士人均參加了此次典禮。再次，趙汝廩認爲"學不可以無書"，於是"捐俸金三萬，以儲六經、子、史、傳記之書"。最後，爲保障學校師生生計，趙汝廩又"舉籍于官之田在樂温者凡五十畝粒於學"。通過這些舉措，涪州一度"禮秩秩，儀濟濟，典章文物有加於承平之舊"。①陽枋另一好友李卓也有興學事迹。起先，夔州州治於嘉熙年間移至白帝山上，山上雖建大成殿祭祀孔子，但大殿十分簡陋，"奉祀僅庇風雨，青衿弦誦，亡所適依"。李卓進士出身，是夔州遷至山城後的首任文臣郡守，他認爲"俎豆修則軍旅之事斯循序而舉，教化行則禍患於以潛消"，因此以興學育才爲先，建講堂三楹及宿舍、食堂等，使夔州州學在戰爭時期得到十足發展。陽枋到訪此處時，完備的學校建制令他對學校發展充滿信心，云："斯文窟宅，毖於昔而開於今，蓋有待也。"②

東川士人還具有傳承文獻的意識。如資州宇文紹奕建成的博雅堂中的部分文物，戰時曾運至重慶府學，並得到修復。③再如寶祐五年，時任涪州州學教授、北巖書院山長的張慶孫有感"自古學教題名有記，罷兵毁不存，缺典久矣"④，於是訪諸耆舊，自慶元以下得若干人，勒諸堅瑉，成《涪州學教授題名記》。

（三）軍事危機應對——與聞軍務，躬爲謀謨

東川士人身處戰區，較之朝堂上坐而論道的士大夫，更加關注如何禦敵的實際問題。當時四川士人直接組織義兵，參與戰爭者不在少數。如合州董氏者，登淳祐七年進士，歷仕太常卿。其致政還鄉，囑咐兒董志庚、孫董仲賢曰："吾受國恩甚厚，汝輩皆禄賜養成。今值多難，立功報主，又何侍焉？"⑤志庚、仲賢遂招募義勇三千餘人保衛合州，後又艤舟江心爲水城，擊退蒙軍的數次進攻。董氏一門碧血丹心，精忠報國，一直戰至宋亡的最後一刻。

像陽枋一樣年事已高，無法參加戰爭的士人，則在後方時刻關注戰局，積極出謀劃策。端平二年陽枋入京，曾給淮東制置趙葵寫信云："山林書生，不閑

---

① [宋]韓伯巽：《社倉祠記》，見《全宋文》，第 346 册，第 185 頁。

② 《字溪集》卷八《重修夔州明倫堂記》，第 364—366 頁。

③ 事見[宋]史繩祖：《學齋佔畢》卷三《古聖賢名》，見[宋]左圭輯：《百川學海》，民國十六年(1927)武進陶氏涉園影宋咸淳本，第 10 頁 b—11 頁 b。

④ [宋]張慶孫：《涪州學教授題名記》，見《(萬曆)重慶府志》卷七七，第 15 頁。

⑤ [元]舒表：《重修歲寒亭碑記》，見《(萬曆)重慶府志》卷七五"藝文"，第 25 頁 b。

軍旅,不識戰陳……乃欲摭簡編中古人陳爛兵法,冒瀆高明。"①其報國的拳拳之心,由此可見一斑。淳祐二年,余玠任四川宣諭使,陽枋作《上宣諭余樵隱書》,提出著名的治蜀十二策。② 次年余玠任四川安撫制置使,陽枋又作《上蜀閫余樵隱論時政書》,得到余玠高度賞識。《紀年録》載,開慶元年(1259),"公(陽枋)年七十三,敵圍四合,斷流涪會,以阻江道,公爲斷橋之策,密上制閫"③。該年蒙哥汗率蒙軍四萬,渡過合州東北的嘉陵江雞爪灘,進抵石子山,對合州形成合圍之勢。宋廷急派大將吕文德擔任四川宣撫使兼制置副使,率戰艦千艘馳援合州。五月,吕文德艦隊突破蒙將紐璘封鎖,攻破蒙軍設在涪州的浮梁,進入被圍困的重慶城,宣慰四川堅守的軍民。《紀年録》所載陽枋向制閫獻斷梁之策,應指此事。吕文德自涪州入重慶後,由嘉陵江北上救援合州,爲合州守將王堅提供了有力支援。最終,蒙軍損失慘重,大將汪德臣及蒙哥汗均折戟合州釣魚城下,此後蒙軍不得不減緩了攻宋步伐。

　　陽枋諸人對軍事動向的關注還反映在他們的時局預判上。傳統社會中,士人享有一定的社會地位,與官僚群體聯繫緊密,同時又具備一定的文化,具有對時局的判斷力。寶祐元年,余玠受朝廷猜忌悲憤而死,此事給東川士人造成了極大震動,他們迅速做出反應。陽枋寫給時任四川轉運副使黃應鳳的《寄黃漕使循齋劄子》,提供了當時東川士人的應對場景。陽枋在信中稱:

　　　　此事關係不小,飛報廟堂,動經閱月。全在上幕明賢合力聚智,撫慰軍民,静鎮確守。環四方之境,遠謀揚旅,益張勝勢,使人心安堵,覘國者無得而窺,則帷幄有人,全坤生靈,恃以無恐。④

當時陽枋從紹慶學官任上卸職,"投閑置散",寓居夔州,已是歸隱狀態。但他很快就得知余玠去世的消息,並立刻修書友人。信中,陽枋憂心忡忡,他擔心敵軍有恃無恐,趁機大舉進攻,因此催促好友黃應鳳兼程返回,主持大局。又因文復之剛剛革除制參職事,對蜀中局勢較爲熟悉,陽枋建議黃應鳳找文復之商量對策。次年李曾伯加授四川宣撫使,到任便收到文復之的文札,請求增兵

---

①　《字溪集》卷一《上淮閫趙信庵論時政書》,第 265 頁。
②　即"控扼形勢""防遏間道""信賞必罰""吊死恤孤""訓練士卒""聚小屯爲大屯""精明間諜""行反間""清吏道""革耀弊""招賢士""讀書治心"(《字溪集》卷一《上宣諭余樵隱書》,第 259—263 頁)。
③　《字溪集》卷一二《紀年録》,第 14 頁。
④　《字溪集》卷六《寄黃漕使循齋劄子》,第 324 頁。

六千進屯夔州、萬州，以防蒙軍進攻。① 文復之的提議很可能是與黃應鳳商量的結果，是東川士人共同謀劃的應對之策。

（四）政治危機應對——國政議論

東川士人除活躍於地方社會，還與外界尤其是京師保持密切的聯繫。以陽枋爲例，其與在朝高官相互往來，主要集中在兩個時期。第一階段是端平二年，陽枋攜陽岊赴京拜謁度正。當時京中存在以魏了翁爲核心的蜀籍官員群體，度正是其中的重要成員。正是憑藉度正的關係，陽枋上書魏了翁、洪咨夔、趙葵、楊恢等，抒發政治見解，得到他們的認可和讚譽。第二階段是淳祐六年，時趙汝廩大寧任滿，陽枋曾代其給京中蜀籍高官游似、謝方叔、劉應起等寫了一系列信件，表達仕進意願，發表國政見解。②

一方面，陽枋在信中向京中要員傳遞蜀中資訊，希望引起當局者的重視。在給宰相游似的信中，陽枋描述了蜀中的緊張局勢，説：“今強敵殘暴日甚，遺黎思活，尤切望雨”，企盼同爲蜀人的游似能够“收拾蜀珍”③。此前余玠受朝臣攻訐時，陽枋修書成都籍監察御史劉應起，表達對朝中攻訐余玠的不滿，爲余玠辯護説：“督府新建，軍心所歸，人望攸屬，國家賴以無恐。……大敵在前，心懷顧忌，豈社稷之利耶？”④希望劉應起能够以監察御史的身份爲余玠説話。

另一方面，陽枋等東川士人通過多種途徑密切關注京師政治動態。《代上劉察院（劉應起）劄子》云：“每獲觀王前論列，陳義慷慨，令人喟嘆自適，三復玩諦，益深彼美人兮之思。”⑤陽枋雖僻處西偏，但仍可獲觀京中要員奏議，反復玩味。再如《代上謝司諫（謝方叔）論時政書》説：“有如執事庚子（1240）論敵之奏，乙巳（1245）備禦之策，委曲切至，而近時雲南大理之陳，計慮深遠，其所以周防顯然之變者，算無遺策矣。”⑥此時，朝野上下已然知悉蒙古欲假道吐蕃、大理，從廣西北上滅宋的“斡腹之謀”，專門進行朝議。陽枋、趙汝廩等身在地方，也密切關注朝中應對之策，閱讀相關奏疏，以增進對宋廷戰略佈局的了解。

① 見［宋］李曾伯：《可齋續稿前》卷四《催區處援夔兵奏》《恭稟宣諭援夔奏》，《景印文淵閣四庫全書》第1179冊，第532、533頁。
② 當年陽枋陪同其子陽炎卯入京應試，很可能在出發前受趙汝廩所托，到達京城後登門遞交這些信件。
③ 《字溪集》卷五《代趙大寧上游丞相劄子（二）》，第320頁。
④ 《字溪集》卷二《與劉左史論時政書》，第272頁。
⑤ 《字溪集》卷六《代上劉察院劄子》，第334頁。
⑥ 《字溪集》卷二《代上謝司諫論時政書》，第270頁。

　　基於對朝中局勢的動態把握,東川士人積極參與到國政討論中。如淳祐四年,宰相史嵩之主張和議,劉應起率先發難,奏陳史嵩之的過失,引發了朝臣對史氏的集中彈劾,從而結束了史氏當政的局面。陽枋在書信中對劉應起此舉大加稱讚,說史嵩之罷相後"規模局勢,燦然一新"。① 此外,陽枋還通過多種途徑表達對時政的看法,如建議洪咨夔"定公卿大夫士庶之等,立起居飲食服用之制",②希望李鳴復"生聚教訓,以厚根本"。③ 陽枋向謝方叔建議"立國本"一事,在正史中得到了一定程度的呼應。《宋史全文》載:淳祐五年六月,"左司諫謝方叔乞早定國本,仍録仁宗朝司馬光、范鎮建議始末以進,上嘉納之"。④ 而《字溪集》所收作於同年的《代上謝司諫論時政書》中,正有陽枋關於"定國本"的一番議論。⑤

　　由此可見,東川士人採取干謁面陳或上書等方式,及時將地方的困境呈報朝廷,同時互通書信訊息,密切關注朝局動態,在"中央"與"地方"的互動中積極發揮自身的作用,展現了東川士人以"天下"爲己任的責任意識和儒者胸懷。

結　　語

　　陽枋曾給同鄉摯友趙汝廩的信中説:"蜀雖佔危殘破,而生意不絶者,以有此氣脈充壯之耳。天地間賢人君子所聚,便可蔔旺氣。"⑥他認爲安遠之策不僅在於武備,更在於士人君子所聚之"氣"爲之主張。士人在戰爭中其所聚之"氣",更多地是利用自身的知識、智慧和社會影響力,從精神力量的層面發揮作用。東川士人在生存危機、文化危機、軍事危機、政治危機的時局應對上,展開了極其生動而又富有成效的實踐,雖然最終"無可奈何花落去",抗元戰爭失敗了,但釣魚城直到南宋覆亡後的第三年才開城出降,充分證明東川士人的堅守是成功的。可以説,南宋四川的抗元戰爭中,東川士人鑄造的精神長城並不亞於軍事的鋼鐵長城,其丹心可光耀史册,氣節足以昭於後世,理應得到應有的重視。

---

① 《字溪集》卷二《代上劉察院論時政書》,第 269 頁。

② 《字溪集》卷一《上洪中書論時政書》,第 258 頁。

③ 《字溪集》卷二《答御史李樓山書》,第 280 頁。

④ 佚名撰,汪聖鐸點校:《宋史全文》卷三四,淳祐五年六月甲申條,北京:中華書局,2016 年,第2779 頁。

⑤ 見《字溪集》卷二《代上謝司諫論時政書》,第 270 頁。

⑥ 《字溪集》卷五《與前人書(三)》,第 315—316 頁。

南宋江陵府守臣考

長江大學人文與新媒體學院　李東昊

摘　要：江陵府是南宋荆湖北路安撫司所在，京湖戰區戰略要地，以往學界對南宋江陵府守臣的考證存在諸多問題。本文在《南宋制撫年表》《宋代安撫使考》《宋兩湖大郡守臣易替考》等著作的基礎上，考證前人未錄9人、誤錄8人、任職時間值得商榷14人、未到任12人，南宋江陵府守臣實任可考名姓者76人，不可考名姓者1人。

關鍵詞：南宋；江陵知府；荆州

　　江陵府，又稱荆南府，南宋荆湖北路安撫司所在，長江中游政治、經濟、文化中心。由於處於"控吳、蜀之咽喉，兼襄、漢之唇齒"①的戰略位置，江陵與襄陽、鄂州鼎足而成南宋邊防三大戰區之一的京湖戰區，炎、興年間甚至有臣僚提議定都於此②。江陵守臣在南宋稱"知江陵府軍府事"（簡稱"知江陵府"），視守臣"官資"與"資序"的差異又有"判江陵府""權知江陵府"等差遣名，在闕守的情況下，由本路漕臣、憲臣、倉臣代理。江陵守臣的選任是南宋中部備邊策略的體現，亦會對荆湖北路經濟文化發展産生一定影響。

　　自明中葉至清末，明、清官方多次編修《荆州府志》，

---

① 　[宋]張孝祥著，徐鵬校點：《于湖居士文集》卷二五《荆州修堤設醮》，上海：上海古籍出版社，1980年，第250頁。

② 　參見[宋]翟汝文：《忠惠集》卷七《勸移蹕荆南劄子》，《景印文淵閣四庫全書》第1129冊，臺北：臺灣商務印書館，1986年，第269頁；[宋]李心傳編，胡坤點校：《建炎以來繫年要録》（以下簡稱《要録》）卷一〇一，紹興六年五月癸酉條，湖北安撫王庶奏："陛下欲保江南，無所復事，如曰紹復大業，都荆爲可。"（北京：中華書局，2013年，第1909頁）

對兩宋歷朝江陵守臣進行了彙總，其中僅光緒本較爲清晰，餘者疏誤頗多。① 晚清學者吳廷燮編有《北宋經撫年表 南宋制撫年表》（簡稱《年表》），首次以編年體例對湖北安撫使、京湖制置使進行了詳細考察，因安撫司、制置司屢隨中央備邊策略的變化而遷移，書中所録制撫並不都具有江陵守臣的身份。民國十年（1921）湖北省署出版由張仲炘、楊承燨等編纂的《湖北通志》，該書對江陵守臣亦有彙集，但與各州縣、各層級官僚混列，雜亂無章。20 世紀末，李昌憲先生基於吳氏《年表》，編成《宋代安撫使考》（簡稱《安撫使考》），對《年表》進行了補充與完善，但對於一些錯誤之處，未能充分考證而直接沿用②。21 世紀初，李之亮先生撰《宋兩湖大郡守臣易替考》（簡稱《易替考》），整理出北宋江陵守臣 97 人，南宋 75 人③。儘管已逐漸趨於完善，但上述著作仍存在遺漏、誤録、史源不明、任職時間有誤等問題。胡玲在其碩士學位論文《北宋江陵府知府研究》中對北宋知江陵府的人數、任職時間進行了考證，而南宋部分至今未有人涉及④。

　　鑒於江陵府在南宋時期的特殊地位，筆者將以《年表》《安撫使考》《易替考》等爲基礎，徵引各類史料，考證前人未録者、誤録者、任職時間值得商榷者、未到任者，逐條列於下，並將建炎元年（1126）五月改元至德祐元年（1275）高達降元間的江陵守臣以年表形式列出。爲減少贅語，本文所引行狀、碑銘、制詞等史料標題過長者將作簡寫，如《敷文閣直學士贈通議大夫吳公行狀》將簡稱《吳獵行狀》。

一、前 人 未 録 者

劉長源

　　南宋紹興十八年（1148）十一月湖北安撫司刊行唐人許嵩《建康實録》一書。書後附有主持刊印的官員名單，其中有"左朝請郎，權發遣荆湖北路提點刑獄公事，權荆南軍府事，兼權本路安撫，馬、步軍都總管劉長源"條，此條下有

---

　　① 參見［明］孫存修，［明］朱寵瀼纂：《（嘉靖）荆州府志》卷六《職官志》，嘉靖十一年（1532）刻本；［明］涂鳴會修，［明］楊景淳纂：《（萬曆）荆州府志》卷二《建官表第三》，萬曆二十二年（1594）刻本；［清］郭茂泰修、［清］胡在恪纂：《（康熙）荆州府志》卷一三《職官上》，康熙二十四年（1685）刻本；［清］來謙鳴、葉仰高修，［清］施廷樞纂：《（乾隆）荆州府志》卷二五《職官二》，乾隆二十二年（1757）刻本；［清］倪文蔚、蔣銘勳修，［清］顧嘉蘅、李廷鉽纂：《（光緒）荆州府志》卷三一《職官志三》，光緒六年（1880）刻本。

　　② 李昌憲：《宋代安撫使考》，濟南：齊魯書社，1997年。書中與《年表》相同之處，本文不作提及。

　　③ 李之亮：《宋兩湖大郡守臣易替考》，成都：巴蜀書社，2001 年。

　　④ 胡玲：《北宋江陵府知府研究》，長江大學碩士學位論文，2021 年。

"主管荆湖北路安撫司公事,馬、步軍都總管王瑋"條。① 考《建炎以來繫年要録》(簡稱《要録》)卷一五八"紹興十八年十月庚辰"條,是日"知荆南府王瑋卒"。② 可知劉長源在王瑋卒後權攝荆南府事,繼續主持並完成刊印工作。

程敦臨

《要録》卷一六六"紹興二十四年(1154)五月丁卯"條記,"直徽猷閣、知荆南府吳坰主管台州崇道觀",隨後吳因"鼎、澧茶寇猖獗",殺傷官吏,"焚溆浦縣","未受命,以憂死","轉運判官程敦臨被旨攝帥事,以策授兵馬鈐轄邵宏淵,且往招安,寇乃息",本條記事後注"八月癸未,知荆南府吳坰守本官職致仕,故因坰得祠。遂書之,更須詳考"。③ 吳坰八月致仕似與五月後未受祠禄、憂死矛盾,但同書卷一六七"紹興二十四年十一月甲寅"條記事下注"(孫)汝翼今年六月自成都運副改知荆南,九月十三日離任"④,孫氏六月除知荆南,不因吳坰是否奉祠而改變,九月自成都離職,至荆南需一定時間,到任之前,必有人代理荆南職事,應即程氏無誤。

李 燾

《永樂大典》卷二八一一引有李壁《雁湖集》詠梅詩,壁於詩中自述"余十歲時從亡兄仲氏侍先父攝帥江陵"⑤。據周必大《黃牧之墓碣》,黃牧之"調江陵府司户參軍。太史燾將漕湖北,兼行帥事"⑥,知李燾攝帥在其漕湖北時。考燾仕歷,乾道六年(1170)六月,燾自秘書少監"除直顯謨閣、荆湖北路轉運副使"⑦。是年九月,湖北帥劉珙丁繼母憂去職⑧,李燾攝帥當在此後。

---

① [唐]許嵩撰,張忱石點校:《建康實録》,北京:中華書局,1986年,第816頁。

② 《要録》卷一五八,紹興十八年十月庚辰條,第3002頁。

③ 《要録》卷一六六,紹興二十四年五月丁卯條,第3157頁。

④ 《要録》卷一六七,紹興二十四年十一月甲寅條,第3173頁。

⑤ [宋]李壁:《余十歲時從亡兄仲氏侍先父攝帥江陵郡圃蠟梅數百株一昔盛開予爲記之仲兄頗賞愛以爲工今十六七年矣屬感前事重賦七言以紓余悲》,見[明]解縉等纂:《永樂大典》卷二八一一,北京:中華書局,1986年影印本,第1481頁。

⑥ [宋]周必大撰,王蓉貴、(日)白景順點校:《周必大全集·平園續稿》卷三八《均州黃使君牧之墓碣》,成都:四川大學出版社,2017年,第710頁。

⑦ [宋]陳騤撰,張富祥點校:《南宋館閣録》卷七《官聯上·少監》,北京:中華書局,1998年,第85頁。

⑧ [宋]朱熹撰:《晦庵先生朱文公文集》卷九四《劉樞密墓記》,朱傑人、嚴佐之、劉永翔主編:《朱子全書》第25冊,上海:上海古籍出版社,合肥:安徽教育出版社,2002年,第4345頁。

王　炎

《宋宰輔編年錄》卷一七載,淳熙三年(1176)十二月,"中大夫、新知荊南府王炎復資政殿大學士"。① 同年冬,周必大撰有賜知荊南府王炎銀合臘藥敕書②,知王炎約於是年冬第二次知荊南府。

湯思謙

江陵士人項安世有《鹿鳴燕(宴)次韻和權帥湯提刑時二弟皆預鄉薦》詩,應作於秋季鄉試之後。淳熙十六年(1189)十二月十七日,湯思謙罷宫觀,因"昨任湖北提刑,信陽軍勘販銅錢公事已得情寔,不合輒行移獄"。③ 湯氏"昨任"提刑,應在十二月前不久,是年秋正有鄉舉,且早在閏五月,判江陵府趙雄"疾甚,改判資州"④,帥臣有闕,湯思謙攝帥應在趙雄之後。

某湖北提舉常平

楊萬里《彭漢老行狀》記載彭氏慶元年間知常德府,"時苦水潦,穀價倍蓰,細民艱食","而常平使者往攝荊帥",彭"遽發倉廩數千",使者贊曰"謂後世無汲直,可乎?"後"總領趙公不跡、倉使梁公季珌、漕使鄭公槀,上其治行"。⑤ 行狀未言明常平使者是否即梁季珌。若爲梁氏,似不必在前文將名姓隱去,後又言明"梁公季珌"。梁季珌慶元四年(1198)七月在任⑥,始任時間不詳,此前提舉可考者爲吕棐,紹熙五年(1194)七月除湖北提舉⑦,慶元二年(1196)任監察御史,劾前湖北帥彭龜年落職。此提舉攝帥若在彭龜年後,吳琚前,或即吕棐;

---

① 〔宋〕徐自明撰,王瑞來校補:《宋宰輔編年錄校補》卷一七,北京:中華書局,1986 年,第 1216頁。點校本將"三年十二月"誤作"二年十二月",據萬曆四十六年(1618)刻本改。

② 《周必大全集·玉堂類稿》卷一一《賜前宰相福建路安撫使陳俊卿(以下並賜銀合臘藥)》,第1036 頁。該篇敕書後注:"賜前執政官知建康府江東安撫使劉珙、知荊南府湖北安撫使王炎並同前詞。"

③ 〔清〕徐松輯,劉琳、刁忠民、舒大剛、尹波等校點:《宋會要輯稿》職官七二之五五,上海:上海古籍出版社,2014 年,第 4998 頁。

④ 〔元〕脱脱等:《宋史》卷三六《光宗紀》,北京:中華書局,1985 年,第 696 頁。

⑤ 〔宋〕楊萬里撰,辛更儒箋校:《楊萬里集箋校》卷一一九《中散大夫廣西轉運判官贈直秘閣彭公行狀》,北京:中華書局,2007 年,第 4583—4584 頁。

⑥ 參見傅增湘撰:《藏園群書經眼錄》卷三《史部一》,北京:中華書局,1983 年,第 185 頁。慶元四年七月,湖北提舉常平刊印《漢書》,梁季珌以提舉身份題跋。

⑦ 參見〔宋〕樓鑰撰,顧大朋點校:《樓鑰集》卷三七《著作郎李唐卿江東提舉太常丞吕棐湖北提舉制》,杭州:浙江古籍出版社,2010 年,第 692 頁;〔宋〕佚名撰,張富祥點校:《南宋館閣續錄》卷八《官聯二·著作郎》,北京:中華書局,1998 年,第 281 頁。李唐卿紹熙五年七月自著作郎除江東提舉,吕棐除湖北提舉在同時。

若在吳琚後，楊輔前，或即梁季珌，或呂、梁間有一任提舉無考。吳琚約慶元三年（1197）初（見下文"吳琚"條）離任江陵，楊輔四年春（見下文"楊輔"條）赴任，攝帥長達一年的可能性不大，疑慶元三年另有一任湖北帥臣無考。

范仲壬

《永樂大典》卷一三四五三引《建炎以來朝野雜記》（簡稱《朝野雜記》）"和議未成荆帥率用蜀士"條，對嘉泰至開禧間歷任江陵守臣記載甚詳。開禧三年（1207）十一月，李壁罷參知政事，湖北帥李𡐟累罷，"亟命范仲壬季海自夔州代之"[1]。范仲壬知江陵府制詞由蔡幼學撰寫："亦惟荆州襟帶江湖，控引襄蜀，於今地勢，所繫匪輕，急於得人，肆以命爾。"[2]嘉定元年（1208）將置京湖制置司，范仲壬召還，其守江陵約在開禧三年十二月至嘉定元年夏。

江 海

岳珂《玉楮詩稿》卷三有《聞江陵江帥海病訃二首》，詩後自注"予始至湖廣之日，前政拖江陵錢粟五百，予既代償其三，而江盡以爲今政之遺，故末篇及之"[3]。岳珂於嘉熙二年（1238）二月至三年（1239）五月任湖廣總領[4]，初到任時，江海已在江陵，應繼任孟珙。孟珙嘉熙元年（1237）以"忠州團練使兼知江陵府、京西湖北安撫副使"，"秋，除授鄂州諸軍都統制"。[5] 孟珙嘉熙元年秋即解除"知江陵府"職務，江海帥江陵至早在此後。岳珂詩云"荆楚初歸士若雲"，又云"可憐一夜妖星隕，不見春耕雜渭濱"[6]，似表明江海死於岳珂離開湖北之後，未至春耕即卒，本文暫繫於嘉熙元年秋至三年冬。

---

① ［宋］李心傳：《建炎以來朝野雜記》"和議未成荆帥率用蜀士"條，見《永樂大典》卷一三四五三，第 5772 頁。

② ［宋］蔡幼學：《育德堂外制》卷三《范仲壬知江陵府》，黃群輯：《敬鄉樓叢書》第二輯，民國十八年（1929）校印本，第 9a 頁。

③ ［宋］岳珂：《玉楮詩稿》卷三《聞江陵江帥海病訃二首》，《宋集珍本叢刊》第 78 冊，北京：綫裝書局，2004 年影印明鈔本，第 608 頁。

④ 參見［宋］岳珂：《玉楮詩稿》卷一《戊戌二月十日京湖袁總郎以堂帖至有詔復除户侍總饟》，第 595 頁；卷二《至鄂期年以饟事不給於詩己亥夏五月廿有八日始解雪錦夜宿興唐寺繁星滿天四鼓遂行日初上已抵潀黃洲幾百里矣午後南風薄岸舟屹不能移延緣葭葦間至莫不得去始作紀事十解呈舊幕諸公》，第 601 頁；［宋］高定子：《岳珂除户部侍郎湖廣總領制》，見《永乐大典》卷七三○三，第 3034 頁。

⑤ ［宋］劉克莊著，辛更儒箋校：《劉克莊集箋校》卷一四三《神道碑·孟少保》，北京：中華書局，2011 年，第 5683 頁。

⑥ ［宋］岳珂：《玉楮詩稿》卷三《聞江陵江帥海病訃二首》，第 608 頁。

吕文德

寶祐二年(1254)閏六月十二日壬午,京湖安撫制置使、知江陵府李曾伯"爲四川安撫使兼京湖制置大使,進司夔路"①。同年七月二十二日壬戌,吕文德"總統江陵、漢陽、歸、峽、襄、郢軍馬事,暫置司公安",十月二十二日辛卯,"詔李曾伯進司重慶,其京湖職事,令吕文德主之"。② 上引史料表明,李曾伯移司夔路,吕文德充當了江陵守臣的角色。周密《癸辛雜識》對此提供了佐證:李曾伯兼任四川、京湖兩制闢後,"八月,除蒲澤之四川制置副使兼宣撫判官,以吕文德權知江陵,總統邊事"。③

二、前人誤録者

楊 佋

《朝野雜記》甲集卷一六《湖北會子》載"乾道元年春,楊佋帥荆南"④,《年表》據此將楊佋列於乾道元年(1165)⑤。《朝野雜記》蓋誤,楊佋自"隆興二年(1164)六月九日到"淮西總領任,至乾道二年(1166)"八月五日提舉祐神觀"。⑥ 有《宋會要輯稿》爲證,乾道元年正月"二十三日,總領淮西江東軍馬錢糧楊佋言"事;"乾道元年二月二十日","從淮西江東總領楊佋之請",詔"應内外諸軍統制、將佐等,除定員外,並行減罷";"乾道元年三月五日,户部言淮西總領楊佋奏"事。⑦ 綜上,乾道元年春,楊佋任淮西總領,未有知荆南事。

周 頡

《易替考》引《湖北通志》卷一〇四《慕連亭記》中"淳熙丙申,知府周頡慕連

① 《宋史》卷四四《理宗紀四》,第 852 頁。

② 佚名撰,汪聖鐸點校:《宋史全文》卷三五,北京:中華書局,2016 年,第 2836、2838 頁。

③ [宋]周密撰,吴企明點校:《癸辛雜識》別集下《余玠》,北京:中華書局,1988 年,第 297 頁。

④ [宋]李心傳撰,徐規點校:《建炎以來朝野雜記》甲集卷一六《湖北會子》,北京:中華書局,2000 年,第 363 頁。

⑤ [清]吴廷燮撰,張忱石點校:《北宋經撫年表 南宋制撫年表》,北京:中華書局,1984 年,第 491 頁。

⑥ [宋]馬光祖修、[宋]周應和纂:《景定建康志》卷二六《官守志三·總領所》,《宋元方志叢刊》,北京:中華書局,1990 年影印清嘉慶六年(1801)金陵孫忠愍祠刻本,第 1753 頁。

⑦ 《宋會要輯稿》食貨四八之九,第 7077 頁;職官三二之三九,第 3831 頁;食貨五四之二一,第 7249 頁。

萬夫兄弟,因建慕連亭"文字,列周頡於淳熙三年。① 連萬夫,《宋史》有傳,"德安人,或曰南夫弟也"②,"連萬夫兄弟"即指萬夫、南夫。據周必大淳熙五年(1178)所撰《魯詧墓誌銘》,魯詧長女"適朝奉郎、知德安府周頡"③。考《湖北通志》原文,《慕連亭記》下注"《安陸志》"④。安陸,即德安別稱。周頡知德安府,連氏爲德安人,《慕連亭記》出自德安舊志,知"知府周頡"之"知府"指德安府,非江陵府。

尹　機

《年表》引《朝野雜記》"(楊)俟爲荆南帥,八月,知辰州,尹機代"文字,將尹機列於淳熙三年。⑤ 檢《朝野雜記》原文:"淳熙三年,楊太尉俟爲荆南帥,上因命楊修其政令。八月戊子。已而,知辰州尹機代還,請命有司括田招募……上即擢(尹)機湖北提點刑獄,使與之同措置。"⑥"代還"指尹機還朝就職,非代楊爲帥,《年表》將《朝野雜記》原文剪裁,斷章取義。《易替考》據《彭漢老行狀》中"帥臣尹機"文字,將尹機列於淳熙四年(1177)至五年。⑦ 行狀原文爲"帥臣尹公機、憲使辛公棄疾以其事上聞"⑧,辛棄疾於淳熙四年先後任湖北、江西二帥,不曾任提刑,尹機淳熙三年任湖北提刑,知行狀將辛、尹職事混淆,尹實不曾任湖北帥。

郭知運

《浙江通志》卷一二五《選舉三·宋·進士》"紹興二十一年辛未趙逵榜"録有"郭知運,鹽官人,知荆州"⑨,《易替考》據此列於淳熙七年(1180)⑩。《浙江

① 李之亮:《宋兩湖大郡守臣易替考》,第 30 頁。
② 《宋史》卷四五三《連萬夫傳》,第 13337 頁。
③ 《周必大全集·省齋文稿》卷三四《直敷文閣致仕魯公詧墓誌銘》,第 321 頁。
④ [清]張仲炘、楊承禧等撰:《湖北通志》卷一〇四《金石志十二·宋》,臺北:華文書局,1967 年影印民國十年(1921)刻本,第 2339 頁。
⑤ [清]吳廷燮撰,張忱石點校:《北宋經撫年表 南宋制撫年表》,第 493 頁。
⑥ [宋]李心傳撰,徐規點校:《建炎以來朝野雜記》甲集卷一八《湖北土丁刀弩手》,第 414 頁。
⑦ 李之亮:《宋兩湖大郡守臣易替考》,第 30 頁。
⑧ [宋]楊萬里撰,辛更儒箋校:《楊萬里集箋校》卷一一九《中散大夫廣西轉運判官贈直秘閣彭公行狀》,第 4581 頁。
⑨ [清]嵇曾筠等監修,[清]沈翼機等編纂:《浙江通志》卷一二五《選舉三·宋》,《景印文淵閣四庫全書》第 522 册,臺北:臺灣商務印書館,1986 年,第 313 頁。
⑩ 李之亮:《宋兩湖大郡守臣易替考》,第 30 頁。

通志》卷一九〇引《咸淳臨安志》郭氏小傳①，知郭氏事迹史源爲《咸淳臨安志》，載其"仕至荆門守"②。《咸淳臨安志》修纂時間與郭氏所處年代相近，荆門説應無誤，南宋江陵守臣不以"知荆州"爲名，且淳熙七年知江陵府爲張栻、高爕甚明，《浙江通志》應將"荆門"誤作"荆州"。

劉 焞

事見魏了翁《吴獵行狀》：淳熙七年七月，吴獵（劉焞幕僚）丁母憂，廣西帥劉焞"繼移鎮湖北"，吴獵被廣西轉運、提刑二司所劾，"坐降授修職郎"，劉焞"亦坐褫職罷鎮，尋卒"。③《年表》因此將劉焞列於淳熙七年④。楊萬里《程叔達墓誌銘》記載程氏於淳熙七年五月後任湖南運副，適逢"帥劉焞久病廢事，民方怨咨"。⑤《吴獵行狀》中劉焞罷於湖北與《程叔達墓誌銘》中帥湖南的時間大致重合，疑有一處爲誤。

淳熙八年(1181)九月，江東提刑趙燁劾罷信州、南康軍二守⑥，陸九淵在與徐誼的書信中提及此事，並感嘆劉焞漕江西時"光前絶後"，帥湖廣"遠不如在江西時，人才之難如此"⑦。同年十二月，"前知潭州劉焞落職"，以言者論其"驕蹇凶暴，昨帥广西，盜發所部，自以爲功，常有矜色"。⑧ 嘉定元年(1208)四月，經四川宣撫副使安丙奏請，"詔故國子司業、湖南安撫劉焞特復集英殿修撰"。⑨陸九淵感慨"人才之難"與劉焞在湖南"久病廢事"相合，劉焞知潭州後被彈劾"昨帥廣西"之罪，死後又以故湖南安撫身份追復職名，無疑否定了《吴獵行狀》中劉焞在湖北被劾罷的説法，"移鎮湖北"應爲"移鎮湖南"。

---

① ［清］嵇曾筠等監修，［清］沈翼機等編纂：《浙江通志》卷一九〇《人物九·介節上》，《景印文淵閣四庫全書》第 524 册，第 239 頁。

② ［宋］潛説友纂修：《咸淳臨安志》卷六七《人物八·列傳》，《宋元方志叢刊》，北京：中華書局，1990 年影印清道光十年(1830)錢塘汪氏振綺堂刊本，第 3966 頁。

③ ［宋］魏了翁：《重校鶴山先生大全文集》卷八九《敷文閣直學士贈通議大夫吴公行狀》，《宋集珍本叢刊》第 77 册，北京：綫裝書局，2004 年影印明嘉靖銅活字印本，第 556 頁。

④ ［清］吴廷燮撰，張忱石點校：《北宋經撫年表 南宋制撫年表》，第 494 頁。

⑤ ［宋］楊萬里撰，辛更儒箋校：《楊萬里集箋校》卷一二五《宋故華文閣直學士贈特進程公墓誌銘》，第 4825 頁。

⑥ 《宋會要輯稿》職官七二之三一，第 4984 頁。

⑦ ［宋］陸九淵著，鍾哲點校：《陸九淵集》卷五《與徐子宜二》，北京：中華書局，1980 年，第 67—68 頁。

⑧ 《宋會要輯稿》職官七二之三二，第 4985 頁。

⑨ 《宋會要輯稿》職官七六之七三，第 5137 頁。

王 藺

《宋會要輯稿》兵二〇之一載有"慶元元年正月十九日,湖北安撫使王藺、提刑陳謙"同奏辰州猺人作亂之事①,《安撫使考》據此將王藺列於慶元元年(1195)②。猺人事見葉適《陳謙墓誌銘》:"辰州猺蒲闕口掠辰、沅、邵、武岡以叛,公(陈谦)偶攝憲事,親行邊,稍經略之……安撫使王藺奏留公,就遷提刑……於是紹熙五年也。"③此爲紹熙五年事,王藺本年移鎮潭州,袁樞繼守江陵,閏十月二十七日,臣僚劾袁樞"狠愎自用,貪虐不恤"④,樞自江陵放罷。此後中央先後除朱熹、彭龜年知江陵府,王藺慶元元年不應在湖北。

王 采

《(光緒)荆州府志》據《楚紀》,將王采列爲知江陵府。⑤ 考《楚紀》卷五二王采小傳,采字少白,"寶慶間進士,初知江陵,金人入寇,率兵督戰有功"⑥。寶慶僅寶慶二年(1226)一榜,金亡於端平元年(1234),王采絶無可能在登第八年内擢知江陵府。據《(崇禎)清江縣志》卷七,王采任"江陵録事參軍,以功改奉議郎、淮南節度判官"⑦,知王采實爲江陵僚屬,非守臣,《楚紀》誤。

章 某

《易替考》作"章機",列於嘉熙三年至淳祐三年(1239—1243)間,史料依據是李曾伯《可齋雜稿》卷六《通湖北章帥機》。⑧ "章機"不見於其他史籍,"章帥機"另見李氏同書卷二八《偕張總幹章帥機同遊檀溪登極目和韻》,同卷另有《同羅季能章成父張子直登樊城制勝樓》《壬辰(紹定五年)過鄂渚簡張子直總幹》。李曾伯與張子直交往密切,張任總幹,前詩中張總幹當即張子直,同理章帥機應爲章成父。"帥機"是"南宋主管機宜文字、主管書寫機宜文字通稱"⑨,據《通湖北章帥

① 《宋會要輯稿》兵二〇之一,第9025頁。
② 李昌憲:《宋代安撫使考》,第481—482頁。
③ [宋]葉適撰,劉公純、王孝魚、李哲夫點校:《葉適集·水心文集》卷二五《朝請大夫提舉江州太平興國宮陳公墓誌銘》,北京:中華書局,1961年,第502頁。
④ 《宋會要輯稿》職官七三之六〇,第5035頁。
⑤ [清]倪文蔚、蔣銘勳修、顧嘉蘅、李廷鉽纂:《(光緒)荆州府志》卷三八《職官志十》,第7b頁。
⑥ [明]廖道南:《楚紀》卷五二《登續外紀後篇》,嘉靖二十五年(1546)向城李桂刻本,第48a頁。
⑦ [明]秦鏞纂修:《(崇禎)清江縣志》卷七《人物志》,崇禎十五年(1642)刻本,第18a頁。
⑧ 李之亮:《宋兩湖大郡守臣易替考》,第38頁。
⑨ 龔延明編著:《宋代官制辭典(增補本)》,北京:中華書局,2017年,第555頁。

機》中"賓筵之領袖""幕謀檄筆之遊"①等文字，可以確定"章帥機"是紹定五年（1232）前後任湖北帥司主管或書寫機宜文字，章姓字成父之人，非湖北帥臣。

三、任職時間值得商榷者

薛良朋

見陳傅良《薛良朋壙誌》："以學士出守福、泉、荆南、成都"②，薛氏知荆南在泉州後，成都前，《易替考》據此繫於乾道六年③。考《（乾隆）泉州府志》，薛"（乾道）六年六月任，八月罷"④。朱熹《李發墓誌銘》記載四川宣撫王炎、安撫薛良朋等表上李發行義，李遂於乾道九年（1173）閏正月"特授迪功郎致仕"⑤；周必大乾道七年（1171）撰《知成都府張震乞外宮觀不允詔》，在《葉衡辭免户部侍郎不允詔（十一月九日）》與《知荆（州）〔南〕府姜詵辭免轉官恩命不允詔（十一月二十二日）》之間⑥，當在同月，故薛約於乾道八年（1172）始知成都。乾道六年八月至八年間荆南守臣有劉珙、李燾、姜詵、葉衡，劉、李見上"李燾"條；姜詵乾道七年正月除知荆南府，八年四月仍在任⑦；葉衡乾道八年六月已在荆南⑧。薛良朋或在乾道六年末七年初李燾與姜詵之間，或在八年夏姜詵與葉衡之間，在任時間較短，未可詳考。

吳琚

《宋史翼·吳琚傳》載吳琚"歷帥荆、襄、鄂三路"⑨，《易替考》據此列於淳熙

① ［宋］李曾伯：《可齋雜稿》卷六《通湖北章帥機》，《宋集珍本叢刊》第 84 冊，北京：綫裝書局，2004 年影印清初鈔本，第 247 頁。

② ［宋］陳傅良著，周夢江點校：《陳傅良先生文集》卷四九《敷文閣直學士薛公壙誌》，杭州：浙江大學出版社，1999 年，第 612 頁。

③ 李之亮：《宋兩湖大郡守臣易替考》，第 29 頁。

④ ［清］懷蔭布修，［清］黃任、郭賡武纂：《（乾隆）泉州府志》卷二六《文職官上》，同治九年（1870）重印乾隆二十八年（1763）刻本，第 11a 頁。

⑤ ［宋］朱熹撰：《晦庵先生朱文公文集》卷九四《承務郎李公墓誌銘》，朱傑人、嚴佐之、劉永翔主編：《朱子全書》第 25 冊，第 4335 頁。

⑥ 《周必大全集·玉堂類稿》卷五，第 961—962 頁。時江陵稱荆南府，不應作荆州府。

⑦ 《周必大全集·玉堂類稿》卷四《右中大夫充徽猷閣待制新除知荆南府姜詵辭免除敷文閣直學士恩命不允詔（正月二十五日）》，第 950 頁；《宋會要輯稿》選舉三四之二七，第 5923 頁。

⑧ 參見［宋］王應麟：《玉海》卷二三《地理》，《景印文淵閣四庫全書》第 943 冊，臺北：臺灣商務印書館，1986 年，第 594 頁。乾道八年六月十六日，荆南守臣葉衡請筑襄陽沿江大堤。

⑨ ［清］陸心源輯撰：《宋史翼》卷一五《吳琚傳》，北京：中華書局，1991 年影印清光緒三十二年（1906）刊朱印本，第 158 頁。《宋史翼》關於吳琚守三處州府的順序記述有誤，吳琚守襄陽止於紹熙二年，守鄂州始於紹熙五年，守江陵最後。

九年(1182)①。據《宋會要輯稿》職官一之一一四,慶元二年十月十九日,"昭化軍節度使、提舉祐神觀吳璟"與"鎮安軍節度使、知江陵府吳琚"並授太尉。② 吳琚與項安世交遊頗深。慶元二年,項因党禁於江陵家居,與吳琚多有唱和,現存《次韻吳少保雄楚樓》《又次韻吳少保雄楚樓席上》《又次韻少保遊雄楚樓及渚宮》等詩,據項詩與《宋會要輯稿》互證,吳琚確在慶元二年知江陵府。其始任時間亦在慶元二年內,自鄂州改江陵。③ 至於離職時間,據《寶慶四明志》卷一《郡守》:"吳琚,太尉、鎮安軍節度使兼沿海制置使,慶元三年二月初九日到任。"④吳琚應在慶元二年末或慶元三年初離開江陵。

楊　輔

《年表》稱楊萬里"《答福州張尚書》,抑在《與江陵楊侍郎》前",列楊輔於慶元六年至嘉泰二年(1200—1202)⑤。此說未說明張尚書爲何人,亦未言明答張書在何時,似有不妥。楊輔在荆門上泉寺題名中自言"余守江陵之四年,徙襄陽",署"嘉泰改元,夏四月辛丑"。⑥ 項安世《楊帥》詩云"上元新曆開丁歲,作噩祥名冠六辛。恰用此年鍾此傑,便乘嘉泰轉洪鈞"⑦,證明楊輔嘉泰元年(1201)離任。然楊輔始任時間值得商榷,《易替考》據"守江陵之四年"推定在慶元三年⑧,但慶元三年十二月十二日,"試尚書禮部侍郎、兼侍講、兼實錄院同修撰楊輔等"奏事⑨,而後楊輔出知江陵,曹彥約代人賦送行詩云"送春又數春回處"⑩。楊輔慶元三年十二月在朝中,赴湖北必在慶元四年春,所謂"守江陵之

---

① 李之亮:《宋兩湖大郡守臣易替考》,第31頁。

② 《宋會要輯稿》職官一之一一四,第2945頁。

③ 慶元元年五月,項安世外補添差通判池州,至池州後改知重慶府。據《三山磯答漁父歌》,安世並未赴任重慶,而是前往紹興參加其妹婚禮,之後至建康,九月被劾罷,遂寓居於建康。安世在《挽程尚書(大昌)詞》中自注"丙辰,時在建康",知其寓居建康至慶元二年(丙辰)。安世有《次韻鄂州吳少保南樓》,應爲還家途中,與吳琚相會於鄂州時作,而後吳琚改鎮江陵,方有雄楚樓、渚宮諸作。

④ [宋]胡榘修,[宋]方萬里、羅濬纂:《寶慶四明志》卷一《郡守·國朝》,《宋元方志叢刊》,北京:中華書局,1990年影印清咸豐四年(1854)《宋元四明六志》本,第5005頁。

⑤ [清]吳廷燮撰,張忱石點校:《北宋經撫年表 南宋制撫年表》,第496頁。

⑥ [清]嚴觀原撰,[清]馬紹基按語,李進點注:《湖北金石詩》,武漢:湖北教育出版社,2002年,第86頁。

⑦ [宋]項安世著,湯光新編校:《項安世詩集》,杭州:浙江古籍出版社,2013年,第254頁。

⑧ 李之亮:《宋兩湖大郡守臣易替考》,第32頁。

⑨ 《宋會要輯稿》禮三四之三〇,第1519頁。

⑩ [宋]曹彥約撰,尹波、余星初點校:《曹彥約集》卷三《代送禮部楊侍郎帥江陵》,成都:四川大學出版社,2015年,第82頁。

四年”，實自慶元四年始，至嘉泰元年爲第四年。

范仲藝

《年表》列於慶元二年至三年，稱楊萬里“《與江陵范侍郎》，在《與隆興張尚書》後，《答蜀帥劉尚書》前”。① 此説未言明張、劉爲何人，亦未言明與張、劉二書作於何時。據《永樂大典》引《朝野雜記》“和議未成荆帥率用蜀士”條，楊輔移鎮襄陽後，江陵守臣“乃用陳子長右司。損之，隆州人。子長道卒，用范東叔（仲藝）給事”。② 項安世《賀范安撫上事十絶》其九注“范赴召時，予始病，今七年矣”。項黨禁期間以病曳自居，自其慶元元年罷官始，至嘉泰元年爲七年，與《永樂大典》合，項詩其七又云“使君恰與秋同到”，則范氏到官約在七月。③ 至嘉泰三年（1203），范氏卒於江陵，項爲作挽詩三首，注“四月二十一日”④。范仲藝知江陵府在嘉泰元年七月至三年四月，《年表》誤。

宋之瑞

《安撫使考》據《嘉定赤城志》載宋之瑞曾知江陵，“量置於”嘉泰三年。⑤ 此説僅爲推測，未給出確鑿依據。據《永樂大典》引《朝野雜記》“和議未成荆帥率用蜀士”條，“東叔（范仲藝）卒，乃用宋伯嘉舍人。之瑞，台州人。伯嘉去，用劉師文（甲）侍郎”⑥，知宋之瑞繼范仲藝，劉甲繼之瑞。嘉泰三年，陳謙赴任成都提刑⑦，李壁赴召，俱途經江陵，宋之瑞邀陳、李及項安世飲宴，項爲賦《宋帥招李大著陳提刑同飯》詩。李壁是年十月除秘書少監⑧，過江陵應在秋季，項安世《九日喜陳一之（謙）提刑至龍山》詩云“滿城風雨菊花開”，並注“宋帥新開府”⑨，知宋之瑞到任不久，亦當在秋季。彭東焕先生考證劉甲知江陵府在嘉泰

① ［清］吳廷燮撰，張忱石點校：《北宋經撫年表 南宋制撫年表》，第 495 頁。
② ［宋］李心傳：《建炎以來朝野雜記》“和議未成荆帥率用蜀士”條，見《永樂大典》卷一三四五三，第 5772 頁。
③ ［宋］項安世著，湯光新編校：《項安世詩集》，第 371 頁。
④ ［宋］項安世著，湯光新編校：《項安世詩集》，第 299 頁。
⑤ 李昌憲：《宋代安撫使考》，第 482 頁。
⑥ ［宋］李心傳：《建炎以來朝野雜記》“和議未成荆帥率用蜀士”條，見《永樂大典》卷一三四五三，第 5772 頁。
⑦ ［宋］葉適撰，劉公純、王孝魚、李哲夫點校：《葉適集·水心文集》卷二五《朝請大夫提舉江州太平興國宮陳公墓誌銘》，第 502 頁。
⑧ ［宋］佚名：《南宋館閣續録》卷七《官聯一·少監》，第 250 頁。
⑨ ［宋］項安世著，湯光新編校：《項安世詩集》，第 192 頁。

四年（1204）夏秋間①，則宋之瑞知江陵府應在嘉泰三年秋至嘉泰四年夏。

趙善恭

衛涇《趙善恭墓誌銘》載，開禧三年四月，京湖宣撫吳獵將宣諭四川，"奏乞公（趙善恭）代荆，上從之。居無何，移武昌總餉事，仍兼吳公（獵）所領節"②。趙氏於吳獵入蜀後短暫守江陵，隨後以總領身份權攝，事在開禧三年夏，《易替考》列於開禧二年（1206）③，誤。

李 壐

《年表》列於開禧三年宇文紹節後④，未給出史料依據。李壐爲《開禧德安守城録》作後序，自述開禧三年"被旨赴行在"，"尋典武陵，繼改界帥閫"。⑤考《永樂大典》引《朝野雜記》"和議未成荆帥率用蜀士"條，開禧三年，新任京湖宣撫宇文紹節到任武昌，時李壐"起廢爲湖北憲"，紹節遂"檄季允（李壐）使權府事"，隨後壐"復官除帥"。⑥ 李壐由提刑權帥、繼除帥事另見項安世《送李憲權江陵帥雙轆轤格》、曹彦約《賀湖北李憲除帥啓》。"開禧三年八月一日，湖北提刑李壐"言事⑦，其權帥至早在同月，除帥當在此後，至十一二月間因李壁累罷。

李大性、劉光祖

真德秀《劉閣學墓誌銘》載劉光祖"嘉定二年（1209）二月至都門，會襄陽闕守……明年除寶謨閣待制知遂寧府，未行，改荆襄制置使"。⑧"嘉定二年二月"

① 彭東焕編：《魏了翁年譜》，成都：四川人民出版社，2003 年，第 98 頁。

② ［宋］衛涇：《後樂集》卷一八《故中大夫提舉武夷山沖佑觀祥符縣開國男趙公墓誌銘》，《景印文淵閣四庫全書》第 1169 册，臺北：臺灣商務印書館，1986 年，第 725 頁。

③ 李之亮：《宋兩湖大郡守臣易替考》，第 33 頁。

④ ［清］吳廷燮撰，張忱石點校：《北宋經撫年表 南宋制撫年表》，第 496 頁。

⑤ ［宋］李壐：《〈開禧德安守城録〉後序》，見［宋］王致遠撰，程鬱整理：《開禧德安守城録》，上海師范大學古籍整理研究所編：《全宋筆記》第七編第 7 册，鄭州：大象出版社，2016 年，第 97 頁。武陵即常德府，湖北提刑司所在，"尋典武陵"即任提刑事。

⑥ ［宋］李心傳：《建炎以來朝野雜記》"和議未成荆帥率用蜀士"條，見《永樂大典》卷一三四五三，第 5772 頁。

⑦ 《宋會要輯稿》食貨五八之二五，第 7371 頁。

⑧ ［宋］真德秀：《西山先生真文忠公文集》卷四三《劉閣學墓誌銘》，《宋集珍本叢刊》第 76 册，北京：綫裝書局，2004 年影印明正德刻本，第 462 頁。

與"明年"之間沒有其他時間點,因此劉光祖守江陵被認爲始於嘉定三年(1210)①,李大性的離任時間亦因此提前。考劉光祖現存詩文,《重修資陽縣學記》自署"嘉定三年十二月日……知襄陽府、京西南路安撫使劉光祖記"②;《襄陽石刻岳鄂王事迹跋》自署"嘉定四年(1211)仲春,襄陽守臣、簡池劉光祖書"③;荆門上泉寺題名"簡池劉光祖,自襄陽帥爲京湖制置使,過荆門上泉之勝,攜家來遊。嘉定五年二月九日"④,知劉光祖嘉定五年(1212)初方移鎮江陵。另考《宋會要輯稿》職官七四之四〇,嘉定四年九月七日,"知岳州黄涣"因"湖北安撫李大性"彈劾,"與宫觀"。⑤ 知李大性嘉定四年秋仍在任,考慮到李、劉之間有何澹未赴江陵任(見下文"何澹"條),李大性離任約在是年冬。

趙綸

《年表》引魏了翁《趙綸墓誌銘》"到官未久,論罷","明年還原秩"文字,列於嘉定十三年至十四年(1220—1221)⑥;《安撫使考》引論罷事列於嘉定十三年⑦;《易替考》亦引墓誌銘"以言者論,削一階官"文字,列於嘉定十一年至十五年(1218—1222)⑧。此處當以《安撫使考》爲是。《趙綸墓誌銘》原文爲"至官未久,以言者論,削一階罷",後文又稱綸自"江陵罷歸,無一畝之宅"⑨,知《易替考》將"罷"誤作"官"字,故認爲趙綸降官後仍在任。趙綸降官另見《宋會要輯稿》職官七五之二六,嘉定十三年九月"七日,知江陵府趙綸降一官"⑩,以墓誌銘"罷"説爲證,趙綸必於嘉定十三年九月後即去職,在任時間甚短。

辛克承

《易替考》據魏了翁《生日和辛江陵克承即席韻》,列於紹定元年至四年

---

① 〔清〕吴廷燮撰,張忱石點校:《北宋經撫年表 南宋制撫年表》,第 497 頁;李之亮:《宋兩湖大郡守臣易替考》,第 35 頁。
② 〔宋〕劉光祖:《重修資陽縣學記》,見傅增湘編:《宋代蜀文輯存》第 6 册,北京:北京圖書館出版社,2005 年影印本,第 23 頁。
③ 〔宋〕劉光祖:《襄陽石刻岳鄂王事迹跋》,見《宋代蜀文輯存》第 6 册,第 37 頁。
④ 〔清〕嚴觀原撰,〔清〕馬紹基按語,李進點注:《湖北金石詩》,第 86 頁。
⑤ 《宋會要輯稿》職官七四之四〇,第 5065 頁。
⑥ 〔清〕吴廷燮撰,張忱石點校:《北宋經撫年表 南宋制撫年表》,第 498 頁。
⑦ 李昌憲:《宋代安撫使考》,第 484 頁。
⑧ 李之亮:《宋兩湖大郡守臣易替考》,第 35—36 頁。
⑨ 〔宋〕魏了翁:《重校鶴山先生大全文集》卷七三《直焕章閣淮西安撫趙君綸墓誌銘》,第 405 頁。
⑩ 《宋會要輯稿》職官七五之二六,第 5086 頁。

（1228—1231）。① 彭東煥先生在《魏了翁年譜》中对此詩考證甚詳，認爲作於嘉定十五年六月，魏了翁赴召途經江陵時。② 劉宰爲湖北參議官湯宋彦書寫行述，記湯氏"嘉定壬申三月十四日卒於治所"，"帥辛公克承數親臨其喪，又屬公（湯宋彦）所親厚經理内外，以及歸途，靡密周悉"。③ 劉宰又撰《湯宋彦墓誌銘》，記湯氏"嘉定壬午三月癸亥卒於治所"④，二説前後矛盾，考正德十六年（1521）刻、嘉靖八年（1529）續刻《漫塘劉先生文前集》，文淵閣《四庫全書》本《漫塘集》，均有壬申、壬午之誤。壬午爲嘉定十五年，癸亥爲三月十四日，壬申爲嘉定五年，三月十四日爲辛酉，湯氏卒日應以癸亥爲準，當在嘉定十五年，行述誤，辛克承最晚在此年始知江陵。

寶慶元年（1225）九月，魏了翁除權工部侍郎，十一月被朱端朝所劾，貶靖州居住。劉宰有書信與魏了翁，題名《通鶴山魏侍郎》，言"一自辛江陵遞到報章及諸詩文"，又提及"李全竪子猶得恐喝於淮南"。⑤ "李全"即指寶慶元年"雪川之變"事敗，李全叛宋之事，時辛克承仍在江陵。劉宰與辛氏通信，顯然在魏了翁至湖北之後，應在寶慶二年（1226）春、夏間，辛氏知江陵最晚可考年限即在此時。

別之傑

據《宋史·別之傑傳》，之傑有"加直寶謨閣、知江陵府"，"進直敷文閣、知江陵府"，"加秘閣修撰、知江陵兼京湖制置副使"三次知江陵府事。⑥《年表》列於寶慶三年至紹定二年（1227—1229）、紹定五年至端平元年、端平三年至嘉熙元年（1236—1237）⑦；《易替考》列於嘉定十六年至寶慶二年（1223—1226）、端平二年（1235）至嘉熙元年。⑧ 前者時間有待商榷，後者誤作兩次，且亦存在誤差。

---

① 李之亮：《宋兩湖大郡守臣易替考》，第36—37頁。

② 彭東煥編：《魏了翁年譜》，第238頁。

③ ［宋］劉宰：《漫塘文集》卷三四《故湖北參議湯朝議行述》，《宋集珍本叢刊》第72册，北京：綫裝書局，2004年影印明萬曆刻本，第543頁。

④ ［宋］劉宰：《漫塘文集》卷二九《故湖北安撫司參議湯朝議墓誌銘》，第465頁。

⑤ ［宋］劉宰：《漫塘文集》卷一〇《通鶴山魏侍郎了翁》，第201頁。

⑥ 《宋史》卷四一九《別之傑傳》，第12556—12557頁。

⑦ ［清］吳廷燮撰，張忱石點校：《北宋經撫年表 南宋制撫年表》，第498—499頁。

⑧ 李之亮：《宋兩湖大郡守臣易替考》，第36—37頁。

之傑首次知江陵府，"言親年八十，乞祠歸養"，"以京湖安撫制置使陳晐論罷"。① 陳晐任制置使約止於紹定五年正月"壬辰，史嵩之進大理卿、權刑部侍郎、京湖安撫制置使、知襄陽府"②前。別母卒於端平元年二月，年八十三③，紹定四年八十歲，陳晐在制置使任，故之傑首知江陵止於紹定四年。紹定元年，湖北帥桂如淵代鄭損帥蜀④，之傑或即繼桂氏者，俟再考。

之傑第二次知江陵府時，魏了翁與之傑書信言"便蕃三命，起之於久閑習嬾之餘"⑤，此書當寫於魏了翁紹定六年（1233）十一月第三次除知瀘州後⑥。之傑在與魏了翁的書信中稱其父寶慶元年卒後"厥十年，再鎮荊州，先夫人又舍去"⑦，自寶慶元年始，至端平元年爲十年，之傑第二次知江陵應始於紹定六年末或端平元年初，元年二月即因丁母憂去職，本文暫繫於端平元年。

端平三年二月二十一日襄陽發生軍變，魏了翁奏"參謀官別之傑申，蒙恩除京湖制置副使……今時暫移司江陵……銀三萬兩、絹三千匹，付之傑專充收復襄陽，經理江陵兩重鎮費用"⑧，此指之傑第三次知江陵，將謀劃收復襄陽，在是年三四月間。

楊 恢

《易替考》認爲楊恢知江陵府在紹定四年至端平元年，並稱洪咨夔《楊恢知襄陽府制》制於端平元年，未言明所據。⑨ 魏了翁《均州尹公亭記》有"廣安楊侯伯洪……今守均陽（均州）……侯名恢……紹定三年十二月臨邛魏某記"⑩文字，又據《宋史·理宗紀一》，端平元年正月，"蔣成守光化，楊恢守均"⑪，知楊恢

---

① 《宋史》卷四一九《別之傑傳》，第 12556—12557 頁。
② 《宋史》卷四一《理宗紀一》，第 795 頁。
③ ［宋］魏了翁：《重校鶴山先生大全文集》卷八五《宣義（議）郎致仕別公墓誌銘》，第 526 頁。
④ ［宋］魏了翁：《重校鶴山先生大全文集》卷八二《故太府寺丞兼知興元府利州路安撫郭公墓誌銘》，第 491 頁。
⑤ ［宋］魏了翁：《重校鶴山先生大全文集》卷三七《書·江陵別安撫之傑》，第 116 頁。
⑥ 魏了翁嘉定十年、紹定五年、紹定六年三次除知瀘州，紹定五年起知瀘州前貶至靖州居住數年，與"便蕃三命""起與久閑習嬾之餘"合。
⑦ ［宋］魏了翁：《重校鶴山先生大全文集》卷八五《宣義（議）郎致仕別公墓誌銘》，第 525 頁。
⑧ ［宋］魏了翁：《重校鶴山先生大全文集》卷二九《奏撥官告銀絹付別之傑經理》，第 56—57 頁。
⑨ 李之亮：《宋兩湖大郡守臣易替考》，第 37 頁。
⑩ ［宋］魏了翁：《重校鶴山先生大全文集》卷四九《均州尹公亭記》，第 224 頁。
⑪ 《宋史》卷四一《理宗紀一》，第 800 頁。

紹定三年至端平元年正月知均州,《易替考》誤。楊恢自江陵改知襄陽制詞言"頊上邊最,擢帥於荆",指由極邊之均州徙鎮江陵,又言"王師方向河洛",指五六月間趙葵、全子才出兵收復"三京"之事。[①] 故楊恢守江陵約在端平元年二月別之傑後,至五六月間移襄陽。

尤 熻

《年表》列於紹定三年至四年、端平元年至二年,前一次未給出史料依據。[②]《易替考》列於端平元年至二年。[③] 紹定四年"六月己未,詔魏了翁、真德秀、尤焴、尤熻並叙復元官職祠禄"[④]。魏、真前於寶慶元年被劾,魏貶靖州居住,真落職罷祠,尤煜、尤熻亦當早已遭受貶斥,現存沒有任何史料證明尤熻紹定間知江陵府,不知《年表》爲何有此説。

端平元年,楊恢移襄陽,尤熻約於同時權知江陵,制詞由洪咨夔撰寫[⑤]。洪氏另有《尤熻知江陵府制》,在《葛洪除資政殿大學士提舉洞霄宫制》前,葛洪於端平二年六月十八日己卯進"資政殿大學士,予祠禄"[⑥],尤熻除命至遲在同日。端平三年二月,督視京湖軍馬魏了翁上書言"枝江江面淺狹,已趣尤熻分兵以往"[⑦],襄陽兵變後,稱"得尤熻申狀"[⑧]。故尤熻約自端平元年六月權知江陵,約二年六月知江陵,至端平三年三四月間,由別之傑接替。

四、未 到 任 者

權邦彦

《宋史·權邦彦傳》記載,建炎元年五月,權邦彦以知冀州"召還,命知荆南

---

① ［宋］洪咨夔著,侯體健點校:《洪咨夔集·平齋文集》卷一九《直華文閣知江陵府楊恢除知襄陽府京西安撫副使時暫兼京湖制置司公事制》,杭州:浙江古籍出版社,2015年,第469頁。

② ［清］吴廷燮撰,張忱石點校:《北宋經撫年表 南宋制撫年表》,第498—499頁。

③ 李之亮:《宋兩湖大郡守臣年替考》,第37頁。

④ 《宋史》卷四一《理宗紀一》,第794頁。

⑤ 參見［宋］洪咨夔著,侯體健點校:《洪咨夔集·平齋文集》卷一九《尤熻除直秘閣權知江陵府兼主管湖北路安撫司公事制》,第469頁。

⑥ 《宋史》卷四二《理宗紀二》,第808頁。

⑦ ［宋］魏了翁:《重校鶴山先生大全文集》卷二九《奏外寇未靜二相不咸曠天工而違時幾》,第49頁。

⑧ ［宋］魏了翁:《重校鶴山先生大全文集》卷二九《奏措置京湖諸郡》,第54頁。

府,改東平府"。① 考楊萬里《權邦彦墓誌銘》,邦彦與宗澤被命赴行在,途中除帥荊南,至行在,宗澤"以元帥事入奏",邦彦"除天章閣待制、改知東平"。② 知邦彦僅有荊南除命,未赴任。

張上行

據《要録》卷三二"建炎四年(1130)三月己酉"條,張浚"請除荊、夔諸帥",是日詔"中大夫、知夔州張上行知荊南府",該條記事下注張浚"以解潛知荊南,六月丙子,上行別與差遣"。③ 同書卷三三"建炎四年五月丙辰"條"是日,荊南安撫使解潛始至枝江"下注"據潛紹興三年六月乞除代狀云:'建炎四年五月十五日到任'"④,與上條引文爲證,知張上行未赴任。

韓　球

《要録》卷一六一"紹興二十年(1150)八月辛未"條記"秘閣修撰、新知荊南府韓球卒"。⑤ 韓球族孫元吉爲球繼室李氏撰墓誌銘,稱球"自夔易帥荊南,不起於道"⑥,作《崇福庵記》稱球"使於蜀,又帥於夔,而不幸捐館舍"⑦,知韓球卒於赴任途中,未能到任。

胡元質

《宋史·孝宗紀二》載,淳熙四年二月"戊戌,以新知荊南府胡元質爲四川安撫制置使兼知成都府"。⑧ 胡元質除知荊南府後曾上書請辭,有詔不允,詔書由周必大撰寫,下注"二月"⑨,此詔後有胡辭知成都府不允詔,《宋史》既稱"新

---

① 《宋史》卷三九六《權邦彦傳》,第 12075 頁。

② 〔宋〕楊萬里撰,辛更儒箋校:《楊萬里集箋校》卷一二四《樞密兼參知政事權公墓誌銘》,第 4807 頁。

③ 《要録》卷三二,建炎四年三月己酉條,第 733—734 頁。

④ 《要録》卷三三,建炎四年五月丙辰條,第 763 頁。

⑤ 《要録》卷一六一,紹興二十年八月辛未條,第 3057 頁。

⑥ 〔宋〕韓元吉:《南澗甲乙稿》卷二二《太恭人李氏墓誌銘》,《景印文淵閣四庫全書》第 1165 册,臺北:臺灣商務印書館,1986 年,第 369 頁。

⑦ 〔宋〕韓元吉:《南澗甲乙稿》卷一五《崇福庵記》,第 221 頁。

⑧ 《宋史》卷三四《孝宗紀二》,第 663 頁。

⑨ 《周必大全集·玉堂類稿》卷六《中奉大夫提舉江州太平興國宮胡元質辭免知荊南及復敷文閣直學士不允詔》,第 977 頁。

知荆南府”，不允詔中“二月”必爲淳熙四年二月，胡元質在除知荆南府當月即改成都，未能赴任。

楊 倓

《宋宰輔編年録》卷一八載淳熙元年十一月，“楊倓罷簽書樞密院事。以昭慶軍節度使出知荆南府……後再知江陵府，右正言葛邲論其罪”，與宫觀。[①] 參《宋會要輯稿》職官七二之二八，淳熙七年四月二十三日，“昭慶軍節度使、新知荆南府楊倓罷新任，依舊宫觀”[②]。前湖北帥張栻二月二日卒於江陵，楊倓本將接替張栻，未上而罷，由高夔繼任。

朱 熹

事見《宋史·朱熹傳》：“尋除知江陵府，辭，仍乞追還新舊職名，詔依舊焕章閣待制，提舉南京鴻慶宫。”[③]束景南先生《朱熹年譜長編》將此事繫於紹熙五年閏十月二十九日。[④] 朱熹本將繼任袁樞，不赴，由彭龜年繼任。

陳損之

嘉泰元年繼楊輔，卒於赴任途中。見上文“范仲藝”條。

辛棄疾

事見《宋史·辛棄疾傳》：“又進龍圖閣，知江陵府。令赴行在奏事。”[⑤]鄧廣銘先生《辛稼軒年譜》將此事繫於開禧二年十二月，按語稱“稼軒知江陵之命或即在二年十二月吳獵改湖北京西宣撫使時”。[⑥] 辛更儒先生以爲不然，提出吳獵知江陵府“至其除刑侍之日（三月十七）止”，不因任京湖宣撫使改變，“稼軒知江陵府之命，必於開禧三年三月十七日壬辰或稍後一兩日公布”。[⑦] 辛棄疾本次除知江陵府的時間，筆者認爲以鄧先生説爲是。

① ［宋］徐自明撰，王瑞來校補：《宋宰輔編年録校補》卷一八，第1228—1229頁。
② 《宋會要輯稿》職官七二之二八，第4982頁。
③ 《宋史》卷四二九《朱熹傳》，第12767頁。
④ 束景南：《朱熹年譜長編》卷下，上海：華東師範大學出版社，2001年，第1192頁。
⑤ 《宋史》卷四〇一《辛棄疾傳》，第12165頁。
⑥ 鄧廣銘：《辛棄疾傳·辛稼軒年譜》，北京：生活·讀書·新知三聯書店，2007年，第265頁。
⑦ ［宋］辛棄疾著，辛更儒箋注：《辛棄疾集編年箋注》，北京：中華書局，2015年，第2145頁。

辛先生所編稼軒年譜"開禧三年"條稱稼軒本年始"家居鉛山",將"知江陵府,赴行在所奏事"繫於該年三月,又列三月二十六日稼軒同朝中侍從官聯名上奏集議刑名之事。① 稼軒與侍從官上奏首言"逆曦就戮,族屬悉當連坐,恭奉聖旨,令臣等集議合得刑名聞奏"②,若依辛先生之説,稼軒本年初在鉛山家居,除命遞至鉛山需要時間,由鉛山赴臨安亦需時間,稼軒若在三月十七日或後一兩日除知江陵,召命又在之後,其本人如何在同月二十六日馳至臨安"恭奉聖旨",聯名奏事? 必是早已居於臨安。

京湖宣撫司本置於鄂州,開禧三年宇文紹節任京湖宣撫,曹彥約有劄子與紹節論宣司置司,稱吳獵自湖北安撫改任京湖宣撫"當江陵危困之日",故"旌纛不移",宣撫司、安撫司同置於江陵。③ 吳獵本應移司鄂州,江陵自由他人繼任,卻限於形勢,仍駐江陵,應即新知江陵府辛棄疾召赴行在,江陵無守臣所致。

陳 侗

陳桱《通鑑續編》卷一九記載:"(開禧三年)夏四月,以陳侗爲湖北京西宣撫使、知江陵府。侗,伸弟也,有吏材,所至以惠政聞。"④除此處外,未見其他史料言及此事,真僞不可考,若屬實當在宇文紹節前。既有記載,權繫於此。

宇文紹節

開禧三年四月,京湖宣撫吳獵將入川宣諭,中央先除宇文紹節"知江陵府,兼權湖北、京西宣撫使",因宣司置於鄂州,在長江南岸,江陵在長江北岸,紹節"遲遲未行",遂改除京湖宣撫使"兼權知江陵府",紹節遂行。⑤ 學界普遍認爲紹節繼吳獵知江陵府,其實紹節並未抵達江陵,至武昌,即檄李壂攝江陵事,見上文"李壂"條。《年表》稱"李壂代紹節"⑥,並不恰當,紹節任京湖宣撫,駐鄂州,李壂任湖北安撫,駐江陵,二人在制撫層面没有替代關係。

---

① [宋]辛棄疾著,辛更儒箋注:《辛棄疾集編年箋注》,第 2144—2146 頁。
② 《宋會要輯稿》刑法六之四四、六之四五,第 8555 頁。
③ [宋]曹彥約撰,尹波、余星初點校:《曹彥約集》卷一二《上宇文宣撫論置司鄂州劄子》,第 268 頁。
④ [元]陳桱:《通鑑續編》卷一九,至正二十一年(1361)刻本,第 26a 頁。
⑤ [宋]李心傳:《建炎以來朝野雜記》"和議未成荆帥率用蜀士"條,見《永樂大典》卷一三四五三,第 5772 頁。
⑥ [清]吳廷燮撰,張忱石點校:《北宋經撫年表 南宋制撫年表》,第 497 頁。

趙師𥇇

事見《宋史·趙師𥇇傳》:"會荆湖始置制閫,以命師𥇇,給事中蔡幼學繳其命,遂罷歸。"①見蔡幼學《繳趙師𥇇寶謨閣學士知江陵府充京西湖北路制置使旨揮狀》,幼學論師𥇇"天姿薄浮,素行貪污","諂附權倖,不顧廉恥",乞將其知江陵府除命"亟行寝罷"。② 事約在嘉定元年年中。

何　澹

《宋史·何澹傳》記載何澹自建康府"移使湖北,兼知江陵。奉祠卒,贈少師"③,未言明在何年。何澹子處仁爲澹撰寫壙誌,对澹仕歷記録甚詳,澹知建康府時"丁(母)楚國太夫人憂,免喪,除知江陵府兼京湖制置大使,請免再四,以故職奉祠"④。何澹除知江陵府後,未赴而奉祠家居,《宋史》記録有所缺失。何澹爲母撰寫壙誌稱其母嘉定二年"六月二十八日捐官舍"⑤,常理丁憂起復應在嘉定四年冬。澹收到知江陵府除命後,上請辭剳子自稱"乞身去國,十有一年"⑥,"去國"指其嘉泰元年罷知樞密院事、出知太平州之事,至嘉定四年爲十一年,與服除時間合。故何澹本應接替李大性知江陵,事約在嘉定四年冬。

結　語

從上文所述,可以看出,南宋高宗朝江陵守臣記載甚詳,幾乎無誤,自孝宗朝始,難考者頗多,至南宋末年雖有關考者,但較孝宗朝後有所改善。究其原因,李心傳《建炎以來繫年要録》保留了高宗朝江陵守臣任免的詳細資料,南宋末年的一些記録因與元修《宋史》年代相近,保存相對完整。孝宗朝至理宗朝前中期,沒有體例完備、記事詳盡的史書存世,導致這一時期大量史事散見於文集、方志等史料中,搜集不易,前輩學者雖瀝盡心血,亦未能避免諸多問題。

---

① 《宋史》卷二四七《趙師𥇇傳》,第 8749 頁。

② [宋] 蔡幼學:《育德堂奏議》卷四《繳趙師𥇇寶謨閣學士知江陵府充京西湖北路制置使旨揮狀》,宋刻本,第 10b—12b 頁。

③ 《宋史》卷三九四《何澹傳》,第 12026 頁。

④ [宋] 何處仁:《何澹壙誌》,見鄭嘉勵、梁曉華編:《麗水宋元墓誌集録》,杭州:浙江古籍出版社,2013 年,第 21 頁。

⑤ [宋] 何澹:《何俣妻石氏壙誌》,見《麗水宋元墓誌集録》,第 19 頁。

⑥ [宋] 何澹:《辭免知江陵府剳子》,見《永樂大典》卷一〇九九八,第 4565 頁。

本文在前人基礎上進行修訂,希望能爲學界進行南宋江陵府及京湖戰區的相關研究提供較爲精確的資料。南宋江陵府守臣的選任,仍有一些問題值得關注,如李心傳"和議未成荆帥率用蜀士"説法的緣由,特殊政治局勢對守臣選任造成的影響,與金、蒙對峙不同時期邊防策略的變化等,非本文主旨,限於篇幅,兹不探討,俟另撰文討論。

附録：南宋江陵府守臣年表

姓 名	籍 貫	任 職 時 間	史 料 出 處	備注
權邦彦	河間府	—	誠齋集卷一二四、要録卷五	
唐 慤	江陵府	建炎元年六月—四年二月	要録卷六、卷三一	
張上行	漢州德陽	—	要録卷三二	
程昌寓	南劍州順昌	建炎四年四月—五月	要録卷三二	（權）攝
解 潛	京兆府藍田	建炎四年五月—紹興五年四月	要録卷三二、三三、八八,宋史卷二八	武
王 彦	河内	紹興五年四月—六年二月	要録卷八八,宋史卷二八、卷三六八	武
薛 弼	温州永嘉	紹興六年二月—六月	要録卷九八、卷一〇二	
王 庶	慶陽府	紹興六年六月—七年九月	要録卷一〇二、卷一一四	
趙不群	開封府	紹興七年九月—八年三月	要録卷一一四	宗室
薛 弼	—	紹興八年三月—十年三月	要録卷一一八、卷一三四	
陶 愷	饒州鄱陽	紹興十年三月—十一年七月	要録卷一三四	
劉 錡	德順軍	紹興十一年七月—十七年七月	要録卷一四一、一五六,宋史卷二九	武
王 瑋	秦州成紀	紹興十七年十月—十八年十月	東牟集卷七,要録卷一五六、一五八	武
劉長源	成都府	紹興十八年十月—十一月	建康實録	攝

姓　名	籍　貫	任 職 時 間	史 料 出 處	備注
曾　慥	泉州晋江	紹興十八年十一月—二十年八月	要録卷一五八	
韓　球	潁昌府長社	—	南澗甲乙稿卷二二、要録卷一六一	
孫汝翼	常州武進	紹興二十年九月—二十三年八月	淳熙三山志卷二五、要録卷一六一	
吳　垌	興國軍永興	紹興二十三年八月—二十四年五月	要録卷一六五、一六六	
程敦臨	眉州	紹興二十四年六月—九月	要録卷一六六	攝
孫汝翼	—	紹興二十四年九月—二十五年十二月	要録卷一六七、卷一七〇	
王師心	婺州金華	紹興二十五年十二月—二十七年二月	要録卷一七〇、卷一七六	
劉　錡	—	紹興二十七年二月—三十年十月	要録卷一七六、卷一八六	武
續　膚	澤州晋城	紹興三十年十二月—三十二年六月	三朝北盟會編卷二二四，要録卷一八七、二〇〇	
李　道	相州湯陰	紹興三十二年六月—乾道二年四月	要録卷二〇〇、宋史全文卷二四下	武、外戚
王　炎	相州安陽	乾道三年五月—十二月	宋史全文卷二五、輯稿選舉三四之二〇	
方　滋	嚴州桐廬	乾道四年正月—八月	于湖居士文集卷一四	
張孝祥	和州歷陽	乾道四年八月—五年三月	于湖居士文集卷一四	
劉　珙	建寧府崇安	乾道五年四月—六年九月	晦庵集卷九四	
李　燾	眉州丹棱	約乾道六年九月後	文忠集卷七八、永樂大典卷二八一一	攝
姜　詵	淄州長山	乾道七年正月—約八年四月後	文忠集卷一〇四、輯稿選舉三四之二七	

續 表

姓　名	籍　貫	任 職 時 間	史 料 出 處	備注
薛良朋	温州瑞安	乾道六年末—七年初或乾道八年夏	止齋集卷四九	
葉　衡	婺州金華	約乾道八年六月—九年十月	玉海卷二三、湖北通志卷一〇一	
曾　逮	河南府	乾道九年十月—十二月	輯稿選舉三四之二九	
沈　夏	湖州德清	乾道九年十二月—淳熙元年十二月	宋史卷三四、卷二一三	
楊　倓	代州崞縣	淳熙元年十一月—三年冬	文忠集卷一〇六、宋史卷二一三	
王　炎	—	淳熙三年冬—四年二月	文忠集卷一一一、宋宰輔編年録卷一七	
胡元質	平江府長洲	—	文忠集卷一〇六、宋史卷三四	
辛棄疾	濟南府歷城	淳熙四年三月—十一月	吴船録卷下、宋史卷四〇一	歸正人
姚　憲	紹興府會稽	淳熙四年十二月—五年夏	文忠集卷一〇七、平庵悔稿後編卷三	
張　栻	漢州綿竹	淳熙五年九月—七年二月	南軒集卷九、晦庵集卷八九	
楊　倓	—	—	宋宰輔編年録卷一八、輯稿職官七二之二八	
高　夔	海州朐山	淳熙七年五月—九年七月	文忠集卷六五、卷七六	歸正人
陳　孺	撫州臨川	淳熙九年七月—十年七月	文忠集卷一九六、淳熙三山志卷二五	
京　鏜	隆興府南昌	約淳熙十年秋冬	誠齋集卷一二三	攝
趙　雄	資州	淳熙十一年初—十六年閏五月	朝野雜記甲集卷一八、宋史卷三六	判
湯思謙	處州青田	淳熙十六年秋	平庵悔稿後編卷二、輯稿職官七二之五五	攝

續　表

姓　名	籍　貫	任　職　時　間	史　料　出　處	備注
閻蒼舒	崇慶府	淳熙十六年秋—紹熙元年十二月	水心集卷九、輯稿職官七三之四	
章　森	漢州	紹熙二年正月—四年	誠齋集卷三一、攻媿集卷三五	
王　藺	無爲軍廬江	紹熙四年—五年八月	攻媿集卷三五、卷四〇	
袁　樞	建寧府建安	紹熙五年八月—閏十月	攻媿集卷四〇、輯稿職官七三之六〇	
朱　熹	徽州婺源	—	勉齋集卷三六	
彭龜年	臨江軍清江	紹熙五年十二月—慶元元年	攻媿集卷九六	
吳　琚	開封府	慶元二年	輯稿職官一之一四	外戚
某提擧	—	慶元元、二年間或慶元三年	誠齋集卷一一九	攝
？		慶元三年		
楊　輔	遂寧府小溪	慶元四年春—嘉泰元年四月	昌谷集卷三、輯稿職官三四之三〇、湖北金石詩	
陳損之	隆州籍縣	—	永樂大典卷一三四五三	
范仲藝	成都府雙流	嘉泰元年秋—三年四月	平庵悔稿後編卷五、永樂大典卷一三四五三	
宋之瑞	台州天台	嘉泰三年秋—四年夏	平庵悔稿卷八、永樂大典卷一三四五三	
劉　甲	嘉定府龍遊	嘉泰四年秋—開禧元年十二月	鶴山集卷一、卷四五、永樂大典卷一三四五三	
吳　獵	潭州醴陵	開禧元年十二月—三年五月	鶴山集卷八九	
辛棄疾	—	—	宋史卷四〇一	
趙善恭	開封府	約開禧三年五月—六月	後樂集卷一八、永樂大典卷一三四五三	先知後攝、宗室

姓　名	籍　貫	任　職　時　間	史　料　出　處	備注
陳　侗	明州鄞縣	—	通鑑續編卷一九	
宇文紹節	成都府廣都	—	永樂大典卷一三四五三、輯稿職官四一之四一	
李　壂	眉州丹棱	開禧三年七月—十一月	平庵悔稿後編卷三、永樂大典卷一三四五三	先攝後知
范仲壬	成都府雙流	開禧三年十二月—約嘉定元年夏	育德堂外制卷三、永樂大典卷一三四五三	武
趙師㟁	開封府	—	育德堂奏議卷四、永樂大典卷一三四五三	宗室
李大性	肇慶府四會	約嘉定元年夏、秋—四年冬	淳熙三山志卷二二、輯稿職官七四之四〇	
何　澹	處州龍泉	—	何澹壙誌	
劉光祖	簡州陽安	嘉定五年二月—七年三月	西山文集卷二二、卷四三,湖北金石詩	
趙　方	潭州衡山	嘉定七年三月—十年	松垣文集卷二、宋史卷四〇三	先權後知
趙善培	開封府	嘉定十年—十一年初	後村集卷八二	宗室
？		嘉定十一年—十三年		
趙　綸	解州聞喜	約嘉定十三年九月前後	鶴山集卷七三、輯稿職官七五之二六	
辛克承	太平州當塗	約嘉定十五年前—寶慶二年	鶴山集卷一〇,漫塘集卷一〇、卷三四	
桂如淵	信州貴溪	未知—紹定元年	鶴山集卷八二	
別之傑	鄆州	未知—紹定四年	宋史卷四一九	
？		紹定五年—六年		
別之傑	—	端平元年正月—二月	鶴山集卷三七、卷八五	

續 表

姓 名	籍 貫	任 職 時 間	史 料 出 處	備注
楊 恢	廣安軍	端平元年二月—五月	平齋文集卷一九、宋史卷四一	
尤 爚	常州無錫	端平元年五月—三年四月	平齋文集卷一九、卷二三	先權後知
别之傑	—	端平三年四月—嘉熙元年三月	鶴山集卷二七、二九，宋史卷四一九	
孟 珙	棗陽軍	嘉熙元年夏秋	後村集卷一四三、宋史卷四一二	武
江 海	不詳	約嘉熙元年秋—三年冬	玉楮詩稿卷三	武
?		嘉熙四年—淳祐三年		
孟 珙	—	淳祐四年春—六年九月	後村集卷一四三、宋史卷四一二	武
賈似道	台州天台	淳祐六年九月—十年三月	宋史卷四三	
李曾伯	嘉興府	淳祐十年三月—寶祐二年閏六月	宋史全文卷三五、宋史卷四三	
吕文德	安豐軍霍丘	寶祐二年七月—三年三月	癸辛雜識别集下、宋史全文卷三五	武、權知
吴 淵	寧國府	寶祐三年三月—五年正月	宋史卷四四、卷四一六	
趙 葵	潭州衡山	寶祐五年正月—六年二月	宋史卷四四	武、判
馬光祖	婺州金華	寶祐六年二月—開慶元年正月	宋史卷四四	
賈似道	—	開慶元年正月—十月	宋史卷四四	
高 達	渤海	景定元年正月—二年四月	宋史卷四五	武
王 堅	鄧州	景定二年五月—三年三月	宋史卷四五	武、歸正人
徐安民	不詳	景定三年三月—未知	後村集卷六七	武
?		?		

續　表

姓　名	籍　貫	任　職　時　間	史　料　出　處	備注
陳　奕	不詳	咸淳四年前後	宋史卷四六	武
李庭芝	隨州	咸淳六年正月—九年四月	齊東野語卷一七、宋史卷四六	
汪立信	六安軍	咸淳九年四月—十年七月	宋史卷四六	
朱禩孫	閬州	咸淳十年七月—十二月	宋史卷四七	
高　達	—	咸淳十年十二月—德祐元年四月	四明文獻集卷四、宋史卷四七	武

影宋抄本校讀記

柯逢時舊藏《中興兩朝編年綱目》

湖北省博物館　羅恰

武漢革命博物館　王麗

摘　要：《中興兩朝編年綱目》傳世稀少，此前僅知有宋刻元修殘本一部、影宋抄本三部存世。今新發現柯逢時舊藏影宋抄本一部，將其與已知國家圖書館藏宋刻元修殘本、張金吾舊藏影宋抄本及臺北故宮博物館藏張蓉鏡舊藏影宋抄本比勘，發現其與金吾本、蓉鏡本有著共同的來源，而與殘宋本來源不同。經過校勘之後，逢時本的精善程度不下於蓉鏡本。另外，逢時本存有大量眉批校語，較之金吾本校語更加豐富，經過考證，有些校語正確可從，具有重要的校勘價值。

關鍵詞：《中興兩朝編年綱目》；影宋抄本；柯逢時；張金吾；張蓉鏡

南宋高宗、孝宗兩朝現存史料中，高宗一朝較爲豐富，而孝宗一朝則較爲稀少。《中興兩朝編年綱目》一書以綱目體記載南宋高宗和孝宗兩朝史事，爲高、孝兩朝，尤其是爲孝宗朝的研究提供了珍貴的史料，具有較高的學術價值。

此書共十八卷，原不題撰人，經學者辨析研究，作者爲宋人陳均。① 其現存舊本，學界此前已知的主要有四種：國家圖書館藏兩種，一種爲宋刻元修殘本（下文簡稱“殘宋本”），存卷一至七、十二至十四，另一種爲張金吾舊藏影宋抄本（下文簡稱“金吾本”）；② 臺北故宮博物院

---

① 温志拔：《〈中興兩朝編年綱目〉考略》，《文獻》2013 年第 2 期，第120—122 頁；燕永成：《〈中興兩朝編年綱目〉考究》，《宋史研究論叢》第 14 輯，保定：河北大學出版社，2013 年，第 609—618 頁。

② 近年《中華再造善本》即據國家圖書館藏宋刻元修殘本影印，所缺之卷以該館所藏張金吾舊藏影宋抄本配補。

藏有一種,爲張蓉鏡舊藏影宋抄本(下文簡稱"蓉鏡本");①還有一種是日本靜嘉堂文庫藏原爲陸心源十萬卷樓舊藏的影宋抄本(下文簡稱"陸心源本")。②目前國内外對《中興兩朝編年綱目》一書的研究都是圍繞以上四種傳本展開。

對於這四種傳本的特點及優劣情況,已有學者詳細加以探討,並據此四種傳本進行分析,認爲在南宋後期至少有三種《中興兩朝編年綱目》傳本:一種爲完本,《(景定)建康志》所引用的《皇朝中興編年綱目》當爲此本;剩下的二種現在尚存孑遺,其中一種即殘宋本(漏印卷四某葉的上半葉),另一種是與殘宋本同版的印本(漏印卷四某葉的下半葉),此本已佚,但所傳有三種清抄本,即金吾本、蓉鏡本和陸心源本。金吾本與蓉鏡本源於同一祖本,該祖本與殘宋本在卷四中均有缺葉,可以相互補全。蓉鏡本據金吾本補全校正,錯誤較少;金吾本抄成較早,但文字訛誤較多,後經過張蓉鏡校勘;陸心源本文本詳情暫時無從得知。③ 這一結論基本釐清了《中興兩朝編年綱目》一書已知四種傳本的版本關係。

今於湖北省博物館藏古籍中新見一種《中興兩朝編年綱目》影宋抄本,此前不爲學界所知,長期湮没無聞,今略爲揭示於下。

一、柯逢時舊藏本之基本情況

湖北省博物館藏《中興兩朝編年綱目》影宋抄本,十八卷,不題撰人,每半葉大字八行十六字,小字雙行二十三字,無格,無序跋,無葉碼,經過重裝,分裝爲四冊。記事起於建炎元年(1127),迄於淳熙十七年(1190),有朱筆校字及眉批。該本目録首葉鈐有"柯逢時印"白文方印,知是柯氏舊藏(下文簡稱"逢時本"),除此之外,再無其他收藏信息,故難以直接知曉其遞藏情況。

柯逢時(1845—1912),名益敏,字懋修,號欽臣,亦號遜(巽)庵,晚號息園,室名靈溪精舍,湖北武昌金牛(今湖北省鄂州市原稱武昌縣,金牛原隸屬之,建

---

① 見中國國家圖書館編:《原國立北平圖書館甲庫善本叢書》第 154 册,北京:國家圖書館出版社,2013 年。

② 參見虞雲國:《靜嘉堂藏罕覯宋籍初讀記》,收入氏著《兩宋歷史文化叢稿》,上海:上海人民出版社,2011 年,第 499—501 頁;陸心源著、馮惠民整理:《儀顧堂書目題跋彙編》卷三《〈中興兩朝編年綱目〉跋》,北京:中華書局,2009 年,第 54 頁;日本所藏中文古籍資料庫網站 http://kanji.zinbun.kyoto-u.ac.jp/kanseki? query=%E4%B8%AD%E8%88%88%E5%85%A9)。

③ 雷震:《〈中興兩朝編年綱目〉版本初探——以國圖藏本爲綫索》,《文獻》2020 年第 6 期,第 79—96 頁;雷震:《索隱探賾:文獻學視閾下的〈中興兩朝編年綱目〉研究》,陝西師範大學博士學位論文,2020 年 11 月,第 11—84 頁。

國後金牛劃歸大冶縣,今屬大冶市)人。光緒九年(1883)進士,歷任陝西學政,江西按察使,湖南布政使,江西、廣西巡撫,土藥統稅大臣等職。柯逢時一生喜著書、刻書、藏書,晚年設武昌醫館,校勘醫籍,刻成《武昌醫學館叢書》八種九十六卷。柯氏生前藏書達數萬卷,歿後書籍四散。建國後,柯氏後人曾將遺存的部分舊藏捐贈給武漢文管會,而武漢文管會亦從柯氏後人手中購買過若干古籍,現湖北省博物館藏古籍內有一些柯氏藏書鈐有"武漢市人民政府文物管理委員會"的公章,應是來源於柯氏後人。

逢時本與已知的幾種版本行款完全相同。我們將之與殘宋本、金吾本、蓉鏡本粗加對勘,①發現無論是缺葉、脫字還是異文,其與金吾本、蓉鏡本相同而與殘宋本異。② 可以確定,逢時本與金吾本、蓉鏡本都有著共同的來源,而與殘宋本不同。

逢時本與金吾本、蓉鏡本雖有共同來源,但互相之間亦有差別。粗對一過,發現較明顯者有以下幾處:

(一)卷一建炎元年六月,蓉鏡本缺一葉,③逢時本與金吾本均不缺。

(二)卷七紹興六年十二月,大字綱"陳公輔請禁伊川學"下小字"庶幾言行相稱"一句,蓉鏡本脫一"相"字,逢時本與金吾本均無脫字。

(三)卷八紹興九年九月,大字綱"旌忠義"下小字"化源陷虜十年不屈"一句,蓉鏡本脫一"劉"字,逢時本與金吾本均無脫字。

(四)卷十紹興十四年三月,大字綱"幸太學"下小字"太上皇帝,我中原受命之主"一句,金吾本脫"太"字,後以朱筆補入,逢時本與蓉鏡本均無脫字。

(五)卷十三紹興三十二年六月,大字綱"六月賜皇子瑋名眘立爲皇太子"以及"追封皇兄子偁秀王","瑋""眘""偁"三字,逢時本與金吾本均缺筆避諱,逢時本以朱筆回改了"瑋""眘"二字,"偁"字未回改,而蓉鏡本則回改了諱字。

(六)卷十八淳熙十六年二月,大字綱"復輪對"小字目,逢時本、金吾本與蓉鏡本文字均未完,金吾本空出來兩葉半的位置,逢時本空出來三葉半的位置,而蓉鏡本未空葉。

---

① 陸心源本暫未寓目,其版本情況可參見上文所提及之虞雲國《靜嘉堂藏罕覯宋籍初讀記》,陸心源著、馮惠民整理《儀顧堂書目題跋彙編》卷三《〈中興兩朝編年綱目〉跋》以及日本所藏中文古籍資料庫網站。據學者初步分析,陸心源本與金吾本、蓉鏡本有密切的同源關係,見雷震:《〈中興兩朝編年綱目〉版本初探——以國圖藏本爲綫索》,第 94 頁。

② 見雷震:《〈中興兩朝編年綱目〉版本初探——以國圖藏本爲綫索》,第 88—95 頁。

③ 《原國立北平圖書館甲庫善本叢書》云此缺葉是"原膠捲漏拍"。見中國國家圖書館編:《原國立北平圖書館甲庫善本叢書》第 154 册,第 9 頁。

以上述情況來看,逢時本與金吾本較蓉鏡本呈現出更早的文本形態。

從文字異同來説,逢時本與金吾本、蓉鏡本之間大致存在四種情況,下面簡略叙述。

(一)逢時本與金吾本同,而未作校改,如:

卷一建炎元年五月,大字綱"皇弟康王即皇帝位於南京大赦改元"下小字"維布衣亦聽舉"一句,"維",蓉鏡本作"雖",金吾本原作"維",校改作"雖"。此處"雖"正而"維"誤。

卷一建炎元年十二月,大字綱"十二月置講讀官"下小字"大有大畜卦示輔臣"一句,"畜"當爲"蓄"之誤,金吾本同,蓉鏡本作"蓄"。

卷二建炎三年二月,大字綱"虜陷晋寧軍"下小字"以大義貴可求"一句,"貴"當爲"責"之誤,金吾本同,蓉鏡本作"責"。

卷二建炎三年四月,大字綱"以僕射同平章事復參知政事"下小字"宰相者百寮之表"一句,"表"當爲"長"之誤,金吾本同,蓉鏡本作"長"。

卷四紹興二年七月,大字綱"詔引對守臣"下小字"自今除伐"一句,"伐"當爲"代"之誤,金吾本同,蓉鏡本作"代"。

(二)逢時本與金吾本同,而校改後與蓉鏡本同,如:

卷三建炎四年四月,大字綱"吳玠及虜戰於彭店源"下小字"擁兵不收"一句,"收",逢時本與金吾本同,校改作"救",蓉鏡本作"救"。

卷五紹興三年六月,大字綱"增月椿錢"下小字"汪浙月椿錢"一句,"汪",逢時本與金吾本同,校改作"江",蓉鏡本作"江"。

卷五紹興三年七月,大字綱"庚辰雨"下小字"省刑施力役"一句,"施",逢時本校改作"弛",金吾本原作"弛",改作"施",蓉鏡本作"弛",殘宋本作"弛"。

(三)逢時本與蓉鏡本同,如:

卷二建炎三年九月,大字綱"胡寅請絶罷和議"下小字"章程之事"一句,"章",逢時本與蓉鏡本同。金吾本原作"常",校改作"章"。

卷二建炎三年十一月,大字綱"虜陷建康杜充李梲叛降之"下小字"邦乂駡不絶口"一句,"乂",逢時本與蓉鏡本同。金吾本原作"乂",校改作"又",屬於誤改。

卷三建炎四年二月,大字綱"上舟次台州松門"下小字"承平之久"一句,"久",逢時本與蓉鏡本同。金吾本原作"及",校改作"又",屬於未改對。

卷三紹興元年正月,大字綱"以張俊爲江淮招討使討李成"下小字"俊不以爲然"一句,"不",逢時本與蓉鏡本同。金吾本原作"大",校改作"不"。

卷三紹興元年三月,大字綱"三月詔募民耕閑田"下小字"或怠惰因循"一句,“惰”,逢時本與蓉鏡本同,殘宋本作“墮”。金吾本原作“隨”,校改作“墮”,屬於未改對。

卷五紹興三年九月,大字綱“呂頤浩罷”下小字“授頤浩鎮兩舊節”一句,“頤”,逢時本與蓉鏡本同。金吾本原作“順”,校改作“頤”。逢時本之“兩”,當是“南”之誤。

卷五紹興三年九月,大字綱“以呂祉知建康府”下小字“不可不遣問探”一句,“問”,逢時本與蓉鏡本同。金吾本原作“間”,校改作“問”。

卷六紹興五年二月,大字綱“以趙鼎張浚爲左右僕射浚仍兼都督諸路軍馬”下小字“將帥不速省寺官”一句,“不”,逢時本與蓉鏡本同。金吾本原作“下”,校改作“不”。

卷十八淳熙十年九月,大字綱“九月以左藏南庫隸户部”下小字“財,用以冢宰制國用”一句,前一個“用”字,逢時本與蓉鏡本同,金吾本作“周”。

(四)逢時本與金吾本、蓉鏡本都不同,如:

卷三建炎四年五月,大字綱“復權侍郎”下小字“位太中大夫上”一句,“太”,金吾本與蓉鏡本都誤作“大”。

卷十一紹興二十四年七月,大字綱“是月張俊薨臨其喪”下小字“其追封蓋自俊始”一句,“追”,蓉鏡本誤作“迫”,金吾本原誤作“迫”,校改作“追”。

卷十二紹興二十七年七月,大字綱“復命令經兩省制”下小字“皆畫畊行不”一句,“畊”,蓉鏡本誤作“押”,金吾本作“時”,誤改作“押”,屬於未改對。按,“時”字不誤,“不”當改作“下”。“畫畊行不”當校正作“畫時行下”。① 殘宋本作“畫時行下”。

逢時本全書有朱校及眉批,字迹相同,當是同一人所作。朱校主要是改訛字,眉批主要是舉闕疑。朱校部分如:

(一)卷一“高宗皇帝”下小字“上意聞暇”一句,“聞”字改作“間”。

(二)卷四紹興二年春正月,大字綱“建盗平”下小字“韓世忠遣將擊斬之”,“遣”字改作“遣”。

(三)卷十紹興十三年五月,大字綱“五月御射殿閲馬”下小字“自省激百千”,“激”字改作“數”。小字“不惟養爲”,“爲”字改作“馬”。

---

① 參見〔宋〕李心傳撰,胡坤點校:《建炎以來繫年要録》卷一七七,紹興二十七年七月丙子條,北京:中華書局,2013年,第3392頁;〔宋〕周麟之撰,周准編:《海陵集》卷三《論命令必經兩省》,《景印文淵閣四庫全書》第1142册,臺北:臺灣商務印書館,1986年,第21頁。

（四）卷十五乾道二年春正月，大字綱"限軍額"下小字"移馬司屯予建康"，"予"字改作"于"。

（五）卷十七淳熙三年六月，大字綱"六月減四川虛額錢"下小字"進獻羨餘"，"義"字改作"羨"。小字"茶園百姓愈吏窮困"，"吏"字改作"更"。

（六）卷十八淳熙十五年十二月，大字綱"十二月召朱熹"下小字"孰肯抑心下首於官官宮妾之門"，上一"官"字改作"宦"。

就全書情況來看，逢時本文字訛誤現象較多，與殘宋本、金吾本、蓉鏡本比勘，其錯誤往往是書手抄寫致誤，這些訛誤之處與金吾本並不完全一致，經過朱校之後，大多已得到改正，改正後之文字與蓉鏡本一致，其所據校本當即蓉鏡本。

逢時本尚有 67 條朱筆眉批。其每卷條數如下：卷一無，卷二 4 條，卷三 7 條，卷四 1 條，卷五 3 條，卷六 4 條，卷七 2 條，卷八 1 條，卷九 3 條，卷十 2 條，卷十一 8 條，卷十二無，卷十三 3 條，卷十四 3 條，卷十五 2 條，卷十六 13 條，卷十七 4 條，卷十八 7 條。這些眉批的内容與金吾本之浮簽校語有極爲密切之關係。

二、逢時本眉批與金吾本浮簽校語之對讀

金吾本中粘貼有 42 張有校語的浮簽小條，[①]這些浮簽小條多是一張浮簽寫一條校語，也有兩條校語寫於一張浮簽之上的。將逢時本眉批與金吾本浮簽校語對勘，發現二者内容相同而文字或小異的有 34 條，眉批内容不見於浮簽的 30 條，浮簽内容不見於眉批的有 10 條，屬於其他情況的有 4 條（其中 1 條逢時本無眉批，金吾本有浮簽校語），下面簡略叙述。

（一）二者内容相同而文字或小異

1. 卷二建炎三年九月，大字綱"胡寅請罷絕和議"下小字"郵置适深"一句，眉批："第八行'郵置适深'，'适'字疑惧。"浮簽同，僅"惧"作"誤"。[②]

2. 卷三建炎四年夏四月，大字綱"韓世忠敗虜于鎮江"下小字"廟中之伏喜"一句，"喜"，眉批："第五行首'喜'字宜惧。"金吾本浮簽："第五行首'喜'字似誤。"

---

① 雷震：《〈中興兩朝編年綱目〉版本初探——以國圖藏本爲綫索》，第 81 頁。

② 浮簽之"誤"字，眉批絕大多數地方作"惧"。

3. 卷三建炎四年五月，大字綱"以張守參知政事"，眉批："'以張守參知政事'下'馱'字疑悮。"金吾本浮簽："'以張守參知政事'注內'馱藥'，①'馱'字似誤，未識另有出處否。芙川。"

4. 卷三紹興元年冬十月，大字綱"盜范汝爲據建州"，眉批："'盜據建州'下'守臣具必明'疑有誤。"浮簽文字全同。

5. 大字綱"盜范汝爲據建州"下小字"不能制賊乃反也"一句，眉批："第二行'不能制賊乃反也'疑有悮。"金吾本浮簽："二行'不能制賊乃反也'疑有誤。"

6. 卷四紹興二年三月，大字綱"虔盜平"下小字"白鶴故居下莫之而去"一句，眉批："第六行'白雀故居下莫'字似悮。"金吾本浮簽："第六行'白鶴故居下莫'字似誤。"

7. 卷六紹興五年正月，大字綱"詔前宰執條上攻守策"下小字"東南民九何以堪"一句，眉批："第十行'東南民九'，'九'字疑悮。"金吾本浮簽："第廿六行'東南民九何'，'九'字費解。芙記。"蓉鏡本作："東南□民何以堪"，"東南"與"民"字之間空缺一字。

8. 卷七紹興六年秋七月，大字綱"黜內侍馮益"下小字"吾人其黨"一句，眉批："'吾人'疑有悮。"金吾本浮簽："廿二行'吾人'似誤，'人'或'入'字之偽〈訛〉。"

9. 卷九紹興十一年十二月，大字綱"秦檜奏誅岳飛及張憲岳雲"下小字："飛以恢復自詭"一句，眉批："第七行'飛以恢復自詭'二字悮。"金吾本浮簽："第七行'飛以恢復自詭'，'詭'字誤。"

10. 同條大字綱下小字"有屬票姚辝第之志"一句，眉批："第二行'屬票姚辝'必有悮。"金吾本浮簽："第二行'屬票姚辝'疑有誤。"

11. 卷十紹興十三年九月，大字綱"魏良臣罷"下小字"昨日偶思非晚"一句，眉批："'魏良臣罷'下'非晚'，'非'字悮。"金吾本浮簽："末行注內'偶思非晚'，'非'字誤。"

12. 卷十三紹興三十一年冬十月，大字綱"李寶敗虜于膠西"下小字"禱于后曰神祈風助順"一句，逢時本眉批："第七行'后曰神'，'曰'字悮。"金吾本浮簽："第七行'后曰神'，'曰'字誤。"

13. 卷十三紹興三十二年六月，大字綱"求直言"下小字"爲遷延中巳之資"一句，逢時本眉批："'遷延中巳'疑有悮。"金吾本浮簽："第六行'遷延中巳之

---

① 雷震：《〈中興兩朝編年綱目〉版本初探——以國圖藏本爲綫索》，第81頁誤作"馱兼"。

資'疑有誤。"

14. 同條大字綱小字"今檢會紹興二十八年三月手詔"一句,逢時本眉批:"'檢會','會'字疑有悮。"金吾本浮簽:"第二行'檢會','會'字疑誤。"

15. 卷十四隆興元年四月,大字綱"賜進士第"下小字"賜木待問以下五百餘人"一句,逢時本眉批:"'賜木待問'宜查。"金吾本浮簽:"'賜進士第'下'木待問'未識誤否,當查。"

16. 卷十四隆興元年十二月,大字綱"禁獻羨餘"下小字"敷之於民"一句,逢時本眉批:"'敷之于民','敷'字疑悮。"金吾本浮簽:"第四行'敷之于民','敷'字似誤。"

17. 卷十四隆興二年九月,大字綱"命湯思退督師江淮辭不行"下小字"無去大之辱"一句,逢時本眉批:"'去大之辱'宜悮。"金吾本浮簽:"第十六行'去大之辱'似疑。"

18. 卷十五乾道三年十一月,大字綱"雷"下小字"時虜使來賀饑慶節"一句,逢時本眉批:"'雷'下'來賀飢慶節','飢'字疑悮。"金吾本浮簽:"'雷'注内'來賀饑慶節','饑'字誤。"

19. 卷十五乾道四年秋七月,大字綱"蔣芾罷"下小字"比及如此"一句,逢時本眉批:"第五行'比及如此'疑有悮。"金吾本浮簽:"第五行'比及如此'疑誤。"此條浮簽錯置於六月"置度支都籍"條。

20. 卷十六乾道六年夏五月,大字綱"陳俊卿罷"下小字"攘夷狄泛使"一句,逢時本眉批:"第十六行'攘夷狄泛使'疑有悮。"金吾本浮簽:"第十六行'攘夷狄泛使'疑有誤。"

21. 卷十六乾道六年閏月,大字綱"范成大使虜"下小字"音邊至"一句,逢時本眉批:"'使虜'下'繿'字疑悮。"金吾本浮簽:"'使虜'下'繿'字疑誤。"

22. 同條大字綱下小字"俊刻期之報至"一句,逢時本眉批:"'俊刻期之報','俊'字疑悮。"金吾本浮簽:"'俊刻期之報','俊'字疑誤。"此條校語與上條校語寫於同一張浮簽上。

23. 卷十六乾道六年冬十月,大字綱"旌忠義"下小字"八年賜傳察謚"一句,逢時本眉批:"'賜傳察','傳'字疑悮。"金吾本浮簽:"第十一行'賜傳察','傳'字誤。"

24. 卷十六乾道七年二月,大字綱"張栻入對"下小字"上陳祖宗自家形國之懿"一句,逢時本眉批:"'上承〈陳〉祖宗自家形国'之句,疑有悮。"金吾本浮簽:"第二行'上陳祖宗自家形國之懿',疑有誤。"

25. 卷十六乾道七年夏四月，大字綱"劉珙起復同知樞密院宣撫荆襄辭之"下小字"將帥方割"一句，逢時本眉批："'將帥方割'字疑悮。"金吾本浮簽："第廿七行'將帥方割'，'割'字似誤。"

26. 卷十六乾道九年春正月，大字綱"福建鹽復官賣法"下小字"敷擾以爲民害"一句，逢時本眉批："'敷擾以爲民害'，疑有悮。"金吾本浮簽："第廿八行'敷擾以爲民害'，疑有誤。"

27. 卷十六淳熙元年六月，大字綱"六月詔議祫饗東嚮之位"下小字"是時趙爲諫議大夫"一句，逢時本眉批："第十行'趙需'，疑是'霈'字。"金吾本浮簽："第十行'趙需'，疑是'霈'字。"

28. 卷十六淳熙元年秋七月，大字綱"秋七月復相"下小字"王宗已因中懷"一句，逢時本眉批："'曾怀罷'下'王宗已曰中怀'，疑有悮。"金吾本浮簽："'曾懷罷'下'王宗已因中懷'，疑有誤。"此條校語與上條校語寫於同一張浮簽上。

29. 卷十六淳熙元年十二月，大字綱"十二月修吏部七司法"下小字"緣臣僚申明衝改"一句，逢時本眉批："'申明衝改'，'衝'字疑悮。"金吾本浮簽："第十六行'申明衝改'，'衝'字疑誤。"

30. 卷十七淳熙六年春正月，大字綱"詔求言"下小字"不刻剝之風"一句，逢時本眉批："'不刻剝之風'，'不'字疑悮。"金吾本浮簽："二行'不刻剝之風'疑有誤。"

31. 卷十七淳熙七年春二月，大字綱"張栻卒"下小字"並淮姦民出塞爲盗"一句，逢時本眉批："'並淮姦民'，'淮'字悮。"金吾本浮簽："第十一行'並淮姦民'，'淮'字誤。"

32. 同條大字綱下小字"毋曲在我"一句，逢時本眉批："'毋曲在我'，'毋'字悮。"金吾本浮簽："十三行'毋曲在我'，'毋'字誤。"此條校語與上條校語寫於同一張浮簽上。

33. 卷十八淳熙十五年五月，大字綱"五月王淮罷"下小字"或取之行實自將"一句，逢時本眉批："'行實自將'，'自'字悮。"金吾本浮簽："廿五行'行實自將'，'自'字誤。"

34. 卷十八淳熙十五年十二月，大字綱"十二月召朱熹"下小字"以尹胡人之首"一句，逢時本眉批："'尹胡人之首'，'尹'字悮。"金吾本浮簽："第廿九行'尹胡人之首'，'尹'字誤。"

通過對勘，可以發現二者内容相同，用字稍異，如逢時本眉批用"悮"，而金吾本浮簽用"誤"；眉批用詞語氣更偏肯定，如用"悮""宜悮""有悮""必有悮"

等,而浮簽則較審慎,多用"疑誤""似誤"等。

（二）眉批內容不見於浮簽

1. 卷二建炎三年九月,大字綱"胡寅請罷絶和議"下小字"日夜圖回"一句,逢時本眉批:"第四行'日夜圖回','回'字疑誤。"

2. 同條大字綱下小字"漂泊大江之南棲伏東海之濱"一句,逢時本眉批:"末行'大江之南棲伏',此二字不可解。"

3. 卷三建炎四年六月,大字綱"季陵仍中書舍人"下小字"厥令天下"一句,逢時本眉批:"第七行'厥令'字疑有悞。"按,"厥令"當據殘宋本改作"厥今"。

4. 卷三紹興元年春正月,大字綱"復制科",逢時本眉批:"'復制科'下'始曰德者'有悞字。"按,"始因德者"當據殘宋本改作"始因德音"。

5. 卷三紹興元年九月,大字綱"命汪藻修日曆"下小字"承旨揮編次"一句,逢時本眉批:"第二行'承旨揮編','揮'字疑悞。"

6. 卷五紹興三年九月,大字綱"振泉州水災"下小字"修省淵租之令"一句,逢時本眉批:"'振泉州水災'註'修省淵租','淵'字疑誤。又'振'字疑作'賑'。""淵租",殘宋本作"嗣貸"。按,"淵租"據《宋會要輯稿·食貨》《建炎以來繫年要録》《皇宋中興兩朝聖政》,當改作"蠲貸"。①

7. 卷五紹興三年九月,大字綱"吕祉知建康府"下小字"正兵以當大敵"一句,逢時本眉批:"第十一行'正兵以當','正'字疑悞。"

8. 卷五紹興四年八月,大字綱"以趙鼎知樞密院都督川陝荆襄諸軍"下小字"少猶控顏瀝懇"一句,逢時本眉批:"第十四行'控顏瀝懇','懇'字疑悞。"

9. 卷六紹興五年二月,大字綱"以趙鼎張浚爲左右僕射浚仍兼都督諸路軍馬"下小字"以厚賂取吕"一句,逢時本眉批:"'以厚賂取吕'必有悞字。"

10. 卷六紹興五年二月,大字綱"命近臣編類奏疏"下小字"近直孝士既胡交修"一句,逢時本眉批:"'近直孝士既'疑悞。""孝",蓉鏡本作"學"。按,"既",當據殘宋本改作"院"。

11. 卷七紹興七年閏月,大字綱"李綱罷"下小字"有垓下之士"一句,逢時本眉批:"'垓下之士','士'字悞。"按,"士",當據殘宋本改作"亡"。

12. 卷八紹興九年春正月,大字綱"大赦"下小字"夫事是而臧之"一句,逢時本眉批:"'臧'字宜悞。"

① 佚名撰,燕永成點校:《中興兩朝編年綱目》,南京:鳳凰出版社,2018年,第204頁。

13. 卷九紹興十一年冬十月,大字綱"韓世忠罷"下小字"日月侵尋"一句,逢時本眉批:"'韓世忠罷'下'日月侵尋'必有誤。"

14. 卷十紹興十四年夏四月,大字綱"禁私史"下小字"修徽宗實録推當政事之大可爲法者"一句,逢時本眉批:"第十五行'徽宗實録推當'疑有誤。"

卷十一全卷金吾本無浮簽校語,逢時本有8條眉批:

15. 紹興十九年二月,大字綱"定歲賜諸軍馬額"下小字"建康鎮池鄂鄂太平州"一句,逢時本眉批:"第四行'鄂鄂'疑有誤。"按,據《建炎以來朝野雜記甲集》卷一八《廣中鹽易馬》,當删一"鄂"字。①

16. 同條大字綱小字"東距焚東"一句,逢時本眉批:"第六行'東距焚東','焚'字疑誤。'焚'乃'爨'之訛。"按,"焚",《文獻通考》卷三二九《四裔考》正作"爨"。②

17. 紹興二十四年三月,大字綱"親試舉人"下小字"述正道而稍邪哆"一句,逢時本眉批:"'述正道而稍邪哆'疑有誤字。"按,"稍",當據《建炎以來繫年要録》卷一六六改作"稱"。③

18. 紹興二十四年秋七月,大字綱"寬程敦厚"下小字"國是大定鄰好胥稷"一句,"稷"字朱筆校改作"穆",逢時本眉批:"'国是大定鄰好胥穆'疑有誤字。""胥稷"金吾本作"晉稯",當是"胥穆",字形失真。蓉鏡本作"胥穆"。

19. 同條大字綱下小字"恬〈怙〉亂害成之流"一句,逢時本眉批:"'怙亂害成','成'字疑誤。"

20. 紹興二十四年秋七月,大字綱"是月張俊薨臨其喪"下小字"俊在明受間"一句,逢時本眉批:"'在明受間'疑有誤。"

21. 紹興二十五年十一月,大字綱"封嗣濮王及安定郡王"下小字"二王不襲封夫十有餘年"一句,逢時本眉批:"'不襲封夫'字疑誤。"

22. 紹興二十六年秋七月,大字綱"甦出井詔求言"下小字"衝改祖宗舊法"一句,逢時本眉批:"'衝改祖宗舊法','衝'字誤。"

23. 卷十六乾道九年春正月,大字綱"記注許帶修"下小字"十五年以後至目即多"一句,逢時本眉批:"'記注許帶修'下'十五年以後至目即'疑有誤。"按,"目即",當據《宋會要輯稿‧職官》改作"即日"。④

① 佚名撰,燕永成點校:《中興兩朝編年綱目》,第396頁。
② 佚名撰,燕永成點校:《中興兩朝編年綱目》,第396頁。
③ 佚名撰,燕永成點校:《中興兩朝編年綱目》,第398頁。
④ 佚名撰,燕永成點校:《中興兩朝編年綱目》,第558頁。

24. 卷十六淳熙二年六月,大字綱"定補外帶職格"下小字"國諍未強"一句,逢時本眉批:"'国諍','諍'字悮。"按,"諍",當據《皇宋中興兩朝聖政》卷五四、《宋史全文》卷二六上改作"勢"。①

25. 卷十六淳熙二年閏月,大字綱"嚴因任法"下小字"講若畫一"一句,逢時本眉批:"'講若畫一'疑有悮。"

26. 卷十八淳熙十年十一月,大字綱"降會子收兩淮□錢"下小字"蓋換詔兩淮"一句,逢時本眉批:"'蓋'字疑悮。"金吾本"蓋"作"盖",當是"盡"字。

27. 卷十八淳熙十年十二月,大字綱"李椿卒"下小字"因競而碎僧舍"一句,逢時本眉批:"'碎'字疑悮。"

28. 卷十八淳熙十四年十一月,大字綱"詔定曆差"下小字"滅日日辰"一句,逢時本眉批:"'滅日日辰','滅'字悮。"

29. 卷十八淳熙十五年六月,大字綱"朱熹入對"下小字"倚閣錢米"一句,逢時本眉批:"'倚閣'疑有悮。"

30. 同條大字綱下小字"景迹犯敗"一句,逢時本眉批:"'景迹犯敗'疑有悮。"

這部分眉批內容全不見於金吾本校語,有的疑誤處可據殘宋本或其他文獻校改,而有的則只能暫付闕疑。

（三）浮簽內容不見於眉批

1. 卷六紹興五年冬十月,大字綱"僞齊犯漣水韓世忠敗之",金吾本作"僞齊犯漣水朝世忠敗之",金吾本浮簽:"'朝世忠敗之','朝'似當作'韓',未識另有'朝世忠'否,當詳考。"按,殘宋本亦作"朝",而逢時本、蓉鏡本均作"韓"。據《宋史》卷二八《高宗紀》、《建炎以來繫年要録》卷九四,作"朝"誤,當作"韓"。②

2. 卷七紹興六年十二月,大字綱"嚴內外更迭法"下小字"删定檢鼓等院"一句,金吾本浮簽:"廿四行'檢鼓'二字疑誤。"

卷十二全卷逢時本無眉批,金吾本有兩條浮簽,共三則校語:

3. 紹興二十九年六月,大字綱"王綸使虜"下小字"兵拏禍結"一句,金吾本浮簽:"第廿一行'兵拏禍結','拏'字疑誤。"

4. 大字綱"孫道夫罷"下小字"在郡力年"一句,金吾本浮簽:"廿五行'在郡

① 佚名撰,燕永成點校:《中興兩朝編年綱目》,第559頁。
② 佚名撰,燕永成點校:《中興兩朝編年綱目》,第240頁。

力年'，'力'字疑'多'字之僞〈訛〉。"按，"力"，殘宋本作"九"。

此二則校語寫於同一張浮簽之上。

5. 紹興三十年八月，大字綱"虜簽蕃漢軍"下小字"泑二咸"一句，金吾本浮簽："第廿七行'泑二咸'三字當考。""泑二咸"，蓉鏡本作"汹二咸"，殘宋本作"洶洶咸"。按，疑"泑二咸"中"泑"爲"洶"之誤，"二"爲重文符號"＝"之誤。

6. 卷十三紹興三十二年四月，大字綱"呂廣問禮部侍郎"下小字"快懦次第代之"一句，金吾本浮簽："第十五行'快懦'，'快'字誤。"殘宋本作"怯"。

7. 卷十四隆興二年十一月，大字綱"禁太學生伏闕"下小字"爲宣諭日果能"一句，金吾本浮簽："第八行'宣諭日'，'日'字誤。"

8. 卷十五乾道三年夏四月，大字綱"利州東西並一路以吳璘爲安撫兼四川宣撫"下小字"有告以薦林者"一句，金吾本浮簽："第廿四行'有告以薦林者'疑有誤。"按，"林"，當據《皇宋中興兩朝聖政》卷四六、《宋史全文》卷二四下改作"材"。[①]

9. 乾道四年十二月，大字綱"召魏掞之"下小字"以書質責宰相"一句，金吾本浮簽："第十三行'質責宰相'，'質'字疑誤。"按，此條浮簽錯置於冬十月"蔣芾起復左僕射陳俊卿右僕射芾辭"條。

10. 卷十六乾道八年春二月，首下小字"尚存虛名榷壓"一句，金吾本浮簽："第十五行'尚存虛名榷壓'，'榷'字疑誤。"蓉鏡本作"推"，殘宋本作"雜"。

金吾本浮簽中有 10 條校語內容不見於逢時本眉批，這 10 條內容中，除了 1 條是金吾本誤而逢時本不誤者（卷六紹興五年冬十月"韓世忠"，金吾本誤作"朝世忠"），其他都是有疑問，而逢時本未出校者。

（四）其他情況

1. 卷二建炎三年九月，大字綱"胡寅請罷絕和議"下小字"痛推愁荒"一句，逢時本眉批："第六行'痛推'，'推'字原本作'惟'字，皆悮。"金吾本作"惟"。蓉鏡本、殘宋本作"推"。按，當據《斐然集》卷一六《上皇帝萬言書》改作"維"。[②]

2. 卷三紹興元年二月，大字綱"詔近臣條陳時務"下小字"中書舍人洪擬"一句，"擬"字，逢時本朱筆校改作"凝"，金吾本浮簽："'中書舍人洪擬'，疑是'凝'字。"蓉鏡本作"凝"，殘宋本作"擬"。

---

① 佚名撰，燕永成點校：《中興兩朝編年綱目》，第 523 頁。
② 佚名撰，燕永成點校：《中興兩朝編年綱目》，第 96 頁。

3. 卷六紹興五年二月，大字綱“以趙鼎張浚爲左右僕射浚仍兼都督諸路軍馬”下小字“浚因曲謝”一句，逢時本眉批：“第一行‘曲’字悮。”金吾本改作“面”。蓉鏡本、殘宋本作“曲”。

4. 卷十七淳熙七年九月，大字綱“詔常朝宰臣免宣名”下小字“人使在庭”一句，逢時本眉批：“‘人使在庭’，‘人’字疑悮。”浮簽：“第三十一行‘人使在庭’，‘人’字誤。”金吾本此處將“人”校改作“令”。蓉鏡本作“人”，殘宋本作“令”。

（五）小結

金吾本之浮簽校語，從“芙記”“芙川”的落款來看，應是張蓉鏡所作。① 從上文逢時本眉批與金吾本浮簽的對勘情況來看，二者存在大量相同的校語，這應該不是巧合。從逢時本眉批字迹來看，風格總體是瘦長，鈎筆慣於不出鋒，竪鈎弧度較大，控筆能力較差（圖一），與張蓉鏡、姚畹真書法皆不同（圖二、圖三）。可以確定，逢時本眉批之寫録者非張蓉鏡、姚畹真本人。逢時本眉批與金吾本浮簽相同的部分必是轉録，且很大可能是轉録自金吾本浮簽，其中有一處眉批可以作爲佐證：

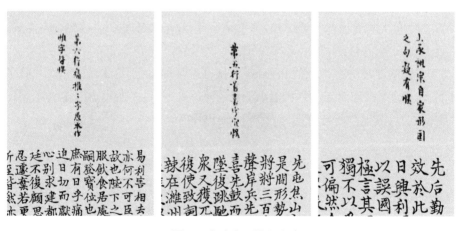

圖一　逢時本眉批字迹

① 金吾本浮簽的寫録者有待考證，雷震説是張蓉鏡妻姚畹真，見雷震：《〈中興兩朝編年綱目〉版本初探——以國圖藏本爲綫索》，第81—84頁。細觀金吾本浮簽字迹與現存古籍中姚氏手書跋語的字迹，風格迥異，非一人所作。姚氏手書跋語見於上海圖書館編《上海圖書館善本題跋真迹》第5册第4頁所收《兩漢詔令》（編號：849993-98）和《上海圖書館善本題跋真迹》第12册第395頁所收《後村先生大全詩集》（編號：754382-85），書法風格娟秀工整，屬於比較典型的閨閣字，而浮簽上的字迹則明顯舒闊橫展，並無閨閣之氣。

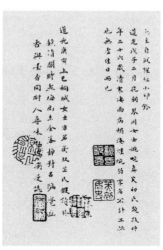

圖二　姚畹真手迹①　　　　圖三　張蓉鏡手迹②

卷九紹興十一年十二月,大字綱"秦檜奏誅岳飛及張憲岳雲"下小字"飛以恢復自詭"一句,逢時本眉批:"第七行'飛以恢復自詭'二字悮。"(圖四)此條校語亦見於金吾本浮簽,原文寫作:"第七行飛以恢復自詭＝字誤。"(圖五)其中"＝"爲重文符號,當讀作"第七行'飛以恢復自詭','詭'字誤。"兩相對讀可知,應是逢時本誤認重文符號"＝"爲"二"字才造成此種訛誤。這説明此條逢時本眉批應是轉録自金吾本浮簽,否則無法解釋何以會造成此種訛誤。

逢時本眉批的寫録者見過金吾本,且轉録了部分金吾本浮簽校語,眉批的時間較浮簽的時間要晚。由於逢時本自身所附帶的收藏者信息太少,加上文獻不足,暫無法考實逢時本眉批的寫録者是何人。

逢時本眉批與金吾本浮簽之間的關係,可以做一個合理推測:逢時本眉批的寫録者見過金吾本浮簽之後,按照自己的理解,對其校語做了取捨,即擇取了其中的 34 條進行了轉録(二者內容相同而文字或小異的 34 條),捨棄了其中的 10 條(見於浮簽而不見於眉批的 10 條),在此基礎之上,又新作了 30 條校語(即見於眉批而不見於浮簽的 30 條)。

① 見上海圖書館編:《上海圖書館善本題跋真迹》第 12 册,上海:上海辭書出版社,2013 年,第 395 頁。

② 見中國國家圖書館編:《原國立北平圖書館甲庫善本叢書》第 154 册所收臺北故宫博物院藏張蓉鏡舊藏《中興兩朝編年綱目》影宋抄本卷十八末。

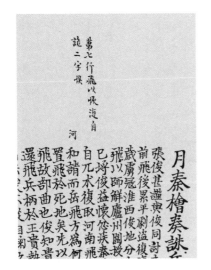 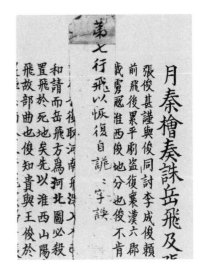

圖四　"飛以恢復自詭"一句逢時本眉批　　圖五　"飛以恢復自詭"一句金吾本浮籤

　　逢時本眉批中有 30 條校語内容不見於金吾本浮籤,具有重要的校勘價值。有的内容可以通過其他文獻的佐證而加以校正,有的則暫時只能付諸闕如。有一處眉批需要注意,卷十一紹興二十四年秋七月"竄程敦厚"下小字"國是大定鄰好胥穄"一句,"穄"字朱筆校改作"穆",逢時本眉批:"'国是大定鄰好胥穄'疑有悮字。""胥穄"二字,蓉鏡本作"胥穆"。金吾本作"胥穊",當是"胥穆",不過字形有些失真。可見這一處校語是單就逢時本而言。

結　　語

　　金吾本和蓉鏡本之間的關係,學者已經考證而得出結論,認爲金吾本與蓉鏡本源於同一祖本,金吾本抄成較早,但文字訛誤較多,後經過張蓉鏡校勘;蓉鏡本的前兩册(卷一至六)尚是明代舊抄,剩下部分據金吾本補全校正,[①]錯誤較少,精善程度優於金吾本。

　　逢時本與二者的關係,通過缺葉、脱字、異文以及校語的對勘,可以知道:

　　(一)逢時本與金吾本、蓉鏡本有著共同的來源,即與殘宋本同版的印本(漏印卷四某葉的下半葉),此本已佚。

---

　　① 中國國家圖書館編:《原國立北平圖書館甲庫善本叢書》第 154 册,第 236 頁;雷震:《〈中興兩朝編年綱目〉版本初探——以國圖藏本爲綫索》,第 84 頁。

（二）逢時本與金吾本的抄成時間較蓉鏡本更早。

（三）逢時本跟金吾本來自同一祖本，二者的文字訛誤都較多，且二者訛誤之處不盡一致，説明二者應不存在轉抄關係。逢時本眉批有一處值得提及，即卷二建炎三年九月，大字綱“胡寅請罷絶和議”下小字“痛推愁荒”一句，眉批説：“‘推’字原本作‘惟’。”“推”字，蓉鏡本、殘宋本皆同，只有金吾本作“惟”。①這裏所提到的“原本”應該指的是逢時本與金吾本共同的祖本。

（四）逢時本眉批轉録了部分金吾本浮簽校語，並有更多不見於金吾本浮簽的新作校語，其時間晚於金吾本浮簽。

（五）逢時本校改之後的文字與蓉鏡本同，加之有大量眉批校語，其精善程度優於金吾本，不下於蓉鏡本。

經過以上粗略分析，可知逢時本雖然是一個文字訛誤較多的本子，但是經過校改，其文本質量已經可與較爲精善的蓉鏡本相埒。尤爲難能可貴的是，逢時本保存有大量眉批校語，這些校語的內容較之金吾本浮簽校語更加豐富，有些校語經過其他文獻的佐證，可以確定其正確可從，具有重要的校勘價值。在今後有關《中興兩朝編年綱目》的研究中，有必要重視利用這部抄本。

最後要説的是，由於逢時本自身所附帶的收藏者信息太少，僅鈐有一方柯逢時印鑒，故難以直接知曉其遞藏情況，更難以考實逢時本眉批的寫録者是何人。爬梳文獻，知柯逢時藏書淵源主要有通州李嘉績五萬卷閣中明清精刊和單行校本、吳縣蔣鳳藻心矩齋所藏清代閩中諸名家的遺藏和周星詒書鈔閣所藏的清代學人的稿本和校本。②蔣鳳藻的藏書中也有部分來自周星詒，其曾以“三千金”資助周星詒，並將周星詒藏書之精者盡收入篋中。③至於周星詒的藏書來源，其在批《讀書敏求記》卷一之“《説文解字》三十卷《標目》一卷”時説：“陳氏居在文儒坊，其先人蘭鄰大令，以名進士爲令浙江，藏書極富。星村名樹杓，亦善鑒別，予所得書泰半得之渠家。”④可知其藏書大半是陳徵芝（蘭鄰）、陳樹杓（星村）祖孫的舊藏。

周氏《周氏傳忠堂藏書目》卷二載：“《中興兩朝編年綱目》，十八卷，八冊，

---

① “推”字當據《斐然集》卷一六《上皇帝萬言書》當改作“惟”。見佚名撰，燕永成點校：《中興兩朝編年綱目》，第 96 頁。

② 武漢地方志編纂委員會主編：《武漢市志·人物志》，武漢：武漢大學出版社，1999 年，第 635 頁。

③ 葉昌熾：《藏書紀事詩》，北京：北京燕山出版社，2008 年，第 537—538 頁。

④ 錢曾：《讀書敏求記》，《續修四庫全書》第 923 冊，上海：上海古籍出版社，2002 年，第 97—98 頁。

不著撰人,影宋鈔本。"①《書鈔閣行篋書目》:"《中興兩朝編年綱目》,十八卷,八本,影宋鈔本。"②二者所記當爲一書。陳氏《帶經堂書目》卷二載:"《兩朝編年綱目》十八卷,鈔本,不著撰人名氏。"③從書籍流傳情況來看,周氏與陳氏書目所記《中興兩朝編年綱目》應爲同一部抄本。

進一步考求陳徵芝的藏書來源,有不少是來自張蓉鏡和張金吾的舊藏。④如此,則逢時本或曾循著張蓉鏡(或張金吾)→陳徵芝、陳樹杓→周星詒→蔣鳳藻→柯逢時這樣一條遞藏路徑流傳於人世間,其眉批乃其中某位藏家所爲。

附記:小文蒙馬志立先生代爲查閱有關文獻資料,王可萬先生提供書法分析,匿名評審專家提出詳細修改意見,謹此一併申謝!

————————

① 周星詒藏並編:《周氏傳忠堂書目四卷附錄一卷》,《中國著名藏書家書目匯刊·近代卷》第 9 册,北京:商務印書館,2005 年,第 42 頁。

② 周星詒藏並編:《書鈔閣行篋書目》,《中國著名藏書家書目匯刊·近代卷》第 9 册,第 264 頁。

③ 陳徵芝藏:陳樹杓編:《帶經堂書目四卷附錄一卷》,《中國著名藏書家書目匯刊·明清卷》第 28 册,北京:商務印書館,2005 年,第 307 頁。

④ 王長英、黃兆鄆編著:《福建藏書家傳略》,福州:福建教育出版社,2007 年,第 73 頁。

鳳凰出版社 林日波

《宋史·藝文志》集部宋人佚著四種考述

摘　要:《宋史·藝文志》著録宋人著作五千多種,流傳至今者已不足半數。現從存世的類書、文集、筆記、方志、書目等文獻中勾稽史料,對集部宋人馬存《馬存集》、劉錡《清溪詩集》、邵博《邵博文集》、陳峴《東齋集》佚著四種進行考述,主要考察作者生平及其著述的編纂過程、内容特點等,同時揭明《宋史·藝文志》著録的疏誤。

關鍵詞:《宋史·藝文志》;集部;宋人;佚著;考述

宋代是中國傳統文化發展史上的一個可謂登峰造極的重要時期。王國維在《宋代之金石學》一文中開宗明義指出"宋代學術,方面最多,進步亦最著",繼而稱:"天水一朝人智之活動與文化之多方面,前之漢唐、後之元明皆所不逮也。"①這一論斷簡潔而極具張力。陳寅恪爲鄧廣銘《宋史職官志考證》作序,提出"華夏民族之文化,歷數千載之演進,造極於趙宋之世"②的斬截觀點。前輩學者對宋代文化極盛的面貌不吝贊美之詞,無疑與兩宋三百餘年間經史子集四部文獻數量之多、涉及之廣、内容之富不無關係。

《宋史·藝文志》著録宋人著作五千多種,然而到清代編纂《四庫全書》時已亡佚大半,"宋人文集,名著史册者,今已十佚其八九。至於名姓無聞,篇章湮滅,如方恬

---

① 王國維:《宋代之金石學》,見傅傑編校:《王國維論學集》,北京:中國社會科學出版社,1997年,第201頁。

② 陳寅恪:《鄧廣銘〈宋史職官志考證〉序》,見陳寅恪:《金明館叢稿二編》,北京:生活·讀書·新知三聯書店,2001年,第277頁。

諸人者,更指不勝屈"①。言辭中頗多感喟。毋庸諱言,《宋史·藝文志》"紕漏顛倒,瑕隙百出,於諸史志中最爲叢脞"②,向來受到研治宋代學術的學者詬病。因此,自清至今,對其進行考辨、訂補的學者前後接續,力圖爲學界提供一份清晰準確的目録。通過梳理已有豐富成果,本文進一步從現存的類書、文集、筆記、方志、書目等文獻中勾稽史料,對《宋史·藝文志》集部著録的宋人馬存《馬存集》、劉錡《清溪詩集》、邵博《邵博文集》、陳峴《東齋集》四種佚著的內容、編撰、流傳等方面略加考述,同時揭明《宋史·藝文志》著録的疏誤。

一、馬存《馬存集》十一卷

馬存(?—1096),字子才,饒州樂平(今屬江西省)人。宋哲宗元祐三年(1088)進士,授鎮南節度推官,再調越州觀察推官。紹聖三年卒。③

馬存早年師從胡瑗弟子徐積,寓居楚州④,年輕時便有經世濟國之志,作文滿懷豪情,聲名日著。在太學時,"研經以究道,觀史以究治亂之變,搖毫頃刻數千言"⑤。元祐省試時,論揚雄不能死節而著《劇秦美新論》諂媚王莽,美化新政,"讀之令人氣沮,拂膺不懌者累日","蘇軾奇之,置高等,京師競傳,因呼爲'拂膺公'"⑥。因列名元祐黨籍,尤其在崇寧三年(1104)朝廷詔毁三蘇集及蘇門學士集的過程中⑦,《馬存集》亦難幸免。

關於《馬存集》的編纂情況,馬廷鸞《題察判學士家集後》有所記述,且其中保存了馬存史論的吉光片羽,透露出其文章鋒芒與爲人品性:

① [清]永瑢等:《四庫全書總目》卷一八七《十先生奧論》提要,北京:中華書局,1965 年,第 1704 頁。

② [清]永瑢等:《四庫全書總目》卷八五《崇文總目》提要,第 728 頁。

③ 參見[清]黄宗羲著,全祖望補修,陳金生、梁運華點校:《宋元學案》卷一《安定學案·推官馬先生存》,北京:中華書局,1986 年,第 60—61 頁;[清]于成龍等修,杜果等纂:《(康熙)江西通志》卷三一《饒州府·人物·馬存》,《中國地方志集成·省志輯·江西》,南京:鳳凰出版社,2009 年,第 145—146 頁。另,據魏了翁《跋任諫議伯雨帖》的記載,張培鋒、黄文翰《北宋文學家馬存考論》推論,"馬存崇寧二年(1103)正月或猶在世"(見《南開學報(哲學社會科學版)》)2020 年第 6 期,可備一說。

④ 程章燦主編:《江南通志》卷一七二《人物志·流寓·淮安府》,南京:鳳凰出版社,2019 年,第 7790 頁。

⑤ 《(康熙)江西通志》卷三一《饒州府·人物·馬存》,第 145 頁。

⑥ 《(康熙)江西通志》卷三一《饒州府·人物·馬存》,第 145 頁。

⑦ [宋]楊仲良撰,李之亮校點:《皇宋通鑑長編紀事本末》卷一二二,哈爾濱:黑龍江人民出版社,2006 年,第 2041 頁。

先世《子才集》十一卷，繕寫藏於家。子才以詩文豪於熙寧、元祐間，迨淳熙中，研軒程公爲之譜其年，第其卷，訂其述作大概，而惜其器業之未厎於成，於斯文用力多、寄意厚矣。

去淳熙八十有七年，五世諸孫某讀遺編，撫而嘆曰：程公謂子才元祐奏篇論北事，效於靖康，信然矣。抑又諸史論，如論晋人，以父母之邦委之於劉、石輩，殘暴戮辱百餘年間，無有奮發以生吾中國之氣，又安得有奇士哉？如論後魏，謂中國以禮義文采之腴，而飼拓跋之饑，此之謂不幸；非吾一人之可與魏爭，吾必激天下之氣而與魏爭。古之善戰者，能用天下之氣而已矣。嗟乎！安得此語聞於炎、紹中興之初乎？

子才從節孝徐先生游且久，其文章雄直，雅似節孝，今取徐集三詩係家集後。[1]

"研軒程公"，《文獻通考》作"矸軒程氏"[2]，其人事迹待考。孝宗淳熙年號一共用了十六年，"淳熙中"當在八年（1181）前後，程公編訂的《馬存集》即完成於此時，而馬廷鸞將其繕寫家藏當在八十七年後的度宗咸淳四年（1268）前後。

程公所撰《馬存集序》尚存，從中不但可以瞭解馬存詩文的特點、淵源及其流傳、編訂情況，而且可以知道《馬存集》包含的詩文類別、篇數等具體信息：

子才文波瀾雄壯，英毅有奇氣，不可繫維，且徐節孝、蘇文忠許可最厚，淵源有所自矣。或疑其過於豪放，故宦業不甚顯以没，是未免以成敗論也。方新學盛行，士皆以穿鑿怪誕相高，子才自上庠奉大對，首闢災異曲説，歸諸人事。至論外患，則略西南而獨斥北方，淵然有爲國經久意。不溺時好，卓卓如此。既没之後，川黨議起，蘇、黃文字焚毀無遺，而子才亦在指揮中，故世罕傳，傳復訛舛。近得其族黨所儲善本，參以板行者精加是正，釐爲十一卷。凡爲策二，策題四，時論三，史論二十二，古詩四十六，律詩五十，絶句八十

---

① ［宋］馬廷鸞：《碧梧玩芳集》卷一四《題察判學士家集後》，陶福履、胡思敬原編，江西省高校古籍整理領導小組整理：《豫章叢書》集部六，南昌：江西教育出版社，2004年，第147—148頁。

② ［元］馬端臨撰，上海師範大學古籍研究所、華東師範大學古籍研究所點校：《文獻通考》卷二三七《經籍考六十四》，北京：中華書局，2011年，第6457頁。

四，記十一，序八，書四，啓七，文疏八，雜著四，志銘十三。又爲年
譜，列於墓碣之次，以詳其出處，大率得之傳聞，雖未保其無謬，其
於尊慕師匠，則深有意焉。既成，有示以舊刊進策十六卷，似非本
真，故不敢附著云。①

由此進一步推知，《馬存集》十一卷應當是詩一百八十首、文八十六篇分
爲十卷，年譜、墓碣合爲一卷。值得注意的是，十一卷本《馬存集》不見於現
存諸家書目著録。鄭樵《通志》著録"《馬子才集》，十卷，馬存"②，據《鄭樵年
譜稿》考述，鄭樵於紹興二十八年(1158)前已完成《通志》初稿，紹興三十二年
三月下世③，在程公編訂《馬存集》之前，則所謂"十卷本"或即程公"參以板行
者"，與《宋史・藝文志》著録的"《馬存集》十卷"④大概同屬一種版本。陳振孫
《直齋書録解題》又著録"《馬子才集》八卷"⑤，陳振孫在世的時段與前所述自程
公編訂《馬存集》到馬廷鸞再將其繕寫家藏的時段幾乎重合⑥，不知其書爲何未
著録十一卷本和十卷本，八卷本是否爲另一版本或者殘損後重編本，亦未
可知。

更令人疑惑的是，馬端臨《文獻通考》亦著録"《馬子才集》八卷"⑦，所據即
陳振孫《直齋書録解題》，其後附程公《馬存集序》及其父馬廷鸞《題察判學士家
集後》二文，但對文中"十一卷"之説未作任何解釋。或者是遭宋末元初兵燹，
原來行世的八卷本、十卷本、十一卷本《馬存集》均已不可得，而馬端臨家藏本
也已殘缺不全，所以編撰《文獻通考》時只能照録《直齋書録解題》而已。此外，
《(康熙)江西通志》卷三一《饒州府・人物・馬存》又稱其有"文集二十卷行
世"⑧，"二"或爲衍字。

另外，《宋史・藝文志》又著録馬存"《經濟集》十二卷"⑨，不見後世史志書

① ［元］馬端臨：《文獻通考》卷二三七《經籍考六十四》，第 6457—6458 頁。
② ［宋］鄭樵撰，王樹民點校：《通志二十略・藝文略第八》，北京：中華書局，1995 年，第 1774 頁。
③ 吳懷祺編：《鄭樵年譜稿》，見［宋］鄭樵著，吳懷祺校補：《鄭樵文集》附，北京：書目文獻出版
社，1992 年，第 140、146 頁。
④ ［元］脱脱等：《宋史》卷二〇八《藝文志七》，北京：中華書局，1977 年，第 5372 頁。
⑤ ［宋］陳振孫撰，徐小蠻、顧美華點校：《直齋書録解題》卷三，上海：上海古籍出版社，1987 年，
第 514 頁。
⑥ 按，陳振孫生於孝宗淳熙六年(1179)，約卒於理宗景定三年(1262)。參見武秀成：《陳振孫評
傳》，南京：南京大學出版社，2006 年，第 295 頁。
⑦ ［元］馬端臨：《文獻通考》卷二三七《經籍考六十四》，第 6457 頁。
⑧ 《(康熙)江西通志》卷三一《饒州府・人物・馬存》，第 146 頁。
⑨ 《宋史》卷二〇八《藝文志七》，第 5372 頁。

目及官私書目著録,未知是否即程公所謂"舊刊進策十六卷"之一部分,或許因其"似非本真"而不傳。

二、劉錡《清溪詩集》三卷

劉錡(1098—1162),字信叔,秦州成紀(今甘肅省天水市)人。年輕時即隨其父戎馬征戰,高宗建炎初,歷任岷州知州、隴右都護,屢勝西夏軍,遷涇原路經略使兼知渭州。紹興三年(1133),金軍攻占和尚原,宋軍調整防務,被命守邊。四年,與吳玠抗擊金兵於仙人關,以戰功被召。六年,改任浙西、淮東沿海制置副使。八年,奉詔移駐鎮江,旋改任樞密院都統制。十年,任東京副留守兼節制軍馬,以順昌戰功授武泰軍節度使、順昌知府、沿淮制置使,協助岳飛等抗戰將領擊退金軍。十一年七月,爲張俊等中傷,秦檜罷其兵權,命知荊南府。十七年,予祠閑居。二十五年,起爲潭州知州。二十七年,加太尉,任荊南知府兼荊湖北路安撫使。二十九年,金主完顏亮伺機南侵,又兼節制荊南府屯駐御前軍馬,重掌兵權。三十年,調任鎮江府御前諸軍都統制,訓練士卒。三十一年,帶軍屯駐揚州。金軍大舉南下,淮西將卒潰散,劉錡領兵退守瓜洲,在皂角林大戰中取勝。後瓜洲失守,憤而成疾。三十二年病卒①。

歐陽守道撰《清溪劉武忠公詩集序》,結合劉錡有戰功而受壓抑、退閑自守的經歷,參讀《清溪詩集》,揭示其詩歌特點:

> 百年來,中原故家家長沙者頗多。……寓劉陽縣有曰劉兩府者,謂紹興功臣武忠公也。公秦州人,其元孫坦示予以《神道碑》與公《清溪詩集》。《神道碑》,洪景盧撰。予三十年前既讀章茂獻所作公傳矣,《碑》《傳》詳略小異,而大概予所知也,惟其《詩集》則見昉今日。蓋公之生,不幸奸檜用事,才志抑不及展,順昌之戰,勳名甚盛,然在公猶毫末爾。後遂韜晦自全詩酒間,功臣至此,亦大可悲矣。《集》中有《讀郭汾陽傳》四絶者,可見其情也。餘二百餘首,或愛其幽淡閑雅,有塵外趣,回叱咤雲雷之勇,爲吟弄風月之歸,如出二人。以予觀

---

① 參見〔宋〕章穎:《重刊宋朝南渡十將傳》卷一,《四庫全書存目叢書》史部八七影印北京圖書館藏元刻本,濟南:齊魯書社,1996年,第587—596頁;《宋史》卷三六六《劉錡傳》,第11399—11408頁;徐規:《劉錡事迹編年》,《仰素集·年譜卷》,杭州:杭州大學出版社,1999年,第293—312頁。

之，此蓋公生平兵法也。……百年之後，予乃讀此《集》而歔欷。①

按，劉錡離世百年後，時值權臣賈似道當政，偏安的南宋形勢已岌岌可危，所以歐陽守道"讀此《集》而歔欷"，除了感喟南渡初期劉錡這位良將未逢其時外，應該還有他耳聞目睹的現實因素，投射到了對劉氏詩歌的閱讀體會中。

詩集冠以"清溪"之名，頗難究其實。考諸史籍，或有一解。據《皇宋中興兩朝聖政》記載，紹興十一年（1141）二月，劉錡"自東關引兵出清溪，邀擊金人"②，《宋史》亦載金人攻廬州、和州，劉錡渡江抵廬州，與張俊等會合，"敵已大入，錡據東關之險以遏其衝，引兵出清溪，兩戰皆勝"③，然而不到半年劉錡被罷軍權，遠離金宋對峙的前綫，退閑十餘年。也許是這一轉折讓劉錡對"清溪"這處抗金之地留下了印記，成爲其追憶此段人生而命名詩集之由。今傳史志書目及官私書目，唯見《宋史·藝文志》著録"劉綺《清溪詩集》三卷"④，"劉綺"當是"劉錡"之誤⑤。

三、《邵博文集》五十七卷

邵博（？—1158），字公濟，號西山，洛陽（今屬河南省）人。邵伯溫子。高宗紹興八年（1138）賜同進士出身，除校書郎。九年，以校書郎兼實録院檢討官，出知果州。二十年，知眉州。二十二年，遭誣陷，降三官。二十八年，卒於犍爲⑥。

陳造《題邵太史〈西山集〉》稱邵博"文章贍縟峻整，傑出南渡後。晁以道嘗曰：'恨六一、東坡不見子。'以道名重一時，非多可者。設二文忠果見之，其必

---

① ［宋］歐陽守道：《巽齋文集》卷八，《景印文淵閣四庫全書》第1183册，臺北：臺灣商務印書館，1986年，第564—565頁。按，劉錡謚號，《宋史》本傳稱"武穆"，《宋會要輯稿》禮五八載"太尉、威武節度、贈開府儀同三司劉錡，謚武忠"（［清］徐松輯，劉琳、刁忠民、舒大剛、尹波等校點：《宋會要輯稿》禮五八之九六，上海：上海古籍出版社，2014年，第2066頁），兩説並存。

② ［宋］佚名撰，孔學輯校：《皇宋中興兩朝聖政輯校》卷二七，紹興十一年二月癸未條，北京：中華書局，2019年，第865頁。

③ 《宋史》卷三六六《劉錡傳》，第11405頁。

④ 《宋史》卷二〇八《藝文志七》，第5384頁。

⑤ 按，顧宏義教授《〈宋史藝文志·別集類〉辨正》一文中亦指出"劉綺，疑爲'劉錡'之訛"（載王水照、朱剛主編：《新宋學》第八輯，上海：復旦大學出版社，2019年，第349頁）。

⑥ 參見［宋］陳騤撰，張富祥點校：《南宋館閣録》卷八，北京：中華書局，1998年，第111頁；［宋］李心傳撰，辛更儒點校：《建炎以來繫年要録》卷一二二、卷一六三、卷一七九，紹興八年十月丙辰、二十二年七月辛亥、二十八年四月乙巳條，上海：上海古籍出版社，2018年，第2047、2821、3149頁；［宋］洪邁撰，何卓點校：《夷堅志·夷堅甲志》卷二〇"鄧安民獄"條，北京：中華書局，2006年，第179—180頁。

置之蘇子美、毛法曹之間乎。……此書板在蜀，予丞房陵，制置常伯袁公惠五書，此其一"①。按，袁公即袁説友(1140—1204)，據辛更儒《袁説友傳》考證，袁説友慶元二年(1196)九月除華文閣學士，出爲四川制置使兼知成都府，五年三月被召②。又據辛更儒《陳造傳》考證，陳造"丞房陵"自慶元二年始，六年秩滿，除浙西路安撫司參議官③。由此推知，邵博《西山集》當即刊印於袁説友在成都任上的三年間。袁氏任職地方，對刊印典籍、助力當地文教尤熱心，其知池州時曾資助尤袤刊印《文選》④，又藉機將蘇易簡所編《文選雙字》刊行，"同置郡學"⑤；在成都任上，袁説友組織編纂、刊行《成都文類》，千餘篇"以益而文者，悉登載而彙輯焉"⑥。邵博《西山集》抑或是由袁説友主持刊印，而後與其他四部書一起被寄贈給陳造，"驀山絶壑，凡四千里"⑦，袁氏厚誼頗令陳造感念。

陳造稱邵博的文章"贍縟峻整"，即詞采豐麗而不失嚴蕭端莊，可與蘇舜欽、毛滂比肩；至於邵博的詩歌風格，陸游《跋邵公濟詩》稱"夜讀公濟詩，超然高逸，恨未嘗得講世舊與文盟也"⑧，《全宋詩》輯録其詩六首，雖窺豹一斑，也可見其大略。《宋史·藝文志》著録"《邵博文集》五十七卷"⑨。明代柯維騏撰《宋史新編》卷五三《藝文七》著録因之。

四、陳峴《東齋集》三十卷

陳峴(1145—1212)，字壽南，號東齋，原籍温州平陽(今屬浙江省)，後徙居永嘉(今屬浙江省)。以祖恩補官，調邵武南尉，再調潮州判官。孝宗淳熙十四

---

① 〔宋〕陳造：《江湖長翁集》卷三一《題邵太史〈西山集〉》，《景印文淵閣四庫全書》第1166册，第399頁。按，據卷三一載各書題跋，可知其他四種書分別爲《國語》、李石《方舟集》、石次仲《燒尾集》、《孔子家語》。

② 辛更儒主編：《宋才子傳箋證·南宋前期卷》，沈陽：遼海出版社，2011年，第619—620頁。參見〔清〕吳廷燮撰，張忱石點校：《南宋制府年表》卷下，北京：中華書局，1984年，第546頁。

③ 《宋才子傳箋證·南宋前期卷》，第474頁。

④ 〔宋〕袁説友：《東塘集》卷一九《題梁昭明太子〈文選〉》，《景印文淵閣四庫全書》第1154册，第375頁。

⑤ 〔宋〕袁説友：《東塘集》卷一九《題〈文選雙字〉》，第375頁。

⑥ 〔宋〕袁説友：《成都文類序》，見袁説友等編，趙曉蘭整理：《成都文類》，北京：中華書局，2011年，第1頁。

⑦ 〔宋〕陳造：《江湖長翁集》卷三一《題〈國語〉》，第398頁。

⑧ 〔宋〕陸游著，馬亞中、涂小馬校注：《渭南文集校注》卷二六，杭州：浙江古籍出版社，2015年，第140頁。

⑨ 《宋史》卷二〇八《藝文志七》，第5384頁。

年(1187)中博學宏詞科,賜進士第,改秩浙東安撫司幹官。寧宗即位,擢太學博士。慶元元年(1195)除正字,歷校書郎、秘書郎兼實録院檢討官。坐忤韓侂胄,入"僞學黨籍",黜知全州。嘉泰三年(1203)除禮部郎中兼國史編修,遷秘書少監。開禧元年(1205)進秘書監,兼權學士院。坐前事黜。嘉定元年(1208)授集英殿修撰,知廣州。五年致仕。卒於家①。

真德秀《顯謨閣待制致仕贈宣奉大夫陳公墓誌銘》稱陳峴"篤學不懈,博通群書,而涵泳義理,歸之於約。其文典雅有旨趣,有《東齋集》三十卷",又稱:"公前後論事,必審酌利害,期於可行。嘗言解額不均,士不安鄉舉,欺冒日衆,宜會諸郡終場人數,各以二百解一。大辟之獄,奏裁多濫,而讞報煩壅,不若令悉申提刑司詳覆,實有疑慮可憫,乃以上聞。東南將兵猥冗不可用,當分隸御前諸軍,禀給簡閲,一如大軍法。論者多是之而未果行。其在清湘,蠲虚市之征,在番禺省八税場,皆奏白於朝,請推之他郡。其建明大抵類此。"②從中略可推知陳峴《東齋集》所包括的部分表奏内容,論事涉及科舉、問獄、冗兵、虚征等諸多方面弊病。此外,史籍中還可見其論時政闕失、論開浚漕渠、論葺築壇壝以嚴祭祀、論會子與錢銀抵換、論行客鈔法、論行鹽鈔法等。

《宋史·藝文志》著録"陳峴《東齋表奏》二卷"③,而未著録《東齋集》。宋代鄭樵《通志》、晁公武《郡齋讀書志》、趙希弁《讀書附志》、陳振孫《直齋書録解題》及元代馬端臨《文獻通考》等二者均未著録,或許是其流傳不廣,散佚較早。成書於宋末元初的《兩宋名賢小集》收録陳峴詩作九首,稱其集爲《東齋吟稿》④。

　　① 參見[宋]真德秀:《西山先生真文忠公文集》卷四四《顯謨閣待制致仕贈宣奉大夫陳公墓誌銘》,《四部叢刊初編》影印明正德刊本。
　　② [宋]真德秀:《西山先生真文忠公文集》卷四四《顯謨閣待制致仕贈宣奉大夫陳公墓誌銘》。
　　③ 《宋史》卷二〇八《藝文志七》,第5376頁。
　　④ [宋]陳思編,[元]陳世隆補:《兩宋名賢小集》卷三五三,《景印文淵閣四庫全書》第1364册,第709—710頁。

　　摘　要：《宋史》在二十四史中最以卷帙浩繁著稱，中華書局點校本《宋史》對其進行了大規模的整理工作，然仍有未抉之誤。本文結合相關史籍，對《宋史·藝文志》《尹繼倫傳》《王曙傳》《朱勔傳》及范純粹、陳峴事迹予以考辨補正。

　　關鍵詞：李遘；張維；王曙；范五；朱沖；陳峴

1. "李遇"當作"李遘"

　　《宋史》卷二〇二《藝文志一·易類》著録李遇《删定易圖序論》六卷①。

　　按，李遇，當作"李遘"。據《厚齋易學》附録二引《中興書目》云《删定易圖序論》六卷，乃"本朝李遘撰，凡十九篇"②。《直齋書録解題》卷一亦稱"《删定易圖論》一卷，直講旴江李遘泰伯撰。凡六篇"③。又，《删定易圖序論》六篇，載於《直講李先生文集》卷四④。

　　李遘字泰伯，建昌軍南城人。學者稱旴江先生。得范仲淹薦，授將仕郎，試太學助學，後爲直講。嘉祐二年

　　① ［元］脱脱等：《宋史》卷二〇二《藝文志一·易類》，北京：中華書局，1977年，第5038頁。

　　② ［宋］馮椅：《厚齋易學》附録二，《景印文淵閣四庫全書》第16册，臺北：臺灣商務印書館，1986年，第844頁。

　　③ ［宋］陳振孫：《直齋書録解題》卷一"易類·删定易圖論"，上海：上海古籍出版社，1987年，第9頁。

　　④ ［宋］李遘：《直講李先生文集》卷四，上海商務印書館《四部叢刊》影印明刊本。

(1057)召爲太學説書。四年,權同管勾太學。八月卒,年五十一。《宋史》卷四三二有傳。

李覯,宋人亦有寫作"李遘"者,如《古今源流至論》後集卷八《經學》注云:"《墓誌》:李遘字泰伯,南城人。有《易》《禮》二論、《周禮論》五十首,天子聞之,以將仕郎試太學助教,又召入太學説書。"①又《直齋書録解題》卷九《尊孟辨》有"李遘泰伯《常語》"云云②。遘字需避宋高宗嫌名諱,如《東都事略》卷一〇九《陳遘傳》云"陳遘字亨伯,零陵人也,名犯太上嫌名,止稱字"③。進而此"遘"因避諱缺筆而誤爲"遇"。如《知不足齋叢書》本、《四庫全書》本《塵史》卷二《論文》即作"李遇泰伯,臨川人",《仕學規範》卷一《爲學》亦有"文正公門下多延賢士,如胡瑗、孫復、石介、李遇之徒"④之語,可證。

2. 張　　維

《宋史》卷二〇二《藝文志三》著録《廣西郡邑圖志》一卷,張維序⑤。

按,《輿地紀勝》卷一二七《吉陽軍·軍沿革》有"此據乾道元年(1165)張維《廣西邑志》"云云⑥。據《(雍正)廣西通志》卷五一,張維於乾道初任廣西提點刑獄,二年知靜江府⑦。又《景定建康志》卷二六載張維於乾道七年六月以左朝奉大夫、直徽猷閣任江東轉運副使⑧。是知《廣西郡邑圖志》撰於張維任廣西提點刑獄時。

張維字振綱,一字仲欽,南劍州劍浦人。紹興八年(1138)登進士第,調賀州司理參軍,不行,徙汀州軍事推官,爲漳州龍溪丞,改左宣教郎、知福州閩縣。"積餐錢數十萬,義不自取。……民服其公而愛其廉,號之曰'張太清'。"後通判建康府,孝宗初,擢廣南西路提點刑獄公事,未滿歲,除直秘閣、知靜江府,召

---

① [宋]林駉:《古今源流至論》後集卷八《經學》,《景印文淵閣四庫全書》第 942 册,第 287 頁。

② [宋]陳振孫:《直齋書録解題》卷九"儒家類·尊孟辨",第 283 頁。

③ [宋]王稱:《東都事略》卷一〇九《陳遘傳》,日本宫内廳藏南宋眉山程舍人宅刻本。

④ [宋]張鎡:《仕學規範》卷一《爲學》,《景印文淵閣四庫全書》第 875 册,第 11 頁。

⑤ [元]脱脱等:《宋史》卷二〇二《藝文志三》,第 5157 頁。

⑥ [宋]王象之:《輿地紀勝》卷一二七《吉陽軍·軍沿革》,成都:四川大學出版社,2005 年,第 3997 頁。

⑦ [清]金鉷等修,[清]錢元昌等纂:《(雍正)廣西通志》卷五一,《景印文淵閣四庫全書》第 566 册,第 472 頁。

⑧ [宋]馬光祖修,[宋]周應合纂:《景定建康志》卷二六《官守三》,《宋元方志叢刊》,北京:中華書局,1990 年,第 1760 頁。

爲江南東路計度轉運副使,加秘閣修撰。召入奏事,孝宗奬其治績,留爲尚書左司郎中,明年改司農少卿,復爲左司郎中。因請主管武夷山沖佑觀,"秩滿,踰年不復請,期以明年七十致仕,未及而卒,淳熙八年(1181)六月癸亥也"。詳見朱熹《晦庵先生朱文公文集》卷九三載《右司張公墓誌銘》①。

又,《兩宋名賢小集》卷二九《魚樂軒吟稿》,録張維《太守馬太卿會六老於南園》詩十首,其小傳曰:"張維字仲欽,延平人。隆興中通判建康府事,乾道中廣西經略安撫使。"②然據周密《齊東野語》卷一五《張氏十咏圖》,知此張維實爲北宋前期吳興人,詞人張先之父:"公不出仕,而以子封至正四品,亦可謂貴;不治職,而受禄養以終其身,亦可謂富;行年九十有一,可謂壽考。夫享人情之所甚慕而違其所哀,無憂無求而見之吟咏,則其自得而無怨懟之辭,蕭然而有沈澹之思其然,宜哉。"③則知《兩宋名賢小集》之小傳云云大謬。

此外,《清河書畫舫》卷八下録有:"右奚人習馬,見李主煜《閣中集》。《爾雅》:'兩目白爲魚。'杜子贊備道之。頃楊直講家藏翰馬樣十八疋,此第二名師子驄,公麟傳寶。自先子於皇祐間得之鄉人馬忠肅亮家。在江南時已無四足,今繆補之。……元祐五年(1090)北岸魚樂軒題。"④則所謂魚樂軒,當爲吳興張家之屋室。

3. 于　　越

《宋史》卷二七五《尹繼倫傳》:尹繼倫爲洛苑使、北面緣邊都巡檢使。端拱中,威虜軍糧餽不繼,李繼隆發鎮、定兵萬餘護送輜重數千乘。"契丹將于越謀知之,率精鋭數萬騎,將邀於路。繼倫適領兵巡徼,路與寇直,于越徑趨大軍,過繼倫軍,不顧而去。繼倫……潛躡其後,行數十里,至唐州、徐河間。天未明,敵去大軍四五里,會食訖將戰。繼隆方陣於前以待,繼倫從後急擊,殺其將皮室一人。皮室者,契丹相也。皮室既擒,衆遂驚潰。于越方食,失箸,爲短

① ［宋］朱熹:《晦庵先生朱文公文集》卷九三《右司張公墓誌銘》,朱傑人、嚴佐之、劉永翔主編:《朱子全書》第25冊,上海:上海古籍出版社,合肥:安徽教育出版社,2002年,第4292—4298頁。

② ［宋］陳思編,［元］陳世隆補:《兩宋名賢小集》卷二九《魚樂軒吟稿》,《景印文淵閣四庫全書》第1362冊,第531頁。

③ ［宋］周密撰,張茂鵬點校:《齊東野語》卷一五《張氏十咏圖》,北京:中華書局,1983年,第279頁。

④ ［明］張丑:《清河書畫舫》卷八下,《景印文淵閣四庫全書》第817冊,第335頁。

兵中其臂,創甚,乘善馬先遁,寇兵隨之大潰,相蹂踐死者無數,餘黨悉引去。”①

按,“敵去大軍四五里”,《宋史》校記:“‘敵’原作‘越’,據《長編》卷三〇改。又‘四五里’,《長編》作‘四十五里’,疑《長編》誤”。檢《續資治通鑑長編》卷三〇作“敵去大軍四十五里”②。據當時兩軍態勢而言,《長編》云“四十五里”者顯誤,然校點本《宋史》據《長編》改“越”爲“敵”,頗有不妥。因契丹人之稱呼較紛雜,有漢名、字,有契丹名、小字,中原人往往不易分別,故有以其官稱代指其人之習慣,如《遼史·耶律休哥傳》云休哥侵宋作戰屢勝,“時宋人欲止兒啼,乃曰:‘于越至矣!’”③于越,遼高官,此處乃代指耶律休哥。因此,《宋史》此處上下文皆有“于越”云云,故此“越”上當脫一“于”字,即當作“于越”。

4. 王曙以字稱

《宋史》卷二八六《王曙傳》云“王曙字晦叔”④。《隆平集》卷一〇稱“王晦叔……名同英宗御諱,故以字稱”⑤。《東都事略》卷五三《王曙傳》亦云“王曙字晦叔,……名同英宗御諱,故以字稱”⑥。即英宗名趙曙,然王曙卒於仁宗景祐時,則“以字稱”者,乃身後追改也。

按,王曙當於《仁宗實錄》《國史》中立傳,而仁宗、英宗二朝實錄、國史同修撰於神宗朝,故書王曙名字,當如《隆平集》稱“王晦叔”。《宋史·王曙傳》直書“王曙字晦叔”,當屬元人修史時所改,然未稱其“名同英宗御諱,故以字稱”,亦屬一失。而撰於南宋初之《東都事略》本傳亦直書“王曙字晦叔”,略無諱避,則頗奇怪。

又,王曙爲群牧判官時,嘗撰《群牧故事》,著錄於《宋史·藝文志·故事類》。然《通志》卷六五《藝文略·職官》、《職官分紀》卷一九皆稱“王曉撰”⑦,又

---

① 《宋史》卷二七五《尹繼倫傳》,第 9375 頁。

② [宋]李燾:《續資治通鑑長編》(以下省稱《長編》)卷三〇,端拱二年四月戊子條,北京:中華書局,2004 年,第 682 頁。

③ [元]脫脫等:《遼史》卷八三《耶律休哥傳》,北京:中華書局,1974 年,第 1301 頁。

④ 《宋史》卷二八六《王曙傳》,第 9632 頁。

⑤ [宋]曾鞏撰,王瑞來校證:《隆平集校證》卷一〇《王晦叔傳》,北京:中華書局,2012 年,第 311 頁。

⑥ 《東都事略》卷五三《王曙傳》。

⑦ [宋]鄭樵:《通志》卷六五《藝文略·職官》,北京:中華書局,1987 年,第 777 頁;[宋]孫逢吉:《職官分紀》卷一九,《景印文淵閣四庫全書》第 923 册,第 458 頁。

《群書考索》後集卷五〇《馬政》稱"王明上"①，《玉海》卷一四九《景德群牧故事》稱著者爲"王晦叔"，並注曰："一名曉。"②其稱"王曉""王明"，皆因避"曙"字，取近義字，或改作"曉"，或改爲"明"，遂似二人。

又《長編》卷五〇七元符二年三月丁巳條有"（蹇）序辰妄引祥符二年（1009）王曉例，曉乃弔喪，序辰賀生辰，固不同。又序辰上殿劄子云舊儀式已編次，如王曉等變例亦乞編次，付將命者，貴臨事有所折衷"云云③。據《宋史·王曙傳》，此王曉即王曙。

5. 范 三 范 五

《長編》卷四五七元祐六年四月丁酉條注引劉摯所云：時知慶州范純粹任滿，左相呂大防召爲侍郎，劉摯私記："范五之召，後來聞出於小鳳及范三之祝。"④按，小鳳指中書侍郎傅堯俞，范三指范純禮，而顯然范五即范純粹。然《宋史·范仲淹傳》及其他諸書所載，范仲淹僅有四子，純禮排行第三，純粹行四，何以又稱曰范五？ 其原因當在於此處乃爲大排行。

檢范仲淹爲其兄范仲溫所撰墓誌《太子中舍致仕范府君墓誌銘》，云其皇祐二年（1035）九月十三日卒，年六十六。有"男五人，長曰純義，守將作監主簿；四子尚幼。女四人，長適進士李沿，次適進士沈充，二女在室"⑤。又據富弼《范文正公仲淹墓誌銘》稱其皇祐四年夏五月二十日卒，有"四子，純祐，守將作監主簿，少有氣節，以疾廢於家；純仁，進士第，光祿寺丞；純禮，太常寺太祝。……三女，長適殿中丞蔡交，次適封丘主簿賈蕃。諸孫三，長正臣，守將作監主簿。一男純粹，一女、二孫並幼"⑥。可證純粹實年幼於純義，故有"范五"之稱。

---

① ［宋］章如愚：《群書考索》後集卷五〇《馬政》，《景印文淵閣四庫全書》第 937 册，第 718 頁。

② ［宋］王應麟：《玉海》卷一四九《景德群牧故事》，南京：江蘇古籍出版社，上海：上海書店，1988 年，第 2736 頁。

③ 《長編》卷五〇七，元符二年三月丁巳條，第 12078 頁。

④ 《長編》卷四五七，元祐六年四月丁酉條，第 10941 頁。

⑤ ［清］范能濬編，薛正興點校：《范仲淹全集·范文正公文集》卷一五《太子中舍致仕范府君墓誌銘》，南京：鳳凰出版社，2004 年，第 326 頁。

⑥ ［宋］富弼：《范文正公仲淹墓誌銘》，見［宋］杜大珪撰，顧宏義、蘇賢校證：《名臣碑傳琬琰集校證》中集卷一二，上海：上海古籍出版社，2021 年，第 763—764 頁。

6. 朱　沖

　　北宋末，朱勔被斥爲“六賊”之一，其傳收載於《宋史》卷四七〇《佞幸傳》。然朱勔能攀上蔡京並進而獲寵於徽宗，乃因其父朱沖。《宋史》附朱沖於《朱勔傳》，然所記事迹頗不詳，故彙諸散見史料而述言之。

　　朱沖，蘇州人。《朱勔傳》云其“狡獪有智數，家本賤微，傭於人，梗悍不馴，抵罪鞭背，去之旁邑乞貸，遇異人得金及方書，歸設肆賣藥，病人服之輒效，遠近輻湊，家遂富”①。《雲麓漫鈔》卷七：“朱勔之父朱沖者，吳中常賣人，方言以微細物博易於鄉市中自唱，曰常賣。一日至虎丘，主僧聽其聲，甚驚，出觀之，但見憩於廡下，延之設茶，語以他日必貴。自是主僧頗周給之。”②《吳郡志》卷五〇云“朱沖本以常賣爲業，常賣者，收拾毀棄及破缺畸殘器物沿門販鬻者，以過犯再杖脊而徒，後乃變業賣藥，家寖溫”③。又《中吳紀聞》卷六《朱氏盛衰》：“朱沖微時，以常賣爲業，後其家稍溫，易爲藥肆，生理日益進，以行不檢，兩受徒刑。”④

　　《中吳紀聞》卷六《朱氏盛衰》又云朱沖“既擁多貲，遂交結權要。然亦能以濟人爲心，每遇春夏之交，即出錢米藥物，募醫官數人，巡門問貧者之疾，⑤從而賙之。又多買弊衣，擇市嫗之善縫紉者，成衲衣數百，當大寒雪，盡以給凍者。諸延壽堂病僧，日爲供飲食藥餌，病愈則已”。《吳郡志》卷五〇云其“能以錢米及藥賙給飢寒老病者”。然《朱勔傳》僅云其“因循蒔園圃，結游客，致往來稱譽”，未及其施錢米藥物。此乃如楊時《龜山先生語錄》卷二《餘杭所聞》所云：“今蘇州朱沖施貧度僧，置安樂院，給病者醫藥，人賴以活甚衆。其置物業，則厚其直；及其收息，則視衆人所取而輕之。此皆是好事，只爲其意正在於規利，而竊譽於人，故人終不以好人許之。”⑥朱熹《孟子精義·公孫丑章句上》亦引録

---

① 《宋史》卷四七〇《朱勔傳》，第 13684 頁。
② ［宋］趙彥衛撰，傅根清點校：《雲麓漫鈔》卷七，北京：中華書局，1996 年，第 121 頁。
③ ［宋］范成大撰，陸振岳點校：《吳郡志》卷五〇，南京：江蘇古籍出版社，1999 年，第 671—672 頁。
④ ［宋］龔明之撰，張劍光整理：《中吳紀聞》卷六《朱氏盛衰》，《全宋筆記》第三編第七册，鄭州：大象出版社，2008 年，第 282 頁。
⑤ 按，“巡門問貧者之疾”，《姑蘇志》卷六〇作“延門問貧者疾也”。
⑥ ［宋］楊時撰，林海權校理：《楊時集》卷一二《語録三·餘杭所聞二》，北京：中華書局，2018 年，第 328 頁。

楊龜山此語。

《朱勔傳》云"始蔡京居錢塘，過蘇，欲建僧寺閣，會費鉅萬，僧言：'必欲集此緣，非朱沖不可。'京以屬郡守，郡守呼沖見京，京語故，沖願獨任。居數日，請京詣寺度地，至則大木數千章積庭下，京大驚，陰器其能"。按，朱弁《曲洧舊聞》卷七："蔡京持禄固位，能忍辱，古今大臣中少有比者。自丙戌（崇寧五年，1106）罷相，則密求遊從，不肯去都城。未逾年，果再入。至庚寅（大觀四年，1110），又因星變去位，臺諫論不已，僅能使在外任便居住。京又欲留連南京，聞張天覺除中書侍郎，乃皇遽東下於姑蘇。因朱沖內連貴璫，人人與爲地，撫問絡繹。至壬辰（政和二年，1112）春還，第聲艷光寵，邁於平昔遠矣。"①據《宋史·宰輔表》，蔡京於崇寧元年（1102）七月拜相，五年二月罷；大觀元年正月再拜相，三年六月又罷。四年二月，張商英爲中書侍郎，六月拜相。至政和二年五月，蔡京以"太師，三日一至都堂治事"。然李心傳《舊聞證誤》卷三針對"崇寧五年冬末，朱勔始進黃楊木三本"之說，辨析道："按二年，朱沖以獻花石得三班奉職，不應以五年爲始。"②則《曲洧舊聞》云蔡京於大觀四年方結識朱沖之說有誤。檢《宋史·蔡京傳》，云徽宗即位，蔡京"奪職，提舉洞霄宮，居杭州。童貫以供奉官詣三吳訪書畫奇巧，留杭累月。京與游，不舍晝夜，凡所畫屏幛扇帶之屬，貫日以達禁中，且附語言論奏至帝所，由是帝屬意京"③，於崇寧拜相。可知蔡京當於去杭州途徑蘇州之時結識朱沖，時約在元符三年（1100）末。

《雲麓漫鈔》卷七云朱勔"有幹材。蔡太師憩平江，沖攜以見蔡，因得出入門下，被使令。再入相，京屬童貫以軍功補官"。《朱勔傳》云蔡京"明年召還，挾勔與俱，以其父子姓名屬童貫，竄置軍籍中，皆得官"。時當崇寧元年。

《朱勔傳》云："徽宗頗垂意花石，京諷勔語其父密取浙中珍異以進。初致黃楊三本，帝嘉之。後歲歲增加，然歲率不過再三貢，貢物裁五七品。"《雲麓漫鈔》卷七云"遂取吳中水竇以進，並以工巧之物輸上方"。故《舊聞證誤》卷三云崇寧"二年，朱沖以獻花石得三班奉職"。《雲麓漫抄》卷七云其後徽宗"就平江爲應奉局"，朱勔領之，"百工技藝皆役之，間以金珠爲器，分遺後宮，宮人皆德之，譽言日聞。遂取太湖巧石，大者尋丈，皆運至闕下。又令發運司津置，謂之花石綱"。

① ［宋］朱弁撰，孔凡禮點校：《曲洧舊聞》卷七，北京：中華書局，2002 年，第 189 頁。
② ［宋］李心傳撰，崔文印點校：《舊聞證誤》卷三，北京：中華書局，1981 年，第 42 頁。
③ 《宋史》卷四七二《蔡京傳》，第 13722 頁。

《宋會要輯稿》儀制一〇之一八云政和三年"十二月二十八日,武翼大夫、榮州刺史朱沖奏:'昨遇元圭赦恩,以男勔見任武功大夫、合州防禦使,合該叙封父母。未陳乞間,特落致仕、提舉溫州元封觀。緣所該恩在前,合該叙封。'尚書省言:'朱沖遇赦後致仕,合該叙封;後來已落致仕,合依赦與叙封。'詔於見任上與轉一官,可轉武經大夫"①。推知此時朱沖已踰七十。又《朱勔傳》云"方臘起,以誅勔爲名",則推知此時朱沖已卒。《揮麈後録》卷五"武臣謚"云朱沖謚曰"忠"②。然《宋會要輯稿》禮五八之九六載"武翼大夫、榮州刺史朱沖謚忠憲"③。則《揮麈後録》當脱一"憲"字。又《泊宅編》卷上有云"近歲除直秘閣者尤多,兩浙……運判蔣彝應副朱沖葬事得之,號作作學士"④。

據《朱勔傳》,待靖康之難,"欽宗用御史言,放(朱勔)歸田里,凡由勔得官者皆罷,籍其貲財,田至三十萬畝。言者不已,羈之衡州,徙韶州、循州,遣使即所至斬之"。又據《宋會要輯稿》職官六九之二〇,至靖康元年四月,"追奪朱沖、朱勤官爵"⑤。《吳郡志》卷五〇云"靖康初元,勔伏誅,竄其家海上,其門下人得告身者盡褫之"。

7. 兩 陳 峴

《宋史》所載南宋時陳峴,實兩人,一溫州平陽人,一福州閩縣人,因時間相近,且《宋史》俱無傳,事迹未詳,故後人多有不察,如《宋史人名索引》即誤作一人⑥。現略作考辨之。

閩縣陳峴字改仁,陳誠之之子,紹興二十七年(1157)王十朋榜下及第⑦。乾道間以朝散郎任福建路轉運判官⑧。乾道八年(1172)主持"福建鹽行鈔法",

---

①　[清]徐松等輯,劉琳、刁忠民、舒大剛、尹波等點校:《宋會要輯稿》儀制一〇之一八,上海:上海古籍出版社,2014 年,第 2509 頁。

②　[宋]王明清撰,燕永成整理:《揮麈後録》卷五,《全宋筆記》第六編第一册,鄭州:大象出版社,2013 年,第 148 頁。

③　《宋會要輯稿》禮五八之九六,第 2066 頁。

④　[宋]方勺撰,許沛藻、楊立揚點校:《泊宅編》卷上,北京:中華書局,1983 年,第 74 頁。

⑤　《宋會要輯稿》職官六九之二〇,第 4908 頁。

⑥　俞如雲:《宋史人名索引》,上海:上海古籍出版社,1992 年。

⑦　[宋]梁克家纂修:《淳熙三山志》卷二九《人物類四》,《宋元方志叢刊》,第 8045 頁。

⑧　[宋]周必大撰,王瑞來校證:《周必大集校證》卷一〇〇《右朝散郎陳峴除福建路轉運判官填見闕》,上海:上海古籍出版社,2020 年,第 1456 頁;[清]郝玉麟等修,[清]謝道承等纂:《(雍正)福建通志》卷二一,《景印文淵閣四庫全書》第 528 册,第 93 頁。

"仍支借一十萬貫作本",因知福州陳俊卿等反對,於次年"詔福建轉運司諸州
鹽綱依舊官般官賣"①。淳熙元年(1174年)五月,陳峴以朝散大夫提舉浙西常
平茶鹽司,二年二月除直秘閣,旋改除兩浙路轉運判官②。時詔水軍都統馮湛、
攉兩浙運判陳峴知平江府督治諸涇塘浦,提刑曾逮核實以聞。陳峴上言:"昨
奉詔徧走平江府、常州、江陰軍,諭民並力開浚利港諸處,並已畢功。始欲官給
錢米,歲不下數萬,今皆百姓相率効力而成。"③十一月,"進呈提舉江東潘旬、提
舉淮東葉翥、權發遣平江府陳峴具析到修治陂塘事。上曰:'昨委諸路興修水
利,以備旱幹。今歲災傷,乃不見有灌溉之利。若非當來修築滅裂,即是元申
失實。内江東已修去處最多,彼傷分數尤甚。'於是潘旬特降一官、落職,葉翥
特降兩官,陳峴特降一官"④。據《吳郡志》卷一一《本朝牧守題名》:陳峴以朝
散大夫、直敷文閣於淳熙二年八月到任,十一月轉朝請大夫,三年七月除直徽
猷閣;四年五月除秘閣修撰,再任;五年二月賜紫章服並金帶,七月赴召。時官
右文殿修撰、兩浙路計度轉運副使⑤。爲户部侍郎。六年二月,以失舉知湖州
長興縣茹驤,降三官⑥。十月,遣陳峴等使金賀正旦⑦。七年,據《周必大集》卷
一二五《同講筵官辭免進讀三朝寶訓終篇轉官奏狀》,時陳峴官朝議大夫、權尚
書户部侍郎兼侍講。爲給事中。九月,駁明州觀察使張説致仕轉官恩澤⑧。八
年八月,宰相趙雄因"陳峴爲四川制置、王渥爲茶馬命從中出"⑨而求去。按,
《歷代通鑑輯覽》卷八八注云陳峴字壽南,溫州平陽人⑩。實誤。其後事迹不
詳,《雍正福建通志》卷三四於紹興二十七年王十朋榜載録閩縣陳峴,四川制置
使。或其官至四川制置使。

平陽陳峴字壽南,淳熙十四年(1187)中博學宏詞科,賜進士出身。累官至

① 《宋史》卷一八三《食貨志下五》,第4464頁;[元]佚名撰,汪聖鐸點校:《宋史全文》卷二五下,
乾道八年五月條,北京:中華書局,2016年,第2127頁。
② [宋]范成大撰:《吳郡志》卷七,第92頁;[宋]潛説友纂修:《咸淳臨安志》卷五〇《秩官八》,
《宋元方志叢刊》,第3794頁。
③ 《宋史》卷一七三《食貨志上一》,第4187頁;[明]張國維:《吳中水利全書》卷九,《景印文淵閣
四庫全書》第578册,第323頁。
④ 《宋史全文》卷二六上,淳熙二年十一月己巳條,第2170頁。
⑤ [宋]佚名:《南宋館閣續録》卷六《拜閣》,中華書局,1998年,第222頁。
⑥ 《宋史全文》卷二六下,淳熙六年二月癸巳條,第2226頁。
⑦ 《宋史》卷三五《孝宗紀三》,第671頁。
⑧ 《宋史》卷四七〇《張説傳》,第13693頁;《宋史全文》卷二六下,淳熙七年十月丙戌條,第
2251頁。
⑨ 《宋史》卷三九六《趙雄傳》,第12074頁。
⑩ [清]敕修:《御製歷代通鑑輯覽》卷八八,《景印文淵閣四庫全書》第338册,第568頁。

中書舍人、直學士院。《兩宋名賢小集》卷三五三《東齋吟稿》録其詩九篇。《雍正浙江通志》卷一六二引《兩浙名賢録》云：陳峴字來東，平陽人。中宏詞科。歷除禮部郎、秘書少監，兼中書舍人。坐不肯草蘇師旦節度使制免。明年起知廣州，修城浚濠，置勇敢軍，以壯聲勢，峒寇不敢作。徙知泉州，召爲兵部侍郎，未至，卒①。而《雍正廣東通志》卷三九稱陳峴字山甫，平陽人，少篤學，工文辭。淳熙丁未（1187）進士，歷官有政聲，嘉定元年（1208）知廣州②。而《南宋館閣續録》卷七《監》云：陳峴字壽南，永嘉人。淳熙十四年中博學宏辭科，賜同進士出身。治《書》。永嘉即溫州，其字當以“壽南”爲是，或又字山甫、來東。紹熙五年（1194），陳峴官太社令，奏九宮、先農、高禖壇壝廢不治，而農壇爲甚，乞命臨安府守臣葺築以嚴祀，從之③。尋轉太學博士④。是年閏十月除秘書省正字⑤。慶元元年（1195）十二月兼實録院檢討官，二年正月爲校書郎，三年三月爲秘書郎，並兼實録院檢討官，四月罷⑥。據《續編兩朝綱目備要》卷五，是年十二月“籍僞學”，前淮西安撫司幹官陳峴爲“僞學”中人⑦。《建炎以來朝野雜記》甲集卷六《學黨五十九人姓名》及《慶元黨禁》“餘官三十一人”中有陳峴名，稱官秘書省校書郎，溫州人⑧。然陳峴似未數年即被起用。《雍正廣西通志》卷五一云：陳峴爲長樂人，慶元六年（1200）以朝散大夫知全州。《直齋書録解題》卷八著録《清湘志》六卷，曰：“郡守永嘉陳峴壽南俾教授林瀛修，嘉泰二年（1202）也。”則上文“長樂人”當爲“永嘉人”之誤。嘉泰二年三月，陳峴再除秘書郎，九月爲駕部郎官。三年六月，以禮部員外郎兼實録院檢討官、國史院編

① ［清］嵇曾筠等修，［清］沈翼機等纂：《（雍正）浙江通志》卷一六二，《景印文淵閣四庫全書》第523 册，第 345 頁。

② ［清］郝玉麟等修，［清］魯曾煜等纂：《（雍正）廣東通志》卷三九，《景印文淵閣四庫全書》第563 册，第 663 頁。

③ ［元］馬端臨撰，上海師範大學古籍研究所、華東師範大學古籍研究所點校：《文獻通考》卷八七《郊社考二十·饗先農親耕籍田儀注》，北京：中華書局，2011 年，第 2669 頁。

④ ［宋］樓鑰撰，顧大朋點校：《樓鑰集》卷三五《太社令陳峴太學博士》，杭州：浙江古籍出版社，2010 年，第 650 頁。

⑤ ［宋］佚名：《南宋館閣續録》卷九《正字》，第 344 頁；陳傅良：《止齋先生文集》卷一八《太學博士陳峴武學將士陳邕並除秘書省正字》，上海商務印書館《四部叢刊初編》影印嘉業堂藏弘治十八年刊本。

⑥ ［宋］佚名：《南宋館閣續録》卷八、卷九，第 294、391 頁。

⑦ ［宋］佚名：《續編兩朝綱目備要》卷五，慶元三年十二月丁酉條，北京：中華書局，1995 年，第83 頁。

⑧ ［宋］李心傳撰，徐規點校：《建炎以來朝野雜記》甲集卷六《學黨五十九人姓名》，北京：中華書局，2000 年，第 139 頁。

修官。十二月爲秘書少監，開禧元年（1205）四月爲秘書監，並兼實録院檢討官、國史院編修官。九月，爲中書舍人①。《四朝聞見録》卷五《侂胄師旦周筠等本末》云："初，侂胄欲師旦爲節度使，密諭詞臣使草制。時秘書監陳峴兼直學士院，語人曰：'節鉞以待將臣之功高者，師旦何人，可辱斯授！以此見命，吾有去而已。'未幾，中貴人有以特旨躐遷遥郡者，公復論之。中貴人者，侂胄之所主也。御史探權臣意，遂假駁死獄事劾公以免。"②嘉定元年（1208），陳峴以集英殿修撰知廣州軍州事兼勸農使，充廣南東路經略安撫使、馬步軍都總管。"帥廣三年，政務寬簡，民甚德之。嘗以政暇，委州文學齊琥、監鹽倉季端仁編《南海志》。凡都會名迹堙遏弗彰者，皆補書之，遂成一方信史。"③後知泉州，旋召除兵部侍郎兼直學士院④。

　　《止齋集》卷二七有《繳奏陳峴知贛州狀》，《攻媿集》卷二八有《繳陳峴差知靖江府》。前者當指閩縣陳峴，後者爲平陽陳峴。又《宋史·藝文志七》著録陳峴《東齋表奏》二卷。因《宋志》置《東齋表奏》於沈與求《龜溪集》、吕祖儉《大愚集》等之後，賀鑄《慶湖遺老集》及周必大、朱熹、吕祖謙諸人文集之前，故推知此書當屬閩縣陳峴。

---

① ［宋］佚名：《南宋館閣續録》卷七、卷八、卷九，第 246、295、368 頁。
② ［宋］葉紹翁撰，馮惠民、沈錫麟點校：《四朝聞見録》卷五，北京：中華書局，1989 年，第 181—182 頁。
③ 《（雍正）廣東通志》卷二六、卷三九，第 36、663 頁。
④ ［宋］真德秀：《西山先生真文忠公文集》卷二一《賜太中大夫顯謨閣待制新知泉州陳峴辭免除兵部侍郎兼直學士院恩命不允詔》，上海商務印書館《四部叢刊初編》影印明正德刊本。

《宋史》列傳辨誤九則：以出土墓誌爲綫索

浙大城市學院浙江歷史研究中心　仝相卿

河南大學歷史文化學院　洪彤彤

摘　要：中華書局點校本《宋史》列傳部分，有涉及職官、人名、地名、族屬和標點不準確等問題，就筆者閱讀所及，嘗試考辨，以期能對《宋史》修訂工作及研究使用有所助益。

關鍵詞：《宋史》；列傳；校勘

元人編修《宋史》存在諸多缺陷，前人已有較多說明和研究，現以《宋史》列傳收錄者與其個人出土墓誌對比，參考其他文獻加以校勘，可以訂正《宋史》列傳若干舛誤。需要說明的是，在校勘之前，皆已用武英殿本《宋史》、百衲本《宋史》進行對校，以下不贅述。

一、職官舛誤

1.《宋史》卷二六七《張宏傳》云："張宏字巨卿，青州益都人。高祖茂昭，唐易、定節度使。曾祖玄，易州刺史。祖持，蒲城令。"①蒲城令誤，當爲滿城令。

按，蒲城縣始置於西魏，隸屬於同州。唐開元四年（716）改爲奉先縣，隸京兆。宋開寶四年（971）復爲蒲城縣，歸同州管轄。② 張宏宋真宗咸平四年（1001）去世，享

---

① ［元］脫脫等撰：《宋史》卷二六七《張宏傳》，北京：中華書局，1985 年，第 9193 頁。

② ［唐］李吉甫撰，賀次君點校：《元和郡縣圖志》卷一《關內道一·京兆府·奉先縣》，北京：中華書局，1983 年，第 9 頁；［宋］樂史撰，王文楚等點校：《太平寰宇記》卷二八《關西道四·同州·蒲城縣》，北京：中華書局，2008 年，第 603 頁。

年六十三歲，①則其出生時間爲後晋天福四年(939)。故可推斷張宏祖父終官"蒲城令"當發生在唐末五代，當時此地尚爲奉先縣，不應有"蒲城令"一説。檢出土張宏墓誌曰："皇任易州滿城令、累贈太子少傅諱持，追封洪農郡太夫人楊氏，王父母也。"②墓誌中張持爲易州滿城令。《太平寰宇記》記載滿城自唐天寶元年(742)建縣後，一直屬於易州，入宋後亦未發生變化，③與墓誌記載吻合，則張持當爲滿城令而非蒲城令。

2.《宋史》卷二六七《張宏傳》記載，張宏"遷著作郎，賜緋魚，預修《太平御覽》，歷左拾遺。六年，出爲峽路轉運副使，就加左補闕"。④《东都事略》亦同，⑤左補闕或誤。

按，出土張宏墓誌云："明年，遷大著作、左拾遺，又一年，董麴税於輦下，總外計於川峽，尋爲右補闕。"⑥稱張宏爲峽路轉運副使時本官右補闕。墓誌中雖多用職官別名，然除此之外皆可與本傳對應，故或可出注加以説明。

3.《宋史》卷二六三《竇儀傳》稱，竇儀之父竇禹鈞，"顯德中，遷太常少卿、右諫議大夫致仕"。⑦謂竇禹鈞以右諫議大夫致仕，而另有記載僅稱"諫議大夫"，⑧皆誤，竇禹鈞當爲左諫議大夫致仕。

按，范仲淹《竇諫議録》云："竇禹鈞，范陽人，爲左諫議大夫致仕。"⑨竇禹鈞五子當中，竇儼和竇儀墓誌皆出土，檢竇儼墓誌曰："烈考諱禹鈞，左諫議大夫，贈尚書右丞。"⑩竇儀墓誌稱："考禹鈞，皇左諫議大夫，累贈尚書右丞。"⑪兩方

① 《宋史》卷二六七《張宏傳》，第9194頁；[宋]張宗誨：《大宋故推忠佐理功臣正奉大夫守工部尚書上柱國清河郡開國侯食邑一千六百户食實封二百户賜紫金魚袋贈右僕射張公墓誌銘并序》(以下簡稱《張宏墓誌》)，見郭茂育、劉繼保編：《宋代墓誌輯釋》，鄭州：中州古籍出版社，2016年，第86—87頁。

② [宋]張宗誨：《張宏墓誌》，見《宋代墓誌輯釋》，第87頁。

③ [宋]樂史：《太平寰宇記》卷六七《河北道十六·易州·滿城縣》，第1362頁。

④ 《宋史》卷二六七《張宏傳》，第9193頁。

⑤ [宋]王稱：《東都事略》卷三六《張宏傳》，臺北：文海出版社，1979年，第569頁。

⑥ [宋]張宗誨：《張宏墓誌》，見《宋代墓誌輯釋》，第87頁。

⑦ 《宋史》卷二六三《竇儀傳》，第9092頁。《宋朝事實類苑》亦同。見[宋]江少虞：《宋朝事實類苑》卷二四《竇氏父子》，上海：上海古籍出版社，1981年，第289頁。

⑧ [宋]曾鞏撰，王瑞來校證：《隆平集校證》卷六《竇儼傳》，北京：中華書局，2012年，第202頁；[宋]王稱：《東都事略》卷三〇《竇儀傳》，第490頁。

⑨ [宋]范仲淹撰，[清]范能濬編集，薛正興點校：《范仲淹全集·范文正公別集》卷四《竇諫議録》，南京：鳳凰出版社，2004年，第455頁。

⑩ [宋]竇儼：《大宋故翰林學士正議大夫尚書禮部侍郎知制誥判太常寺事上柱國扶風縣開國男食邑三百户賜紫金魚袋竇公墓誌銘并序》，見《宋代墓誌輯釋》，第10—11頁。

⑪ [宋]扈蒙：《大宋故翰林學士中大夫守禮部尚書上柱國扶風縣開國男食邑三百户賜紫金魚袋贈左僕射竇公墓誌銘并序》，見《宋代墓誌輯釋》，第36—37頁。

出土墓誌皆記其父寶禹鈞爲左諫議大夫，當可信之。

4.《宋史》卷三三三《朱景傳》云："朱景字伯晦，河南偃師人。舉進士，調滎澤簿。"①滎澤主簿或爲滎陽主簿。

按，朱景爲朱光庭之父，此爲其進士及第後的首任差遣，諸史皆不載。然出土墓誌稱："君（指朱景）於其時與衛景山、王復，闖然名并高第，長老屈行願交。鄉賦首送，擢進士第，調鄭州滎陽簿。"②北宋時期，滎陽和滎澤爲鄭州管轄的兩個不同縣。③ 除此之外，朱景本傳記載與墓誌皆吻合，故此處記載或誤，至少可出注説明。

二、名　號　錯　誤

1.《宋史》卷三〇〇《徐的傳》云："徐的字公準，建州建安人。擢進士第，補欽州軍事推官。欽土煩鬱，人多死瘴癘。的見轉運使鄭天監，請曰：'徙州瀕水可無患，請轉而上聞。'從之，天監因奏留的使辦役。"④鄭天監誤，當爲鄭天益。

按，出土徐的墓誌曰："公諱的，字公準。建安郡人……舉進士，天禧三年登甲科，解褐授欽州軍事推官。邕桂諸郡，大抵多瘴害，欽尤甚。公建議曰……轉運使鄭公天益言公之勞，願就醻之。"⑤稱轉運使爲"鄭天益"。且遍檢宋代史籍，鄭天監僅此一處，而鄭天益或有見之。《續資治通鑑長編》中蕭注上奏時回憶道："鄭天益爲轉運使，嘗責交州不當擅賦雲河洞。"⑥《嘉泰吳興志》也記載："鄭天益，都官員外郎，天禧二年十一月視事，五年正月就差廣西轉運使。"⑦可見鄭天益爲廣西轉運使在天禧五年（1021），與徐的仕宦欽州時間一致。綜上，《宋史·徐的傳》提及的轉運使鄭天監，當爲鄭天益。

2.《宋史》卷三〇〇《徐的傳》記載："辰州蠻彭士義爲寇，的開示恩信，蠻黨

---

① 《宋史》卷三三三《朱景傳》，第 10709 頁。

② ［宋］李中師：《宋故朝奉郎守光禄卿權管勾西京留司御史臺公事上輕車都尉錢塘縣開國男食邑三百户賜緋魚袋借紫朱府君墓誌銘并序》，見《宋代墓誌輯釋》，第 210—211 頁。

③ ［宋］樂史：《太平寰宇記》卷九《河南道九·鄭州》，第 166 頁；［宋］王存撰，王文楚、魏嵩山點校：《元豐九域志》卷一《京西北路·鄭州》，第 31 頁。

④ 《宋史》卷三〇〇《徐的傳》，第 9968 頁。

⑤ ［宋］吳祕：《宋故三司度支副使荆湖南北路安撫使朝散□□□□□□□輕車都尉賜紫金魚袋徐公墓誌銘并序》，載王德慶：《江蘇江寧東馮村宋徐的墓清理記》，《考古》1959 年第 9 期，第 486 頁。

⑥ ［宋］李燾：《續資治通鑑長編》（以下簡稱《長編》）卷一九〇，嘉祐四年九月戊申條，北京：中華書局，2004 年，第 4593 頁。

⑦ ［宋］談鑰：《（嘉泰）吳興志》卷一四，《宋元方志叢刊》本，北京：中華書局，1990 年，第 4779 頁。

悔過自歸。"①彭士義誤,當爲彭士義。

按,出土徐的墓誌云："辰州蠻彭士義阻兵累年不能制。公讓之且期其悔。士義懼,拜書請归命。"②稱辰州叛亂者爲彭士義。《宋史·魏瓘傳》也記載："下溪州蠻彭士義叛,將發兵討除。進龍圖閣直學士、知荆南。"③兩者所指爲同一事。此外,《長編》中有多處涉及彭士義:

(1)(慶曆五年五月戊辰),詔登聞鼓院自今勿收接蠻人文狀。以下溪州彭士義等遣人齎狀求進,上令實封送樞密院,因有是詔。④

(2)(嘉祐元年)三月癸丑朔,鹽鐵副使、司勳郎中李參,文思副使竇舜卿爲荆湖北路安撫使。初,以本路轉運使李肅之及知辰州宋守信討蠻人彭士義,而知荆南王逵與肅之論事不合,互奏曲直,故遣參等體量。⑤

(3)(嘉祐元年八月)辛酉,降湖南轉運使李肅之知齊州,知荆南王逵知兗州,知辰州宋守信爲鄧州都監,通判辰州賈師熊通判邵州。以肅之、守信、師熊等入峒討彭士義而軍士被傷者四十餘人,逵給軍士不均也。⑥

(4)(嘉祐元年八月)戊寅,詔湖北鈐轄司,下溪州刺史彭士義擾邊境,爲患不已,其相度招安之。⑦

《長編》中從宋仁宗慶曆五年(1045)詣登聞鼓院上疏開始,迄嘉祐元年(1056)平定反叛爲止,十餘年皆稱彭士義而非彭士義。綜上,《宋史·徐的傳》彭士義當爲彭士義。

3.《宋史》卷三〇〇《徐的傳》記載："除度支副使、荆湖南路安撫使,至桂陽,降者復衆。其欽景、石硪、華陰、水頭諸洞不降者,的皆討平之。"⑧欽景誤,當爲鈐景。

---

① 《宋史》卷三〇〇《徐的傳》,第 9969 頁。
② ［宋］吳祕:《宋故三司度支副使荆湖南北路安撫使朝散□□□□□□□□輕車都尉賜紫金魚袋徐公墓誌銘并序》,載王德慶:《江蘇江寧東馮村宋徐的墓清理記》,《考古》1959 年第 9 期,第 486 頁。
③ 《宋史》卷三〇三《魏瓘傳》,第 10036 頁。
④ 《長編》卷一五五,慶曆五年五月戊辰條,第 3771—3772 頁。
⑤ 《長編》卷一八二,嘉祐元年三月癸丑條,第 4397 頁。
⑥ 《長編》卷一八三,嘉祐元年八月辛酉條,第 4434—4435 頁。
⑦ 《長編》卷一八三,嘉祐元年八月戊寅條,第 4440 頁。
⑧ 《宋史》卷三〇〇《徐的傳》,第 9969 頁。

按,《長編》載:"内殿承制丌贇爲莊宅副使,内殿崇班胡元爲禮賓副使,以湖南轉運使周陵言贇等在石硋洞捕殺蠻賊有勞故也。"李燾在其後附註曰:"《徐的傳》云:的再至桂陽,降者甚衆。其不降,若鈐景、石硋、華陰、水頭諸洞,悉討平之,斬其酋熊可清等。《王絲墓表》又云:石硋、鈐景二洞,聚黨數千,絲促官軍力破之,斬首數百級,招安三千人。今《實録》乃周陵奏二將有勞,不知何也。當考。"①李燾根據所見資料指出,未投降諸蠻中有"鈐景"。

出土徐的墓誌載:"授公三司度支副使,充荆湖南北路安撫使,令得以便宜行事。公至桂陽,得諸溪洞降款甚衆,其不降者,鈐景、石硋、華陰、水頭諸洞,悉破之,斬僞蠻王熊可清等千餘級。"②稱諸溪洞中不降者中爲"鈐景",故《宋史·徐的傳》欽景當改爲鈐景。

三、標點訛誤

1.《宋史》卷二五四《藥元福傳》云:"事後唐,爲拱衛、威和親從馬鬥軍都校。"③如此標點,可理解爲藥元福在後唐先後爲禁軍中拱衛、威和二軍的親從馬鬥軍都校。研究者或無異議,④或稱這兩支軍隊在後唐時期較少見,至後晉時期頻見。⑤ 然此處標點或誤。

按,出土藥元福墓誌云:"天成間,轉拱、衛、威、和等指揮使。清泰末,又轉親從馬鬥等都指揮使。"⑥此處"拱衛""威和"二軍點破,誤。據墓誌可知,藥元福在後唐天成年間,先後服役於拱衛軍和威和軍,任指揮使;後唐末帝清泰年間,藥元福又服役"親從馬鬥等"軍任都指揮使。兩句前後一致,都用"等"連接,故"親從馬鬥"當爲"親從、馬鬥"方合乎文意。則前述標點應該改爲:"天成間,轉拱衛、威和等指揮使。清泰末,又轉親從、馬鬥等都指揮使。"那麼,後唐禁軍中是否存在"親從、馬鬥"二軍號?

---

① 《長編》卷一五三,慶曆四年十二月甲辰條,第 3725 頁。

② [宋]吳祕:《宋故三司度支副使荆湖南北路安撫使朝散□□□□□□□□輕車都尉賜紫金魚袋徐公墓誌銘并序》,載王德慶:《江蘇江寧東馮村宋徐的墓清理記》,《考古》1959 年第 9 期,第 486 頁。

③ 《宋史》卷二五四《藥元福傳》,第 8894 頁。

④ 張其凡:《五代後唐禁軍考實——五代禁軍再探》,《暨南學報》1991 年第 2 期,第 81 頁。

⑤ 杜文玉:《五代十國制度研究》,北京:人民出版社,2006 年,第 399 頁。

⑥ [宋]張諤:《大宋故推誠奉義翊戴功臣彰信軍節度曹單等州觀察處置等使光禄大夫檢校太師使持節曹州諸軍事行曹州刺史兼御史大夫上柱國河内郡開國公食邑一千五百户贈侍中藥公墓誌銘并序》,見《宋代墓誌輯釋》,第 4—5 頁。

有關"親從"軍，史籍多有見之。高季昌曾爲"親從指揮使"；①趙玥曾爲"親從都知兵馬使"。② 王彦章由"開封府押牙、左親從指揮使授左龍驤軍使"；③霍彦威"開封府押衙、右親從指揮使、檢校司空授右龍驤軍使"。④ 或可認爲"親從"軍分左右，以上爲後梁的情況。後唐也有"親從"軍，孫彦韜"北歸莊宗，莊宗嘉而納之，授親從右廂指揮使"，⑤故知五代時禁軍中有"親從"軍。

有關"馬鬪"（或作"馬鬥"）軍，史籍中也有記載。如：《新五代史·房知温傳》曰："房知温，字伯玉，兗州瑕丘人也。少以勇力爲赤甲都官健，後隸魏州馬鬪軍，稍遷親隨軍指揮使。"⑥《舊五代史》記載稍詳："房知温，字伯玉，兗州瑕丘人也……隸于同州劉知俊，知俊補爲克和軍使。知俊奔岐，改隸魏州楊師厚，以爲馬鬪軍校。"⑦可知馬鬪軍是五代時禁軍中的一支，駐紮於魏州（今河北省邯鄲市）。實際上，這一軍號一直沿用到宋初。《宋史·兵志》"建隆以來之制·馬軍"中就有"馬鬪"，顯示駐紮地爲"永興、宿"。⑧ 故五代禁軍中存在"馬鬪"軍，與"親從"軍實非同一隻部隊。

綜上，此處標點應改爲："事後唐，爲拱衛、威和、親從、馬鬥軍都校"，如此方合史實。

2.《宋史》卷二九四《柳植傳》記載："柳植字子春……舉進士甲科，爲大理評事、通判滁州。遷著作郎、直集賢院、知秀州。除三司度支判官，出知宣州。"⑨根據上述標點，可理解爲柳植通判滁州之後，本官由大理評事陞爲著作郎，差遣改爲知秀州，又加貼職直集賢院，屬於同時任命。此處標點當誤。

按，《宋會要輯稿》記載宋仁宗天聖八年，"直集賢院柳植封彌、謄錄"余靖等制科試卷，⑩實際任職於京師（今河南省開封市），尚未出知秀州（今浙江省嘉

① ［宋］薛居正：《舊五代史》卷二《太祖紀二》，北京：中華書局，2015 年，第 33 頁。
② 《舊五代史》卷一四《趙玥傳》，第 224 頁。
③ 《舊五代史》卷二一《王彦章傳》，第 333 頁。
④ 《舊五代史》卷六四《霍彦威傳》，第 989 頁。
⑤ 《舊五代史》卷九四《孫彦韜傳》，第 1459 頁。
⑥ ［宋］歐陽修：《新五代史》卷四六《房知温傳》，北京：中華書局，2015 年，第 575 頁。
⑦ 《舊五代史》卷九一《房知温傳》，第 1393 頁。
⑧ 《宋史》卷一八九《兵三》，第 4647、4673、4682 頁。
⑨ 《宋史》卷二九四《柳植傳》，第 9819 頁。
⑩ ［清］徐松等輯，劉琳、刁忠民、舒大剛、尹波等點校：《宋會要輯稿》選舉一〇之三，上海：上海古籍出版社，2014 年，第 5453 頁。

興市），則"直集賢院"爲"館閣官"而非貼職。① 另外，出土柳植墓誌對此描述較爲詳細："天禧中，□□□進士及第一，名先天下士彦，解褐爲大理評事、通判滁州。□□□□□□□□召，議遷著作郎、直集賢院。丁內艱，哀毀禮。服除請外，補知秀州，轉太常博士。"②從中可知，柳植通判滁州後爲館閣官"直集賢院"，丁母憂服除之後方差遣"知秀州"。

故《宋史·柳植傳》標點當爲："遷著作郎、直集賢院，知秀州，除三司度支判官，出知宣州。"方契合史實。

當然，墓誌碑銘中記載絶非全部準確。如：出土雷有終墓誌記載："抽赴闕，又授知幷州軍州事。至道二年，就拜給事中。"③然根據《宋史》卷二七八《雷有終傳》云："賊平，改知許州。（至道）三年，改給事中、知幷州。"④考其他資料，雷有終改知許州在至道二年（996）九月，至道三年（997）二月改給事中、知幷州。⑤ 故出土墓誌所記實不準確。再如：竇儼和竇儀皆有出土墓誌，竇儼墓誌叙述先世時云："大王父諱遜，薊州玉田令；曾祖妣平氏。王父諱思敬，贈右補闕。"⑥而竇儀墓誌則曰："曾祖遜，皇嬀州司馬。祖思敬，皇薊州玉田縣令，贈右補闕。"⑦兩者對曾祖父和祖父職官的叙述已有舛誤，所以在校勘《宋史》時，絶不能迷信無論是出土抑或傳世墓誌碑銘在內的任何材料。

---

① 兩者區別，參閱龔延明編著：《宋代官制辭典》（增補本），北京：中華書局，2017 年，第 159、165 頁。

② ［宋］趙槩：《宋故吏部侍郎致仕上柱國河東郡開國侯食邑一千三百户食實封二百户賜紫金魚袋柳公墓誌銘》，載吳煒：《介紹揚州發現的兩合宋墓誌》，《文物》1995 年第 4 期，第 79 頁。

③ ［宋］王曙：《大宋故宣徽北院使起復雲麾將軍檢校太保兼御史大夫上柱國夏陽郡開國侯食邑一千八百户食實封陸百户贈侍中雷公墓誌銘幷序》，見何新所：《新出宋代墓誌碑刻輯録（北宋卷）》，北京：文物出版社，第 38 頁。

④ 《宋史》卷二七八《雷有終傳》，第 9456 頁。

⑤ ［宋］錢若水撰，范學輝校注：《宋太宗皇帝實録校注》卷七九、卷八〇，北京：中華書局，2012 年，第 769、794 頁。

⑥ ［宋］竇儼：《大宋故翰林學士正議大夫尚書禮部侍郎知制誥判太常寺事上柱國扶風縣開國男食邑三百户賜紫金魚袋竇公墓誌銘幷序》，見《宋代墓誌輯釋》，第 10—11 頁。

⑦ ［宋］扈蒙：《大宋故翰林學士中大夫守禮部尚書上柱國扶風縣開國男食邑三百户賜紫金魚袋贈左僕射竇公墓誌銘幷序》，見《宋代墓誌輯釋》，第 36—37 頁。

《陸九淵全集》點校獻疑[*]

重慶大學歷史系　郭畑

摘　要：《陸九淵全集》糾正了《陸九淵集》的不少點校失誤，並新增了李紱的評注，在陸九淵散見存世詩文的輯錄上也有一些新的補充。不過，該書仍存在一些點校問題，對存世的陸九淵散見詩文的輯錄也有一些疏漏，希望將來修訂出版時能臻於完善。

關鍵詞：《陸九淵全集》；《陸九淵集》；陸九淵

陸九淵（1139—1193），字子靜，學者稱象山先生，南宋撫州金谿人，乾道八年（1172）進士，諡文安。陸九淵在中國思想史上的地位無需多言，其《象山集》《語錄》《年譜》的重要性也不必贅語。中華書局 1980 年出版了署名鐘哲的點校本《陸九淵集》（後文引用時隨正文標註頁碼，不逐一脚註，以避繁瑣），爲學者研讀、利用陸九淵文集提供了很大的便利，其後此書不斷重印，影響很大。不過，由於時代條件的限制等原因，該書在校勘、標點等方面都存在一些不足，留下了不少遺憾。上海古籍出版社 2022 年新出版了由葉航先生整理點校的《陸九淵全集》（後文引用時簡稱《全集》，並隨正文標註頁碼，不逐一脚註，以避繁瑣），該書糾正了《陸九淵集》的不少點校問題，也附出了更爲詳細的校勘記，收錄了更多的資料，爲學界研讀、利用陸九淵文集提供了進一步的方便。不過，《全集》在收錄、校勘和標點上仍然存在一些值得商榷的地方，筆者不揣淺陋，盡獻所疑，希望能對該書的改

＊　本文係重慶大學中央高校基本科研業務費項目"中西思想文化重要問題的重審與新詮"（2022CDSKXYGYY005）的階段性成果。

進有所助益。

在文字收錄上，《全集》和《陸九淵集》採用的是同一個版本系統的版本，但《全集》採用的是李紱評注本，所以其內容較之《陸九淵集》新增了李紱的評注，並在卷三六《年譜》之後增加了李紱《重刊象山先生年譜序》和包恢《象山先生年譜後跋》。此外，較之《陸九淵集》，《全集·附錄一·序跋》增加了吳傑跋、江球叙、楊廉序，《附錄四》增加了《宋史·陸九淵傳》，《附錄七》增加了呂祖謙《陸九齡墓誌銘》，《附錄八》增加了陸九韶《陸梭山公家制》。

在陸九淵集外詩文的收輯上，束景南先生《陸九淵詩文輯補》一文即已輯錄了《與僧淨璋》《應天山》《環翠臺》三首詩歌，以及《致梭山書》《又致梭山書》《蘭亭序跋》三文。①

《全宋文》的陸九淵部分，卷六一四四收錄了《與六九哥書》二首（即束景南先生《陸九淵詩文輯補》所輯的《致梭山書》《又致梭山書》）、卷六一四五收錄了《題蘭亭帖》（即束景南先生《陸九淵詩文輯補》所輯的《蘭亭序跋》）和束景南先生未輯的《閬州陳氏族譜序》。此外，《全宋文》卷六一五三從《（正德）建昌府志》卷七附錄有《吳氏書樓記》一文，但該《記》作者存在疑問，雖題爲"陸象山"所作，但其寫作時間已晚至嘉定戊辰（嘉定十三年，1220）夏六月，其時陸九淵已不在人世，《全宋文》點校者已經指出此文應不是出自陸九淵之手，《陆九渊全集》也未收此《記》。②

《全宋詩》卷二五七〇陸九淵部分，除了從《象山集》卷二五所收錄的詩歌外，另從《兩宋名賢小集》輯錄了《應天山》《過普寧寺》《初夏侍長上郊行分韻得偕字》《題達本庵》《與僧淨璋》諸詩，又從《永樂大典》輯錄了《環翠臺》，從清程芳《（同治）金谿縣志》輯錄了《訪余昌言不遇留題》，一共 7 首《象山集》外詩。③

《全集·附錄二·陸九淵集外文》除了收錄《與六九哥書》二首、《題蘭亭帖》《閬州陳氏族譜序》外，新增收錄了《薛氏宗譜序》（第 682—683 頁）。但是，《附錄二·陸九淵集外詩》則僅從《兩宋名賢小集》卷二一三收錄了《應天山》和《與僧淨璋》二詩，從《（同治）金谿縣志》輯錄了《訪余昌言不遇留題》，並從中新

---

① 束景南：《陸九淵詩文輯補》，《文獻》1994 年第 1 期。

② 曾棗莊、劉琳主編：《全宋文》卷六一四四、六一四五、六一五三，上海：上海辭書出版社，合肥：安徽教育出版社，2006 年，第 272 冊，第 92—93、108、109、226—227 頁。

③ 北京大學古文獻研究所編：《全宋詩》卷二五七〇，北京：北京大學出版社，1995 年，第 48 冊，第 19839—19844 頁。

輯了《古樓陂》一詩。然而，《全宋詩》從《兩宋名賢小集》所輯録的《過普寧寺》《初夏侍長上郊行分韻得偕字》《題達本庵》諸詩、從《永樂大典》輯録的《環翠臺》詩卻未收録。如果是諸詩作者存在疑問而未予收録，則應補充説明爲宜。

《初夏侍長上郊行分韻得偕字》一詩，南宋末金履祥所編《濂洛風雅》卷四將其屬之楊時，並附有小字注説云：“此詩乃先生少時筆也，其敏學自幼已然。”①後來《宋元學案補遺》卷二五《龜山學案補遺·附録》也收録此詩，②《全宋詩》卷一一四八又從《濂洛風雅》輯録此詩，並同樣將此詩歸之楊時，③中華書局出版的林海權先生整理本《楊時集·附録八·楊時佚詩佚文》又從《全宋詩》轉録了此詩。④ 實際上，該詩也見於《象山集》卷三六《年譜》紹興二十三年陸九淵十五歲條（《全集》卷三六《年譜》，第 598 頁），應是陸九淵的作品無疑。與此詩經歷非常相似的還有陸九淵《和楊廷秀送行》一詩，云：“學粗知方恥爲人，敢崇文貌蝕誠真？義難阿世非忘世，志不謀身豈誤身？逐遇寬恩猶得禄，歸衝臘雪自生春。君詩正似清風快，及我征帆故起蘋。”（《全集》卷二五《詩》，第 377 頁）廷秀是楊萬里字。然而，《濂洛風雅》卷六卻將此詩也屬之楊時，並題爲《送行和楊廷秀韻》，云：“學粗知方始爲人，敢崇文貌獨其誠。意雖阿世非忘世，志不謀身豈誤身。逐遇寬恩猶得禄，歸衝臘雪自生春。君詩正似秋風快，及我征帆故起蘋。”⑤文字與《象山集》所録基本相同。然而，“誠”字在其中並不押韻，“蝕誠真”也比“獨其誠”語意更順，由此可見《濂洛風雅》抄録時即已有所失誤。《全宋詩》卷一一四八同樣也收録此詩並屬之楊時，⑥《楊時集·附録八·楊時佚詩佚文》又從《全宋詩》輯録了此詩。⑦ 楊萬里與楊時年代根本不相接，此詩也是陸九淵所作無疑。

在具體的點校尤其是標點上，《全集》也有一些值得進一步思考和改進的地方，茲按頁碼先後順序將相關疑點臚列於下，以便省覽。由於《全集》和《陸九淵集》採用的是同一個版本系統的底本，所以二者在卷數和篇章順序上是相

① ［宋］金履祥編：《濂洛風雅》卷四，《叢書集成初編》本，上海：商務印書館，1939 年，第 60 頁。

② ［清］王梓材、［清］馮雲濠撰，沈芝盈、梁運華點校：《宋元學案補遺》卷二五《龜山學案補遺·附録》，北京：中華書局，2012 年，第 1640 頁。

③ 《全宋詩》卷一一四八，第 12959 頁。

④ ［宋］楊時撰，林海權整理：《楊時集·附録八·楊時佚詩佚文》，北京：中華書局，2018 年，第 1327 頁。

⑤ ［宋］金履祥編：《濂洛風雅》卷六，第 98 頁。

⑥ 《全宋詩》卷一一四八，第 12959 頁。

⑦ 《楊時集·附録八·楊時佚詩佚文》，第 1327 頁。

同的,故而下文行文中有時會省略其卷數,以避繁瑣。

1.《全集》卷一《與邵叔誼》,第 2 頁:"今謂之學問思辯。"

按,"辯",《陸九淵集》(第 2 頁)、四庫本《象山集》卷一(臺灣商務印書館《景印文淵閣四庫全書》本,1986 年,1156 册,第 249B 頁。後文引用時隨正文標註頁碼,不逐一脚註,以避繁瑣)均作"辨","辨"應該更爲準確。

2.《全集》卷一《與邵叔誼》,第 3 頁:"於其端緒知之不至,悉精畢力求多於末溝澮皆盈,涸可立待,要之其終,本末俱失。"

按,此同《陸九淵集》的點斷(第 2 頁),《全宋文》卷六一二七斷作:"於其端緒知之不至,悉精畢力求多於末,溝澮皆盈,涸可立待,要之其終,本末俱失。"①而此中長句均可四字爲斷,或可作:"於其端緒,知之不至。悉精畢力,求多於末。溝澮皆盈,涸可立待。要之其終,本末俱失。"《全集》中不時合併兩三個短句爲一長句,實際上不太符合陸九淵的文字風格。陸九淵的文字風格簡練明快,好用四字短句,點斷時應該盡量突出陸九淵的這種文風特點。

3.《全集》卷一《與邵叔誼》書末所録李紱評語,第 3 頁:"不能無感焉""實有不容已於天下者"。

按,"無感"應作"無憾",當然,將其理解爲通假字也可。"不容已"應作"不容已",語意方通。

4.《全集》卷六《與包敏道二》,第 109 頁:"近旬日某甚進。"

按,此同《陸九淵集》(第 86 頁),而四庫本《象山集》卷六此"某"作"某"(第 311B 頁)。全句云:"初時與春弟某,春弟頗不能及,今年乃反出春弟之下,近旬日某甚進,春弟又少不逮矣,凡此只在精神之盛衰耳。"可見"近旬日"之"甚進"是"春弟又少不逮"的前因,全句是在記述二人棋藝的互爲高下,因此,作"某"則句意文氣都更爲順暢。

5.《全集》卷七《與邵中孚》,第 116 頁:"所謂'源泉混混,不舍晝夜,盈科而後進,放乎四海',有本者如是。"

按,《陸九淵集》"科"作"料"(第 92 頁),《全集》已糾改。此句點斷同《陸九淵

---

① 《全宋文》卷六一二七,第 271 册,第 219 頁。

集》（第 92 頁）和《全宋文》卷六一三四[1]，都將引文反引號標在"放乎四海"之後，但實際上應該標在"有本者如是"之後。這段"源泉混混……有本者如是"的引語都是出自《孟子·離婁下》[2]，《全集》《陸九淵集》其後卷一九《本齋記》也引及此語，即將反引號標在"有本者如是"之後（《全集》第 301 頁，《陸九淵集》第 240 頁）。

6.《全集》卷七《與顏子堅》，第 118 頁："道非口舌所能辯。"

按，此同《陸九淵集》（第 93 頁）。"辯"，四庫本《象山集》卷七作"辨"（第317B 頁），似更準確。因爲此字乃辨別之意，而非辯論之意，並且《全集》卷三《與張輔之三》有云："如所謂初不容以口舌辨之説，此正師心自用，拒善不能改過之明驗，尚何戒謹恐懼之有？"（《全集》第 47 頁，《陸九淵集》第 38 頁，四庫本《象山集》第 275B 頁，均同）也可爲之參證。

7.《全集》卷七《與陳倅一》，第 124 頁："尤丈近去弊邑三虎。"

按，此同《陸九淵集》（第 97 頁）。"弊"，四庫本《象山集》卷七作"敝"（第320B 頁），應更準確，其後《與陳倅二》開篇即云："近數得尤丈書，敝邑三虎已空巢穴，不勝慶快。"（《全集》第 125 頁，《陸九淵集》第 98 頁，四庫本《象山集》第 321B 頁）

8.《全集》卷八《與陳教授二》，第 138 頁："然坐此霖霪稼之最良者，又有仆泥自萌之患。"

按，此同《陸九淵集》（第 109 頁）。《全宋文》卷六一三五作："然坐此霖霪，稼之最良者又有仆泥自萌之患。"[3]更爲準確，或也可作："然坐此霖霪，稼之最良者，又有仆泥自萌之患。"則更容易識讀。

9.《全集》卷八《與蘇宰三》，第 147 頁："爲守宰者固不可以託'催科政拙'之言而置賦税之事一切不理。"

按：此同《陸九淵集》（第 116 頁）。此句太長，點斷爲"爲守宰者，固不可以

---

① 《全宋文》卷六一三四，第 271 冊，第 317 頁。

② ［宋］朱熹：《孟子集注》卷八《離婁下》，見其《四書章句集注》，北京：中華書局，1983 年，第293 頁。

③ 《全宋文》卷六一三四，第 271 冊，第 336 頁。

託'催科政拙'之言,而置賦税之事一切不理",則更明白易曉。

10.《全集》卷八《與蘇宰三》,第 147 頁:"其能自拔而與陽道州儷駕於方册者幾何人哉?"

按,《陸九淵集》點斷爲:"其能自拔而與陽道州儷駕於方册者,幾何人哉?"(第 117 頁)似更優,或可作:"其能自拔,而與陽道州儷駕於方册者,幾何人哉?"則文意更爲明白直接。

11.《全集》卷九《與林叔虎》,第 158 頁:"後當更書小本,叙此曲直,跋其後,置諸壁間也。"

按,此同《陸九淵集》(第 126 頁)。"曲直",四庫本《象山集》卷九作"曲折"(第 342A 頁),更準確。此句前文所述乃脱字一事,所以並無是非曲直需辨,而只是述説其中"曲折"。

12.《全集》卷九《與林叔虎》,第 159 頁:"流痼纏綿。"

按,此同《陸九淵集》(第 127 頁)。"流痼",四庫本《象山集》卷九作"沈痼"(第 342B 頁),"沈痼"應是。

13.《全集》卷九《與陳君舉》,第 160 頁:"假先訓,刲形似以自附益。"

按,《陸九淵集》作:"假先訓、刲形似以自附益。"(第 127 頁)但如果"假先訓"後斷以逗號而非頓號,則"刲形似"後也應加逗號爲宜,因爲"假先訓"和"刲形似"是並列關係,應作:"假先訓,刲形似,以自附益。"

14.《全集》卷一三《與薛象先》,第 221 頁:"不知孔子時固未見佛老,雖有老子,其説亦未甚彰著。"

按,此同《陸九淵集》(第 177 頁)。"佛老",四庫本《象山集》卷一四作"佛教"(第 393B 頁),更準確。此後卷一五《與陶贊仲二》有相似的表述,云:"孔子之時,中國不聞有佛,雖有老氏,其説未熾。"(《全集》,第 244 頁)卷三四《語録上》亦載:"孔子時佛教未入中國,雖有老子,其説未著。"(《全集》,第 499、524 頁均載)都可爲之參證。

15.《全集》卷一三《與薛象先》書末,第 222 頁:"熙寧排荆公者固多,'尚同'之説裕陵固嘗以詰荆公。"

按,這與《陸九淵集》基本相同(第 177 頁)。"尚同"是王安石被宋人批判得最多的弊病之一,該書末段所論亦即有關王安石"尚同"的問題,所以"固多"並非形容排王安石者甚衆,而是叙述排王安石者多以"尚同"爲説。《全宋文》卷六一四〇即斷作:"熙寧排荆公者固多尚同之説,裕陵固嘗以詰荆公。"①更優,或可作:"熙寧排荆公者,固多'尚同'之説,裕陵固嘗以詰荆公。"

16.《全集》卷一四《與薛公辯》,第 234—235 頁:"此亦是稍聞老夫平日語,故能然。且今觀吾子之文,乃如未嘗登吾門者,即此便可自省。"

按,《陸九淵集》(第 186 頁)和《全宋文》卷六一四一都題作《與蔡公辯》②,《全集》所附李紱注釋云:"《目録》作'蔡公辯',未知孰是。"而四庫本《象山集》卷一四則作《與薛公辨》(第 391A 頁),"辯"作"辨",又有所不同。

《陸九淵集》點斷稍有不同,作:"此亦是稍聞老夫平日語故能然。且今觀吾子之文,乃如未嘗登吾門者,即此便可自省。"(第 187 頁)《全宋文》同此③。"且",四庫本《象山集》作"耳"(第 391A 頁)。總體來看,引文中述陸持之、薛氏之文這兩個部分,並非並列的關係,更非遞進的關係,而是比較和轉折的關係。因此,"耳"比"且"更爲準確,應作:"此亦是稍聞老夫平日語,故能然耳。今觀吾子之文,乃如未嘗登吾門者,即此便可自省。"

17.《全集》卷一五《與吴斗南》題注,第 252 頁:"來書論楊子《太元》。"《全集》卷三四《語録上》,第 501 頁:"楊子謂'文王久幽而不改其操'。"第 502 頁:"楊子默而好深沉之思。"

按,"楊子《太元》"即揚雄《太玄》;"文王久幽而不改其操",出揚雄《法言·問明》。古籍中將揚雄之"揚"寫作"楊"的文獻很多,如中華書局標點本《二程集》即全都作"楊",本不足爲奇。不過,該《與吴斗南》一書其後的正文卻已經寫作"揚子雲""《太玄》"(第 253 頁),那麽全書就應保持統一。

18.《全集》卷一七《與致政兄》,第 273 頁:"銖銖而稱之,至石必繆;寸寸而度

① 《全宋文》卷六一四〇,第 272 册,第 42 頁。
② 《全宋文》卷六一四一,第 272 册,第 53 頁。
③ 《全宋文》卷六一四一,第 272 册,第 54 頁。

之,至丈必差。'石稱丈量,徑而寡失'。"其後卷三四《語錄上》亦同(第 503 頁)。

按,此語源出《淮南子》卷二〇《泰族訓》:"寸而度之,至丈必差;銖而稱之,至石必過。石秤丈量,徑而寡失;簡絲數米,煩而不察。"①《漢書》卷五一《枚乘傳》述枚乘諫書也云:"夫銖銖而稱之,至石必差;寸寸而度之,至丈必過。石稱丈量,徑而寡失。"②陸九淵所引應是直接源自後者。總之,陸九淵所引諸語都是轉引之辭,並非完全照錄原文,所以"石稱丈量,徑而寡失"一句無需單獨加引號,《陸九淵集》也未加此引號(第 218—219、405 頁)。實際上《全集》卷一〇《與詹子南》也引及此語,即作:"石稱丈量,徑而寡失;銖銖而稱,至石必謬;寸寸而度,至丈必差。"(第 174 頁)也未於"石稱丈量,徑而寡失"一句加引號。並且,"石稱丈量,徑而寡失"一句之前的句號,也應改爲分號爲宜。

19.《全集》卷一七《與沈宰二》,第 276 頁:"某鄉有復程帥惠江西詩派書。"其間"江西"二字標有專名號。

按,此同《陸九淵集》(第 220 頁)。《全集》前文卷七《與程帥》書云:"伏蒙寵貺《江西詩派》一部二十家。"(第 131 頁)則已以《江西詩派》爲書名。《與沈宰二》所述"江西詩派書",顯然即是程氏所贈的《江西詩派》一書。因此,也應於"江西詩派"加書名號。

20.《全集》卷一九《荆國王文公祠堂記》,第 291 頁:"勉其君以法堯舜是也,而謂每事當以爲法,此豈足以法堯舜者乎? 謂太宗不足法,可也。而謂其所爲未盡合法度,此豈足以度越太宗者乎?"

按,《陸九淵集》斷作:"勉其君以法堯舜,是也,而謂每事當以爲法,此豈足以法堯舜者乎? 謂太宗不足法,可也,而謂其所爲未盡合法度,此豈足以度越太宗者乎?"(第 232 頁)更優。此段兩個部分之間文字對稱,文意相印,標點斷句應當統一,但《全集》於"是也"處未點斷,而"可也"處卻點斷,並在"可也"後加句號,都應調整。

21.《全集》卷一九《荆國王文公祠堂記》,第 292 頁:"氣之相迕而不相悅,

---

① 劉文典撰,馮逸、喬華點校:《淮南鴻烈集解》卷二〇《泰族訓》,北京:中華書局,2013 年,第 677 頁。

② [漢] 班固:《漢書》卷五一《枚乘傳》,北京:中華書局,1962 年,第 2360 頁。

則必有相訾之言、此人之私也。"

按,《陸九淵集》斷作:"氣之相迕而不相悅,則必有相訾之言,此人之私也。"(第 232 頁)更爲準確。"有相訾之言"與"此人之私"並非並列關係,其間宜斷以逗號而非頓號。

22.《全集》卷二〇《鄧文苑求言往中都》,第 319 頁:"唐虞之時,黎民於變,比屋可封,之人此心存也。"

按,《陸九淵集》作:"唐虞之時,黎民於變,比屋可封之人,此心存也。"(第 256 頁)應是。下文也有"此心存也""此心放失陷溺而然也"之語,可作參照。並且,以"之人"作爲句子起頭的用法極爲罕見。

23.《全集》卷三三楊簡《象山先生行狀》,第 483 頁:

伊川近世大儒,言垂於後,至今學者尊敬講習之不替。先生獨謂簡曰:"卯角時,聞人誦伊川語,自覺若傷我者,亦嘗謂人曰'伊川之言奚爲與孔子、孟子之言不類'。初讀《論語》,即疑有子之言支離。"先生生而清明,不可企及,有如此者。

按,這與《陸九淵集》的點斷大致相同,僅有小異,《陸九淵集》點作:

伊川近世大儒,言垂於後,至今學者尊敬講習之不替。先生獨謂簡曰:"卯角時,聞人誦伊川語,自覺若傷我者。亦嘗謂人曰:'伊川之言,奚爲與孔子、孟子之言不類。'初讀《論語》,即疑有子之言支離。"先生生而清明,不可企及,有如此者。(第 388 頁)

董平先生校點本《楊簡全集·慈湖先生遺書》卷五也收錄了楊簡此《狀》,其點斷又有所不同,但沒有大的區別,點作:

伊川近世大儒,言垂於後,至今學者尊敬講習之不替。先生獨謂某曰:"卯角時聞人誦伊川語,自覺若傷我者,亦嘗謂人曰:'伊川之言奚爲與孔子、孟子之言不類?'初讀《論語》,即疑有子之言支離。"先生生而清明,不可企及,有如此者。[1]

---

[1] [宋]楊簡著,董平校點:《楊簡全集·慈湖先生遺書》卷五《象山先生行狀》,杭州:浙江大學出版社,2015 年,第 1905 頁。

　　細繹此段文字,其間"先生獨謂簡曰"與"亦嘗謂人曰"的表述,應是指陸九淵對不同的人所云,並非都是對楊簡所言。因此,"亦嘗謂人曰""初讀《論語》"兩條,當是各自獨立而區別於"獨謂簡曰"的内容,不應一併視爲陸九淵告楊簡之語。這三條事迹,都是爲了説明陸九淵"生而清明,不可企及"而列舉的。

　　此外,《全集》卷三六《年譜》紹熙四年條載楊簡是年六月爲陸九齡、陸九淵二先生祠所作的《記》云:"(楊)簡嘗親聞先生之言,自謂其童幼時,聞人誦伊川先生語,自覺'若傷我者',性質素明如此。"(第639頁)可見陸九淵"獨謂"楊簡的只此一事。又,《全集》卷三六《年譜》紹興十六年條述陸九淵八歲間事,云:"讀《論語·學而》,即疑有子三章。……又卯角時,聞人誦伊川語,云:'伊川之言奚爲與孔孟之言不類?'"(第595頁)紹興二十一年條述陸九淵十三歲間事,又云:"是年,復齋因讀《論語》,命先生近前,問云:'看《有子》一章如何?'先生曰:'此有子之言,非夫子之言。'復齋曰:'孔門除卻曾子,便到有子,未可輕議。'先生曰:'夫子之言簡易,有子之言支離。'"(第597頁)《全集》卷三四《語錄上·嚴松所録》也詳述陸九淵自述少時"疑有子之言支離"一事(第529頁)。等等這些,可以確證三事是分别獨立的,並非都是"獨謂"楊簡之語。

　　《全宋文》卷六二四一楊簡部分收録此《狀》時,即點作:

　　　　伊川近世大儒,言垂於後,至今學者尊敬講習之不替。先生獨謂某曰:"卯角時聞人誦伊川語,自覺若傷我者。"亦嘗謂人曰:"伊川之言奚爲與孔子、孟子之言不類?"初讀《論語》,即疑有子之言支離。先生生而清明,不可企及,有如此者。①

應從《全宋文》的點斷爲宜。並且,《全集·附録四》的《宋史·陸九淵傳》述及這部分内容時,也已將三事點斷分開(第686頁),②中華書局點校本《宋元學案》卷五八《象山學案》也是如此③。

　　24.《陸九淵集》卷三三楊簡《象山先生行狀》云:"調延寧府崇安縣主簿。"(第389頁)《全集》已更正爲"調建寧府崇安縣主簿",並出校勘記云:"'建寧府',嘉靖本、萬曆本作'延寧府'。按:南宋時無延寧府,而崇安縣爲福建路所

---

　　①　《全宋文》卷六二四一,第276册,第20頁。
　　②　參見[元]脱脱等:《宋史》卷四三四《陸九淵傳》,北京:中華書局,1977年,第12880頁。
　　③　[清]黄宗羲撰,[清]全祖望補修,陳金生、梁運華點校:《宋元學案》卷五八《象山學案》,北京:中華書局,1986年,第1884頁。

轄建寧府之屬縣，故作‘建寧府’是。”（第 484 頁）

按，《宋史》卷四三四《陸九淵傳》即作“改建寧崇安縣”，[①]《象山先生年譜》也作“授建寧府崇安縣主簿”（《陸九淵集》卷三六，第 492 頁；《全集》，第 609 頁），可作更爲直接的對勘參考。

25.《全集》卷三五《語録下》，第 576—577 頁：

> 因説詳道舊問云：“心都起了，不知如何在求道。‘德成而上，藝成而下，行成而先，事成而後’，今人之性命只在事藝末上。”彭世昌云：“只是不識輕重大小。”先生笑曰：“打入廖家牛隊裏去了，因吴顯道與諸公説風水。”

按，《陸九淵集》點斷基本相同，只是未將“德成而上，藝成而下，行成而先，事成而後”這段出自《禮記·樂記》的引文標出（第 467 頁）。此段末句“因吴顯道與諸公説風水”，應是記述這次對話的起因，不宜點斷在陸九淵的談話内容之中。這次對話的核心内容是討論“藝”，陸九淵起初説“今人之性命只在事藝末上”，而風水之術也是“藝”之一種。陸九淵最後説“打入廖家牛隊裏去了”，是回應彭世昌“不識輕重大小”的評論，明顯是口語原話，而“因吴顯道與諸公説風水”則是雅化的記述文字，並且邏輯上與“打入廖家牛隊裏去了”無法連接。

26.《全集》卷三五《語録下》，第 581 頁：“昔者嘗以南軒張先生所類洙泗言仁書考察之。”

按，此同《陸九淵集》（第 471 頁）。“南軒張先生所類洙泗言仁書”，即張栻所纂《洙泗言仁》一書，將“洙泗言仁”加上書名號更爲準確。

27.《全集》卷三六《年譜》，第 591 頁：“家道整肅，著聞於宇内。”校勘記云：“‘宇内’，嘉靖本作‘州里’。”

按，陸氏雖爲撫州金谿世家大族，但直至陸九淵之父時，並未具有全國性的影響，云其“著聞於宇内”，未免言過其實，作“州里”更爲妥當，《陸九淵集》也作“州里”（《陸九淵集》，第 479 頁）。

---

① 《宋史》卷四三四《陸九淵傳》，第 12880 頁。

28.《全集》卷三六《年譜》，第 656 頁："於是丞相白上可其奏。"

按，此同《陸九淵集》（第 528 頁）。點斷爲"於是丞相白上，可其奏"，則更爲清晰明白。

29.《全集》卷一六《與張元善》題注（第 261 頁）、卷三六《年譜》（第 635、637、638 頁）屢屢提及"張體仁元善"，《陸九淵集·年譜》亦如是（第 511、513 頁），此人即朱熹門人詹體仁，字元善。雖然底本已誤，似應糾正爲宜。

古籍點校整理的工作實在不易，也難以臻於完美。希望將來此書重印、再版時能有進一步的改進，爲學界研讀、利用此書帶來更多的方便。

《續資治通鑑長編》標點正誤一則

首都師範大學歷史學院

張明成

中華書局點校本《續資治通鑑長編》（以下簡稱《長編》）卷二〇六治平二年八月辛卯條載，因大雨造成宮中嚴重積水，不得不"詔開西華門以洩宮中積水，水奔激東殿，侍班屋皆摧没，人畜多溺死"。① 按，西華門爲北宋宮城之西門。大内之西卻名爲東殿，不合常理。宋代文獻中並不見宮城之西建有東殿的記載，而這一時期的東殿亦另有所指。② 這一標點方式令人費解。

除《長編》系統文獻外，此事亦見載於《文獻通考》和《宋史》。《文獻通考》整理者標點作："詔開西華門以洩宮中積水，水奔激，東殿侍班屋皆摧没，人畜溺死。"③《宋史》則爲："詔開西華門以洩宮中積水，水奔激，殿侍班屋皆摧没，人畜多溺死。"④與《長編》文字稍有不同，《宋史》少一"東"字。此則史料亦被多種論著徵引，⑤諸家不僅在標點方式上各有參差，對史料理解亦歧義互見，莫衷

① ［宋］李燾：《續資治通鑑長編》，北京：中華書局，2004 年，第 4984 頁。

② 英宗時東殿一般指曹太后垂簾聽政的柔儀殿之内東門小殿。《長編》卷一九八嘉祐八年四月壬午條："皇太后御内東門小殿，垂簾聽政。初議帝與太后同御東殿垂簾，輔臣合班以次奏事。及是，上方服藥……太后乃獨御東殿"（第 4797 頁）。

③ ［元］馬端臨撰，上海師範大學古籍研究所、華東師範大學古籍研究所點校：《文獻通考》卷三〇三《物異考九》，上海：上海古籍出版社，2011 年，第 8239 頁。

④ ［元］脱脱等：《宋史》卷六一《五行志一》，北京：中華書局，1977 年，第 1326 頁。

⑤ 如龔延明《宋代官制辭典（增訂本）》，北京：中華書局，2017 年，第 443 頁；久保田和男：《宋代開封研究》，上海：上海古籍出版社，2010 年，第 152—153 頁；范學輝：《兩宋三衙諸軍都城駐紮考》，《浙江學刊》2015 年第 2 期，第 73 頁。

一是。

欲準確標點此則史料，須明確"東殿侍班"的含義。《長編》卷二三七載，神宗熙寧五年(1072)，臣僚建言："乞今後應臣僚之家奏薦及諸般出職合授殿侍、三班差使之人，如願不帶殿侍，只補三班差遣。"並稱其不願帶殿侍的原因是"前此差使者隸殿侍班，以軍伍畜之，世禄之家深以爲恥"。① 因見宋代確有"殿侍班"之名目。龔延明《宋代官制辭典》"殿侍班"條釋云："殿前司諸班所屬殿侍，有在班與差出在外不歸班之分。……凡在朝到班公參應奉祗應殿侍，則有殿侍班編制。"又指出"殿侍原爲東、西班殿侍，後爲武階殿侍通稱"②。王軍營則認爲"殿侍即東西班禁軍的稱呼"③。上述兩説都承認殿侍與東西班的密切關係。《宋史·兵志》"東西班"條載："弩手、龍旗直、招箭班共十二，舊號東西班承旨。淳化二年，改爲殿前侍，東西各第一第二弩手、龍旗直班六，並帶甲，選諸班及不帶甲班增補。其東第二茶酒及第三、西第四班不帶甲，並以諸軍員、使臣及没王事者子弟爲之。"④可見殿前司東西班(共十二班)的禁軍在淳化二年改稱殿前侍。

所謂"殿侍"，實即"殿前侍"的簡稱。《長編》卷一一七載仁宗景祐二年(1035)，宋廷針對東西班逃亡士兵專門下詔規定："東西班殿侍……殿侍凡十二班。東第一第二班、西第一、弩手班、龍旂直，凡五班……謂之帶甲。西第二班、下茶酒新舊班凡二班……東第三、西第三第四班，南班、北班，凡七班……謂之不帶甲。"⑤這則材料與前揭《宋史·兵志》對照可證，殿侍即殿前侍，乃是隸東西十二班之禁軍。

既然殿侍是殿前東西班禁軍之稱呼，所謂殿侍班應當就是東西班的別稱。

那麼"東"字又當作何解？ 這或許與殿前東西班在朝應奉者主要爲東班有關。徽宗政和六年(1116)三月，因相當數量的殿侍在外不歸班，名實難副，遂下詔將殿侍更名爲祗應。對此，殿前司回奏稱：

　　殿前司供到東西班管下班殿侍、祗應稱呼人數下項：一，東第一、第二、第三、第四、第五班係披帶班，見管共九百四十人，内二百八

---

① 《長編》卷二三七，熙寧五年八月癸卯條，第5782頁。
② 龔延明：《宋代官制辭典(增訂本)》，第443、651頁。
③ 王軍營：《宋代的"殿前左右班"與"東西班"——以中華書局本〈西溪叢語〉兩處標點失誤爲中心》，《中國典籍與文化》2016年第2期，第150頁。
④ 《宋史》卷一八七《兵一》，第4585頁。
⑤ 《長編》卷一一七，景祐二年十月丙辰條，第2759頁。

十八人差出。諸軍揀填到人,不許外注差遣,並係殿庭應奉人數,作殿侍稱呼;時暫差出,卻作祇應稱呼。諸色武藝呈試及保甲等補授之人差出外任,作披帶祇應稱呼;如在班差使,卻作殿侍稱呼。一,茶酒新班、舊班并西第一、第二班見管共一千一百六十七人,四十二人在班應奉朝殿祇應,並隨班分,作殿侍稱呼。一千一百二十五人任諸路任使等差遣,及未到班公參之人,並隨班分,作祇應稱呼。①

從這份覆狀可知,只有隸屬於殿前司東班的東第一至第五班爲披帶班。披帶班有人員 940 人,其中僅有 288 人差出在外不參班;反觀茶酒新班等四班,共有人員 1 167 人,在朝參班者僅 42 人,外出不在班者卻高達 1 125 人。也就是説,東班主要負責在朝應奉,茶酒新舊班和西班則主要在地方服務。

綜上,殿侍班極有可能是殿前東西班之別稱,有東殿侍班、西殿侍班之分。《長編》標點方式有誤,正確方式應是"詔開西華門以洩宮中積水,水奔激,東殿侍班屋皆摧没,人畜溺死"。意爲(宋廷)下詔開西華門以排出宮中積水,結果水勢浩蕩,淹没毀壞了東殿侍班的營房,淹死大量人畜。

---

① [清] 徐松等輯,劉琳、刁忠民、舒大剛、尹波等點校:《宋會要輯稿》職官三二之七至八,上海:上海古籍出版社,2014 年,第 3816 頁。

《宋代文化研究》稿約

　　《宋代文化研究》由四川大學古籍整理研究所、四川大學中華文化研究院、四川大學宋代文化研究中心共同主辦,1991年作爲"四川大學學報叢刊"第五十三輯正式創刊發行。自第二輯起,以年刊方式發行,先後由四川大學出版社、綫裝書局、巴蜀書社等擔任出版工作。本刊現爲一年兩輯,由上海古籍出版社出版發行。

　　本刊内容以宋代歷史、文學、哲學、文獻及宋代文化等專題研究爲主,同時歡迎《宋史》《宋會要輯稿》訂誤、校正類與《全宋文》補遺類文章。祈盼海内外學者不吝賜稿。

　　一、來稿須未曾在任何公開出版物或網站上發表過,既歡迎三五萬字的長文,也接受千字短論,論點新穎,字體規範,標點正確,引文無誤。文章層次一般不超過四級,用序號一、(一)、1、(1)表示。

　　二、來稿須提供作者簡介(包括姓名、性别、出生年、籍貫、工作單位、郵編、學位、職稱、研究方向、電話、電子郵件等;若爲學生,須徵求導師同意並註明導師姓名)。

　　三、來稿須提供200字以内的論文摘要。摘要主要説明文章的主要觀點,或選録出該文最重要及富有新意的觀點,並予以客觀呈現,不舉例證,不叙述研究過程,不做自我評價。

　　四、來稿須提供3～6個關鍵詞。關鍵詞是反映文章主要内容的術語,用以描述文獻資料主題,以及檢索文獻資料情報搜集的標準化語言詞彙。選詞以能迅速並準確地搜尋到該篇論文爲原則,如:人名、時代、作品、術語等。

五、來稿統一使用繁體字，引文標注採用當頁腳註形式，用阿拉伯圈碼數字（①②③……）統一編碼，編碼置於引文右上角。具體格式説明如下：

1. 現代專著，依著者、文獻題名、出版地、出版者、出版年、頁碼標注。

例如：皮慶生：《宋代民衆祠神信仰研究》，上海：上海古籍出版社，2020年，第 256 頁。

2. 古籍類，依著者、文獻題名、版本、出版地、出版者、出版年、頁碼標注。

例如：［宋］樂史撰，王文楚等點校：《太平寰宇記》卷一三五《山南西道三·興州》，北京：中華書局，2007 年，第 2643 頁。

［宋］李心傳：《建炎以來繫年要錄》卷三，建炎元年三月壬辰條，《景印文淵閣四庫全書》第 325 册，臺北：臺灣商務印書館，1986 年，第 60 頁。

［宋］沈與求：《沈忠敏公龜谿集》卷四《賜川陝宣撫處置使司詔》，《四部叢刊續編》影印海鹽張氏涉園藏明刊本。

3. 析出文獻，依作者、析出篇名、文集題名、卷次、出版地、出版者、出版年、頁碼標注。

例如：陳寅恪：《論唐高祖稱臣於突厥事》，收入氏著《寒柳堂集》，北京：生活·讀書·新知三聯書店，2001 年，第 108—121 頁。

［宋］辛棄疾：《論荆襄上流爲東南重地疏》，見［明］黄淮、楊士奇編：《歷代名臣奏議》卷三三六《禦邊》，上海：上海古籍出版社，1989 年，第 4361 頁。

4. 期刊文章，依作者、文獻題名、刊名、年期、頁碼標注。

例如：王水照：《南宋文學的時代特點與歷史定位》，《文學遺産》2010 年第 1 期。

葉舒憲：《比較文學到比較文化——後文學時代的文學研究展望》，《東方叢刊》第 3 輯，桂林：廣西師範大學出版社，1995 年，第 116 頁。

5. 報紙文章，依作者、文獻題名、報名、日期標注。

例如：周揚：《三次偉大的思想解放運動》，《人民日報》，1979‐05‐07。

6. 西文書名、刊名採用斜體，文章篇名用雙引號。

例如：Parrick H. Hutton, "*The Role of Memory in the Historiography of the French Revolution*", *History and Theory* 30(1991), 59.

7. 凡同篇文章中脚註，再次出現時可省略出版地、出版社、出版時間。

例如：皮慶生：《宋代民衆祠神信仰研究》，第 256 頁。

［宋］樂史：《太平寰宇記》卷一三五《山南西道三·興州》，第 2643 頁。

六、本刊僅接受電子稿投稿，請以.doc 或.docx 格式投稿。

七、本刊對來稿實行專家匿名審稿，隨到隨審。在投稿規範和撰寫格式方面存在明顯問題的稿件，無法通過編輯部初審。凡於寄出後的兩個月內（以電子郵件發出時間爲準）未接到處理意見，作者即可自行處理；在此期限内，若因一稿多投産生不良後果，均由作者負責。

八、來稿文責自負，但本刊有權删改或作技術性處理；重大删改當與作者商量，不願删改者請注明。

九、文章一經刊用，酌付稿酬，並贈與樣刊兩册。作者之著作權使用費與稿費一次性付清。

十、根據《中華人民共和國著作權法》有關規定，凡向本刊投稿者，皆被認定遵守上述約定。

十一、來稿請發送至四川大學古籍整理研究所《宋代文化研究》編輯部。編輯部郵箱 songdaibunhua@163.com，編輯部聯系電話：028－85432427。請優先使用電子郵件聯繫。

四川大學古籍整理研究所
《宋代文化研究》編輯部
2023 年 3 月 24 日